大学生劳动教育

主　编　娜仁图雅　乌仁格日乐　魏瑞清
副主编　鲍震宇　段美枝　任海霞　王　耀　宝　迪

中国财经出版传媒集团
中国财政经济出版社
·北京·

图书在版编目（CIP）数据

大学生劳动教育/娜仁图雅，乌仁格日乐，魏瑞清主编． -- 北京：中国财政经济出版社，2024.1

ISBN 978-7-5223-2661-0

Ⅰ．①大… Ⅱ．①娜… ②乌… ③魏… Ⅲ．①大学生-劳动教育 Ⅳ．①G40-015

中国国家版本馆 CIP 数据核字（2024）第 013428 号

责任编辑：李　冰　　　　　　　责任校对：胡永立
封面设计：孙俪铭

大学生劳动教育
DAXUESHENG LAODONG JIAOYU
中国财政经济出版社 出版
URL：http：//www.cfeph.cn
E-mail：cfeph@cfeph.cn
（版权所有　翻印必究）
社址：北京市海淀区阜成路甲 28 号　邮政编码：100142
营销中心电话：010-88191522
天猫网店：中国财政经济出版社旗舰店
网址：https：//zgczjjcbs.tmall.com
北京中兴印刷有限公司印刷　各地新华书店经销
成品尺寸：185mm×260mm　16 开　15.75 印张　258 000 字
2024 年 1 月第 1 版　2024 年 1 月北京第 1 次印刷
定价：58.00 元
ISBN 978-7-5223-2661-0
（图书出现印装问题，本社负责调换，电话：010-88190548）
本社质量投诉电话：010-88190744
打击盗版举报热线：010-88191661　QQ：2242791300

编写说明

　　大学生作为社会主义现代化的建设者和接班人，在新时代，有必要在劳动中发展自己，树立正确劳动价值观、培养优良劳动品质、提升综合劳动能力、实现全面成长发展，从而做到"懂劳动、会劳动、善劳动、爱劳动"。

　　劳动教育是培养造就全面发展人才的必要条件，也是基本途径和有效途径。劳动教育使学生树立正确的劳动观点和劳动态度，培养劳动技能，养成劳动习惯，热爱劳动。劳动教育不停留于掌握劳动技能，更以塑造学生人格、完善学生品德、培养价值观念为目标，它既是"立德"的重要内容，也是"立德"的途径。[①]

　　教育与生产劳动相结合是马克思主义教育学说的基本原理，也是我国坚持社会主义教育方向的一项基本措施。在持续推进高校素质教育改革的过程中必须认识到，开展劳动教育是实现学生全面发展的必要条件，没有劳动教育的素质教育不是全面的素质教育，没有劳动教育作为载体，素质教育开展也不能有效达到目标[②]。

　　新时代大学生应该树立以劳动为基础、以知行合一为取向的人生观。当代大

[①] 梁燕，侯兴蜀. 新时期高校开展劳动教育的意义与策略［J］. 北京教育（高教），2019（06）：99–100.
[②] 梁燕，侯兴蜀. 新时期高校开展劳动教育的意义与策略［J］. 北京教育（高教），2019（06）：99–100.

学生知识丰富、视野开阔、思维活跃，但缺乏劳动的锻炼，加强大学生劳动教育迫在眉睫。为此，内蒙古财经大学按照新要求，开设了"大学生劳动教育"课程。

一、课程设置的依据

劳动教育是新时代党对教育的新要求，是"五育并举"全面发展的教育体系的重要组成部分，是高校人才培养的重要路径。根据中共中央、国务院《关于全面加强新时代大中小学劳动教育的意见》《教育部大中小学劳动教育指导纲要》要求，内蒙古财经大学结合自身特点，组织开设"大学生劳动教育"线上线下混合课程，是理论与实践相结合的、面向全校所有专业开放的素质教育必修课程。

习近平总书记于2018年9月10日在全国教育大会上指出："培养什么人，是教育的首要问题，要培养德智体美劳全面发展的社会主义建设者和接班人，培养一代又一代拥护中国共产党领导和我国社会主义制度、立志为中国特色社会主义奋斗终生的有用人才。"[①] 习近平总书记的一系列关于劳动教育方面的重要论述为高等院校开展劳动教育提供了理论支撑。

二、教材目标

本教材由内蒙古财经大学财政税务学院"大学生劳动教育"课程组编写，主要设劳动伦理观、劳动价值、劳动与经济、劳动与法律、劳动关系、劳动与保障等内容。

通过学习，达到以下目标：一是了解劳动教育知识。让当代大学生掌握"劳动最光荣"，了解劳动教育为何成为现代社会的重要价值观的重要意义。二是通过学习马克思主义劳动观和习近平总书记关于劳动的重要论述，帮助大学生树立正确的劳动观念，正确理解劳动是人类发展和社会进步的根本力量，认识劳动创造人、创造价值、创造财富、创造美好生活的伦理，牢固树立热爱光荣、积极劳动的思想观念。三是通过学习劳动就业中涉及的劳动关系、劳动法律与劳动保障等学科知识，掌握劳动者合法权益保护的相关法律法规及劳动者应享有的社会保障权利，防范劳动合同签订、履行时的法律风险等学科基础知识。

---

① 中国教育报. https://author.baidu.com/home? from=bjh_article&app_id=1591826892211294.

本教材坚持以习近平新时代中国特色社会主义思想为指导，全面贯彻《中共中央、国务院关于全面加强新时代大中小学劳动教育的意见》，认真落实教育部制定的《大中小学劳动教育指导纲要（试行）》，围绕立德树人的根本任务，充分体现马克思主义教育观、劳动观，着力培育和践行社会主义核心价值观，始终把握育人导向、严格遵循教育规律、力求体现时代特征。

三、教材特色

内蒙古财经大学开设的"大学生劳动教育"课程是一门综合性、实践性、开放性、针对性的劳动教育与实践课程。

本教材的主要特色为：一是科学性，课程所有讲授内容，坚持以习近平新时代中国特色社会主义思想为指导，运用马克思主义观点、方法分析问题，综合多学科知识，帮助新时代大学生树立科学的劳动观、掌握丰富的劳动知识；二是逻辑性，课程聚焦劳动理论，分设劳动经济、劳动关系、劳动法律、劳动保障四个模块，高度凝练了劳动学科和劳动教育的主要内容；三是学理性，所有讲授的中心思想、主要观点都得到相关学科的有力支撑，极大地丰富了劳动教育的理论内容，提升了课程的思想性和说服力；四是实用性，本课程结合内蒙古财经大学的自身特点，根据在校劳动实践和未来走向工作岗位的现实需要，有针对性地开设了劳动实践教育，如结合各学科专业开展社会调研、公益性劳动服务、生产性劳动和校内日常劳动。

作者

2023 年 12 月

目 录

第一章　劳动概述 ·· 1
第一节　劳动与劳动观 ··· 1
第二节　劳动与人生 ·· 17
第三节　劳动与心理 ·· 28

第二章　劳动价值 ·· 39
第一节　马克思主义劳动价值观 ··· 39
第二节　马克思主义劳动价值观中国化 ······································· 48
第三节　习近平总书记关于劳动的重要论述 ································ 57
第四节　大学生树立正确劳动价值观的意义 ································ 75

第三章　劳动经济 ·· 82
第一节　劳动力市场概述 ··· 82
第二节　人力资本投资 ·· 104
第三节　工资与收入分配 ··· 114

第四章　劳动与法律 …… 124
　　第一节　劳动法概述 …… 124
　　第二节　劳动合同 …… 137
　　第三节　劳动基准法律制度 …… 156

第五章　劳动关系 …… 170
　　第一节　劳动关系概述 …… 170
　　第二节　劳动关系调整 …… 181
　　第三节　中国特色和谐劳动关系 …… 191

第六章　劳动社会保障 …… 199
　　第一节　现代社会保障制度的发展沿革 …… 199
　　第二节　中国的社会保障制度 …… 206
　　第三节　老年风险与养老保险改革 …… 208
　　第四节　疾病风险与医疗保险 …… 214
　　第五节　职业风险与职业保障制度 …… 219
　　第六节　生存风险与社会救助制度 …… 226

参考文献 …… 237
后　记 …… 243

第一章 劳动概述

第一节 劳动与劳动观

一、劳动

（一）劳动的内涵

不同视角对劳动内涵的理解不同。马克思将劳动定义为："劳动力的使用就是劳动本身。劳动力的买者消费劳动力，就是让劳动力的卖者为其提供劳动。"① "劳动首先是人和自然之间的过程，是人的自身的活动来引起、调整和控制人和自然之间的物质交换的过程。"② 尹彤瑶指出"马克思对劳动概念的理解，存在着哲学和经济学两种不同的解释。从哲学上，强调劳动是人的本质、人的自我实现。从经济学上，强调劳动是人类改造自然的物质活动，劳动是劳动力的支出和使用，是满足人的需要、创造物质价值的活动"；总之，劳动是人类运动的一种特殊形式。《中国大百科全书》定义劳动为："人类特有的基本的社会实践活动。人通过有目的的活动改造自然对象，并在这一活动中改造自身的过程。劳动体现了人与自然、人与人两方面关系的统一。"③《辞海》中对劳动的定义为："人们改变劳动对象使之适合自己需要的有目的的活动，即劳动力的支出或使用，是人类社会存在和发展的最基本条件，在人类形成过程中起了决定性作用。人类的祖先类人猿

---

① 马克思.《资本论》第一卷. 北京：人民出版社，1975：201.
② 马克思.《资本论》第一卷. 北京：人民出版社，2004：207.
③ 中国大百科全书总编辑委员会. 中国大百科全书. 北京：中国大百科全书出版社，2009：324.

经长期劳动实践，才变成能制造工具的人。劳动在不同的社会制度下具有不同的社会属性。在奴隶制度、封建制度和资本主义制度下，劳动者的劳动表现为奴隶劳动、农奴劳动和雇佣劳动，是不同性质的受剥削的劳动；在社会主义公有制下，劳动者成了国家和企业的主人，不再受剥削；进入共产主义后，劳动不仅是生活的手段，而且将成为人们生活的第一需要。"①《文史哲百科辞典》指出，劳动是"人们使用工具改造自然物，使之适合自己需要的有目的的活动，即劳动力的使用或消费，包括脑力劳动和体力劳动"。② 综上，我们可以将劳动理解为"人类赖以生存和发展的基础，是人类有目的地能动地借助于一定的生产工具作用于劳动对象的社会实践活动，劳动对人类社会发展起推动作用"。③ 可见，"劳动发生在人与自然界之间，其实质是通过人的有意识、有目的的自身活动来调整和控制自然界，改变自然物的形态或性质，为人类的生活和需要服务"。④

可以说，劳动创造了人和人类社会。在从猿到人的进化过程当中，劳动起着关键作用。恩格斯在《自然辩证法》中的一篇名为《劳动在从猿到人转变过程中的作用》指出，人类之所以最终脱离单纯的动物状态而转变为人，劳动是决定性的因素。南方古猿可能已经开始摆脱用手帮助行走的习惯。手的解放使古猿有可能进行劳动，躯干的直立又促进了脑的发展。这样，经过若干万年，古猿制造出工具，这是关键性的跨越。"没有一只猿手曾经制造过一把即使是最粗笨的石刀。"当第一件石器被制造出来，这就标志着从猿到人发展过程中的飞跃。恩格斯说："手不但是劳动的器官，它还是劳动的产物……""……以致我们在某种意义上必须说：劳动创造了人类本身"。一旦制造出工具并用以劳动，人对自然的作用就必然是自觉的、能动的。毛泽东主席指出："自觉的能动性是人之所以区别于物的特点。"后来，社会集体劳动的发展，使人类加强相互间的协作，因之社会成员更加紧密地结合起来进行社会生产。随着劳动生产力的发展逐渐出现了自然分工，形成了特定的生产关系，从而创造了人类社会。

劳动是价值和财富的源泉，人们所需要的一切，都是经过劳动创造出来的。当然，劳动是价值的唯一源泉，但却不是社会财富（使用价值）的唯一源泉。这是因为，劳动并不是创造社会财富的唯一要素。创造社会财富的除了劳动要素外，

---

① 夏征农. 辞海. 上海：上海辞书出版社，199：352.
② 高清海. 文史哲百科辞典. 长春：吉林大学出版社，1988：340.
③ 邵珠平，耿艳丽，孙家学. 新时代高校劳动教育通论［M］. 北京：高等教育出版社，2020：20.
④ 常瑞琴. 北师大天津附中劳动技术教育发展研究（1958－2014）［D］. 天津师范大学，2014.

土地、设备、原材料等非劳动生产要素也对社会财富创造做出了贡献。因此，劳动和各种非劳动生产要素共同构成社会财富（使用价值）的源泉。① 马克思指出："劳动并不是它所生产的使用价值即物质财富的唯一源泉。"

劳动是人的自由全面发展的途径，实现自由全面发展的前提和基础是劳动生产力的高度发达。在《政治经济学批判（1857—1858年手稿）》中，马克思将人类社会发展划分为人的依赖关系占统治地位的阶段、以物的依赖关系为基础的人的独立性的阶段、人的自由和全面发展的阶段即共产主义阶段。在第一、二阶段，人的劳动仅仅是人的谋生手段，是为获得物质利益以满足生存需要，人的劳动对象、劳动产品包括劳动本身都是异化于人的外在力量，人受到外在必然性的统治。只有在第三阶段，即当人类进入共产主义社会，"人们活动的最高目的是发展自己的本质能力，劳动成为第一需要，人们的活动不再被限制在某种特殊的领域，没有社会分工，没有职业，人们不再受自己的活动及其结果的控制，而是能够支配驾驭自己的活动及其结果，人的能力由此得到全面发展"②。可见，只有在共产主义社会，劳动生产力高度发达，才能实现人的自由和全面发展。

（二）劳动要素

劳动及劳动过程要能够形成，它所需要的简单要素必须是劳动者、劳动资料和劳动对象（可称之为生产资源）三要素的有机结合，才能形成任何一种现实的劳动过程。陈亚丽（2017）对此进行了详细论证：首先，劳动力因素是劳动过程能动的条件，是加之于物质之上的主观因素。"劳动力的使用即劳动成为生产劳动，它外化于生产资料之上，最终生产出了劳动产品。在具体的社会生产过程中，会形成特定时代的生产关系。"其次，生产资料是劳动过程受动的客观条件。"生产资料的不同发展时期，标志着社会生产力的不同发展水平。劳动工具的发展，促进人类改造自然的能力提高，也必然要求人类劳动借以进行的社会生产关系与之发生相应的变革。"最后，劳动对象是劳动者在劳动过程中，"借助劳动资料，对其进行加工，使之发生预期的变化，生产出满足自身某种需要的产品"。劳动对象可以分为两类：一类是天然存在的劳动对象。如土地的自然生长物，人类通过

---

① 马克思主义基本原理概论编写组.《马克思主义基本原理概论》[M]. 北京：高等教育出版社，2013：107.
② 王金福. 对马克思关于实现人的自由全面发展理论的再思考[J]. 南京政治学院学报，2010，26（05）：4–8.

自己的劳动，把它们与土地分离，使之成为自己的劳动果实。另一类劳动对象是已经被人类劳动改造过的产品，可称之为原料。

劳动过程就是上述这三类基本要素有机结合并发挥作用的过程。"在这一过程中，劳动者是能动的主体因素，劳动对象和劳动资料是被动的客体因素。劳动者同物的要素相结合而进行生产的方式，在人类历史发展的不同时期是不相同的。如在封建社会，劳动者的劳动力，甚至是整个人身都属于封建地主所有；在资本主义社会，劳动力成为商品，从而形成了依赖于资本利润的资产阶级和依赖于自己的劳动力商品的无产阶级相互依存和斗争的新型经济关系；在社会主义社会，劳动者与劳动资料实现了统一，联合劳动成为未来新社会的主要劳动形式，从而推动人类由社会主义向共产主义的跨越[①]。"

（三）劳动的分类

1. 简单劳动和复杂劳动

生产商品的劳动，根据科学技术层次的差别，可以区分为简单劳动和复杂劳动。简单劳动是在一定的社会条件下不需要经过特别的专门训练，每个普通劳动者都能从事的劳动。复杂劳动是"简单劳动"的对称，是指具有一定技术专长的劳动，而获得这些技术专长和知识，需要经受专门的培养和训练。复杂劳动等于倍加或自乘的简单劳动，需要经过专门学习和训练，从而在技术上比简单劳动复杂。简单劳动和复杂劳动在同等劳动时间内形成的价值量不同，复杂劳动可以折合为若干倍简单劳动，耗费较少时间的复杂劳动生产的产品可以与耗费较多时间的简单劳动生产的产品等价交换。简言之，就是在同等工作量中复杂劳动可以花费更少的时间。

简单劳动和复杂劳动的本质区别在于，所从事的劳动背后的精神内容和精神支配的简单性和复杂性。所谓"不需要经过专门培养和训练"和"经过专门培养和训练"的区别，实质上是精神素质的区别，即精神支配能力和精神创造能力的区别。"简单劳动并不必然地表现为劳动动作的简单性，而在根本上表现为精神支配的浅显性和简易性。例如，生产汽车零部件或组装汽车的创造性劳动，看起来似乎很复杂，具有多重复杂的工序，然而，其背后的精神运动则比较简单，只要具备了基础的生产知识，就能比较容易地按照生产图纸和要求，把零部件制造出

---

① 陈亚丽. 古典马克思主义劳动范畴研究［D］. 南京航空航天大学，2017：52.

来或组装起来，是一种较为简单的创造性劳动。复杂劳动并不必然地表现为劳动动作的复杂性，而在根本上表现为精神支配的深刻性和复杂性。例如，绘制复杂设计图纸的创造性劳动，其背后的精神运动是抽象的思维过程，是一种极为复杂的创造性劳动。"①

简单劳动与复杂劳动之间，并不存在不可逾越的鸿沟。它们之间的分离或分工，一方面是人类精神本身最大限度地发展社会生产力的内在要求的必然产物，即在物质条件仍然有限的社会条件下，社会生产力发展客观上要求的劳动分工；另一方面，又是社会生产力发展不充分的必然产物，即社会生产力还未达到这样的高度，以至于还不能使大多数的社会成员普遍地从烦琐的、约束性的简单劳动中摆脱出来，去从事更加自由、更加具有认识性和创造性的复杂劳动。随着社会生产力的迅猛发展，随着物质资料的极大丰富和自动化机械的普遍使用，简单劳动与复杂劳动之间，在劳动形态上的差距将会日益缩小并彻底消亡，从而最终消除简单劳动者与复杂劳动者的区分和差别。

2. 体力劳动和脑力劳动

根据劳动方式的不同，劳动分为脑力劳动和体力劳动。脑力劳动是劳动者以大脑神经系统为主要运动器官的劳动。其特征在于劳动者在生产中运用的是智力、科学文化知识和生产技能，故亦称"智力劳动"。脑力劳动是人脑的无形的、不可见的活动，是人的心理力量、精神力量的生成实现过程，"脑力劳动的规律主要是人的精神力量发挥作用的规律，如所掌握的知识的水平如何，知识的结构是否合理，具有什么样的信念，情感状态怎样，意志力如何，都直接影响着脑力劳动的过程和结果。"② 体力劳动是劳动者以运动系统为主要运动器官的劳动。体力劳动主要是人的体力支出，是人体的生理力量、物质力量的生成实现过程，是人体的有形的、可见的活动，体力劳动的规律主要是人体的物质力量发挥作用的规律，如身体强壮与否，身体的灵活程度如何，物质能量对身体的供应状况怎样，都规定了体力劳动的时间限度与效率。

体力劳动和脑力劳动之间的分化，早在原始社会向奴隶社会过渡的时候就已经开始形成，并随着社会生产力的发展而逐渐深化和扩大化，甚至发展到阶级对抗的地步。在社会主义社会中，生产资料的公有制和普遍实行按劳分配原则，使

---

① 陈亚丽. 古典马克思主义劳动范畴研究 [D]. 南京航空航天大学，2017：53.
② 陈亚丽. 古典马克思主义劳动范畴研究 [D]. 南京航空航天大学，2017：55.

得体力劳动者与脑力劳动之间的共同利益较好地统一起来，尽管两者仍然存在一定程度的差别，但在本质上并不是对抗和对立的，而是可以随着社会生产力的迅猛提高而日益缩小的。陈亚丽指出在理想的共产主义社会中，人类精神及其创造力的高度发展使"人们普遍地从约束性的体力劳动中解放出来，从而得以普遍地从事日益深刻广泛的认识性劳动和创造性劳动，并因此成为真正意义上的知识劳动者。只有达到了这样的高度，体力劳动者和脑力劳动者的区别和分离最终才会消失"。

3. 社会必要劳动和社会剩余劳动

社会必要劳动和社会剩余劳动是马克思主义的重要范畴，它们深刻揭示了资本主义社会中劳动工人受剥削、受压迫的根源，洞悉了作为资本主义社会根基的经济运动的全部秘密。在社会主义制度下，社会必要劳动和社会剩余劳动仍将存在，但是它们反映的社会劳动是一种新型的社会关系。社会必要劳动是劳动者用来维持本人及其家庭的生活，延续劳动力再生产所必须进行的劳动，它在任何社会形态下都存在，是社会再生产的基础。从事这种劳动的时间称为必要劳动时间，在此时间内生产的产品称为必要产品。必要劳动时间的长短，取决于生产力水平的高低。在原始社会，生产力水平十分低下，人们全部劳动时间都是必要劳动时间。随着社会生产力的逐步提高，必要产品有了剩余，从而才有必要劳动和剩余劳动的社会性质的划分。① 社会剩余劳动是劳动者超出必要劳动范围所进行的劳动。劳动者在生产劳动中，除生产维持自己及其家属生活需要的产品外，还生产剩余产品。生产剩余产品所消耗的劳动称为剩余劳动，从事这种劳动的时间称为剩余劳动时间。在人类历史上，剩余劳动的出现，为私有制和剥削的产生提供了条件。在资本主义社会，必要劳动和剩余劳动的矛盾是对抗性的，是无产阶级和资产阶级两个阶级的尖锐对抗。

一切剥削制度的共同点是剥削阶级无偿占有劳动者的剩余劳动，区别点是占有剩余劳动的形式有所不同。资本家为了在人类追求剩余价值，对剩余劳动的剥削主要是：在必要劳动时间不变的情况下，绝对延长工作日的长度，从而延长剩余劳动时间，这是绝对剩余价值的生产，再就是在工作日长度不变的情况下缩短必要劳动时间，相对地延长剩余劳动时间，这是相对剩余价值的生产。

在任何社会生产中，劳动者的劳动都必然划分为必要劳动和剩余劳动两个部

---

① 陈亚丽. 古典马克思主义劳动范畴研究 [D]. 南京航空航天大学，2017：60 - 61.

分。在社会主义制度下，由于劳动者共同占有劳动产品，一部分用于满足个人需要，另一部分用于满足社会公共需要和进行扩大再生产的需要。因而社会主义劳动者的劳动也划分为两部分：一部分是生产满足劳动者及其家庭消费需要的劳动产品的必要劳动；另一部分是满足社会公共需要和扩大再生产需要的产品的剩余劳动。

社会主义与资本主义的剩余劳动有着根本不同的性质。社会主义的剩余劳动是劳动者为整个社会所提供的劳动，剩余劳动所创造的社会纯收入，是整个社会的公共财产，用于扩大再生产和提高全体社会成员的物质文化生活水平，在社会主义条件下，劳动者的必要劳动和剩余劳动从根本上来说是一致的。劳动者的剩余劳动所创造的产品，归根到底也是用来满足包括自己在内的全体劳动者的需要并体现劳动者的长远利益。但是，社会主义的必要劳动和剩余劳动在根本一致的基础上还存在着差别，即必要劳动主要体现劳动者的个人利益和眼前利益，剩余劳动主要体现劳动者的集体利益和长远利益。这种差别并不反映阶级利益的对立。因此，社会主义的必要劳动和剩余劳动反映的是社会劳动者之间没有剥削、为共同利益而进行劳动的新型社会关系。[1]

4. 个别劳动和社会劳动

从社会作用的意义上说，劳动可划分为两种社会形态，即"个别劳动"和"社会劳动"。在现实的社会生活中，人类生活不仅包含着每个人自身的个人生活，而且包含着每个人自身之外作为社会生活的他人生活，是个人生活和社会生活的对立统一。因此，从产品的使用或者消费者与产品的生产者之间关系的意义上，可以把劳动区分为个别劳动和社会劳动。

所谓"个别劳动"，就是产品最终为作为生产者自己所使用、所消费的劳动，或者说，就是生产者直接为了满足自身的个人生活需要而生产创造物质资料的劳动。所谓"社会劳动"，就是产品最终为非生产者的他人所使用、所消费的劳动，或者说，就是生产者直接为了满足他人的社会生活需要而生产创造物质资料的劳动。在人类社会中，每个人都是作为相对独立的个人经济主体而存在的，同时每个人又是作为社会经济主体中的细胞和分子而存在的；任何个人都不能脱离社会而存在，而社会则只能由相对独立的每一个人所组成[2]。因此，任何人的任何劳动都同时具有个别劳动和社会劳动的双重性质，称为"劳动的社会二重性"。

---

[1] 陈亚丽. 古典马克思主义劳动范畴研究［D］. 南京航空航天大学，2017：64.
[2] 陈亚丽. 古典马克思主义劳动范畴研究［D］. 南京航空航天大学，2017：66.

随着人们生产技术设备的日益进步和完善，人们得以从那些具有较大约束性的社会劳动中摆脱出来，从而获得更多由自己独立支配的个别劳动，去主观能动地从事那些富于创造性和符合自我兴趣的生活实践，从而实现精神充分自由的发展。

5. 具体劳动和抽象劳动

从劳动范畴的社会性质角度来看，劳动分为具体劳动和抽象劳动，也被称作"劳动的二重性"。具体劳动指生产活动的目的、操作过程、劳动对象、劳动手段和劳动产品的具体形态各不相同的劳动。人类在任何时候首先要生存，必须进行各种劳动，改造自然界，生产出产品，以其使用价值满足人类不同的需要。它体现着人和自然的关系，是人类社会生存发展的首要条件，不以社会形态不同为转移，也是与人类同时存在的永恒范畴。随着社会生产力、科学技术的进步，具体劳动也将日益复杂化和多样化。千差万别的具体劳动分门别类，形成了社会分工体系。旧的落后的具体劳动形式被淘汰，新的先进的具体劳动形式不断涌现，使人类社会获得更多更好的使用价值。

抽象劳动是指抽象掉各种具体形式的、一般的无差别的人类劳动。抽象劳动是生产商品的劳动的社会属性，它反映着人与人之间的一定的经济关系或社会关系，是一个历史的范畴，存在商品经济中，由商品的交换过程决定的。其不是独立的劳动形式，而是将各种具体劳动的具体形式抛开，从中抽取出共同的没有质的区别的属性。生产商品所耗费的一般人类劳动凝结在商品体中，形成商品的价值。正因为各种商品的价值都是由一般人类劳动凝结而成，各种具体劳动生产出来的不同商品才在社会形态上具有相同的质，才能在商品交换中相互作量的比较。抽象劳动不仅仅是纯生理意义的一般人类劳动耗费，它实质上是商品生产者之间相互交换劳动的经济关系。抽象劳动与具体劳动是同一劳动过程中劳动力消耗的两种形式，不是时间和空间不同的两次劳动。任何具体产品，都是由一定的具体劳动和一定的抽象劳动共同创造的。[①]

二、劳动观

劳动观是人们关于劳动的根本看法和观点。历代先贤就此进行广泛而深入的

---

① 陈亚丽. 古典马克思主义劳动范畴研究 [D]. 南京航空航天大学，2017：59.

探讨，形成了思想的结晶。下文的学习脉络是首先了解劳动观的历史演进，然后在剖析劳动观内涵的基础上，简介近代西方劳动观的杰出代表——马克思主义劳动观及其在当代中国的发展实践——习近平新时代劳动观。当然，本章仅对马克思主义劳动观和习近平新时代劳动观进行概述，详细内容见第二章劳动价值。

（一）劳动观的历史演进

1. 古代中国劳动观

在中华民族五千多年的历史长河中，古代先贤对劳动的认识不断深化。这些认识凝结着智慧，代代传承潜移默化地影响着华夏子孙，是新时代劳动育人理念的文化渊源，也是中国人建立文化自信的历史内核。传承并弘扬中华民族几千年流传下来的劳动精神，创造美好生活是当下国人的精神追求和思想宝藏。

在劳动价值方面，古人指出了劳动是生存之道。古代中国，是农业大国，农业是国家基本的生产部门。要满足人们的生存发展的需要，就必须鼓励人们从事生产劳动。例如，墨子教导弟子说，"故圣人作诲，男耕稼树艺，以为民食""食者，国之宝也""民无食，则不可事，故食不可不务也"，地不可不力也，用不可不节也。意思是说，民不可无食，食必须通过劳动获得。明代学者吕坤说"一年不务农桑，一年忍饥受冻"。这句话也是在强调不勤劳务农，就缺衣少食。这些话指出了农业劳动的基本价值。《清仁宗味余书室全集》第35卷《故一·民生在勤论》中写道："农夫不勤则无食；桑妇不勤则无衣；士大夫不勤则无以保家。"农民不勤劳就没有吃的，采桑养蚕的妇女不勤劳就没有衣服穿，士大夫不勤劳就无法贡献国家。清代政治家曾国藩发展了这种劳动谋生观点，"卫身莫大于谋食。农工商，劳力以求食者也；士，劳心以求食者也。"

同时，古代劳动人民的辛勤劳动还创造了生活本身和精神意境。魏晋诗人陶渊明所作《归园田居·其三》中写道："种豆南山下，草盛豆苗稀……衣沾不足惜，但使愿无违。"这首诗展现出我国古代人民早耕晚归、期待丰收的场景，描绘出劳动人民辛勤劳动的形象。唐代诗人李绅写道："锄禾日当午，汗滴禾下土。谁知盘中餐，粒粒皆辛苦？"《悯农》将辛勤劳动与珍惜节约食物结合起来，代代相传，塑造并传承着中国人勤俭节约的美德。在劳动过程中，人的意志得到磨炼，人的互助和团结精神通过劳动协作得到培养。古人同样认为，劳动对于良好道德品质的养成具有重要意义。春秋时期的敬姜在教育儿子时："夫民劳则思，思则善心生；逸则淫，淫则忘善，忘善则恶心生。"这句话说出了劳动对于培养人民高尚品德的重要性。清代学者汪辉祖在批判"幼小不宜劳力"观点时指出："望子弟大成，当先令其习劳。"他认为，古往今来成功的将相，没有一个是软弱不耐劳的。

在如何劳动方面，古人倡导进行辛勤劳动、诚实劳动和创造性劳动。中华民族素以勤劳的品质享誉世界。我国优秀传统文化就大力倡导人们辛勤劳动。例如，《尚书·周书·周官》指出："功崇惟志，业广惟勤。"诚实劳动反对的是不劳而获或不切实际地获取利益的途径。揠苗助长的故事、守株待兔的寓言，就生动讽刺了那些不诚实劳动却想取得成功的行为。众所周知，古代中国的科技成就在世界上一直处于领先的地位。这与古代的科学家发明家的创造性劳动是分不开的。靠"智造"流芳千古的鲁班、用智慧铸就千古工程——都江堰的李冰、用创新垒出世界最早石拱桥——赵州桥的李春等人，还有栩栩如生的兵马俑、巍峨的长城、素纱禅衣、榫卯结构、宋朝发明的天文仪等多种精密仪器、明朝时期先进的造船业，都是我国创造性劳动的代表，是人们学习的榜样。这些辛勤劳动和创造性劳动凝聚着劳动者勤劳智慧、不断创新的宝贵品质，展现着尽责、乐业、精益求精的工匠精神，是华夏子孙的精神内核。

在劳动教育方面，中华优秀传统劳动文化强调耕读结合。所谓耕读结合，就是把农田劳作与读书结合起来的一种生活方式，也展现出我国独特的耕读教育思想。耕读思想不仅推动了古代农业的发展，提高了古人的文化素养，也是我国劳动教育的雏形。

2. 古代西方劳动观

在古希腊时期人们对劳动的态度只限于满足基本需要方面的努力，满足人们生存需要的劳动是被视为一种奴隶似的职业，是与市民身份不相符的，因而不能参与公共事务。劳动者不被视为市民不是因为他（她）们是妇女和奴隶，而是相反，因为劳动意味着受必然性奴役，所以它们才会由妇女和奴隶来完成。只有那些像奴隶一样的人才会选择生存而不是自由，才会接受这种奴役，而这又正好证明了他们的奴隶般的本质。此外，古代希腊思想家的价值观念体系是反物质生活追求、崇尚精神和道德情操的。这样的价值观体系建立在物质资源由上天赐予，物质财富应大体由全体人民共同享用的基础之上。一个人希望通过劳动获得更多个人财富，是违反公平正义的；商品交换不可能做到完全的等价交换，一定程度上，它也是不公平的；货币加剧了交换的不平等，而且出现了以货币赚取更多货币的借贷行为，更不符合公平正义。所以，古希腊思想家对劳动、财富、货币和商业采取了鄙视的态度，对人们的经济行为设置了诸多限制，在劳动并不创造财富的情况下，奴隶的劳动自然被人所看不起①。

柏拉图主张对社会上的人们进行劳动分工，从而使得不同职位的人能够各司其职。在柏拉图的劳动分工体系中，他把哲学当然地排在最高等级，而劳动或贸易则被置于肮脏和卑贱可耻的地位。同样的，作为奴隶主思想家，亚里士多德当然鄙视奴隶的劳动，也瞧不起其他人为谋生而从事的劳动活动，他没有对普通人的劳动活动作过什么哲学的或经济学的研究；他唯一推崇的人类活动、真正高尚的活动就是思想活动，这种纯思维活动与劳动是完全分离的②。这些劳动观系统性体现在亚里士多德的《政治学》一书中，他认为奴隶只不过是公民财产的一部分，是有生命的财产，是有生命的工具，因为奴隶完全不具备思虑（审议、言说）的机能。因此，掠夺奴隶的战争是正义的，而奴隶的劳动被亚里士多德蔑称为"鄙事""凡是对人身体最有害的一定是最卑贱的职业；凡是使用体力最多的一定是最劳苦的行业；凡是最乏善德的一定是最可耻的行业"。"最卑贱""最劳苦"和"最可耻"的用词充分反映和表达了亚里士多德对劳动者尤其是体力劳动者及其劳动的态度。

与亚里士多德对于劳动的看法相反，中世纪时期的人们遵照基督教经典《圣经》的教导，开始赞美为了工作而工作，他们不是鄙视劳动，而是不断地称颂劳动，号召人们要不辞劳苦地劳作③。甚至在上帝创世故事中也体现了劳动创造万物，劳动宝贵的精神内核。故事中，上帝用五天时间造出天地万物，又在第六天按照自己的形象造出了人，上帝看到天地万物井然有序、生生不息，他造的人英俊健壮，很高兴，便决定把第七天作为休息的日子。可以说，上帝造世的故事是劳动创造社会故事的一种异化的、神化的翻版，上帝的形象是以劳动者为原型塑造出来的，而非反劳动者（如掠夺者、破坏者、剥削者、不劳而获者、食利者）为原型塑造出来的，上帝本身就是一位辛勤的劳动者，像劳动者一样，上帝在紧张的工作之余安排自己的休息时间④，上帝创世的故事表达了劳动是任何一个社会存在和发展的永恒基础的这样一条劳动哲学真理。还有《圣经》中的"手懒的，要受贫穷；手勤的，却要富足""耕种自己田地的，必得饱食，追随虚浮的，却是

---

① 陈亚丽. 古典马克思主义劳动范畴研究 [D]. 南京航空航天大学，2017：30.
② 王江松. 西方劳动哲学的古、近代资源和现代谱系 [J]. 中国劳动关系学院学报，2011，25（01）：12-20.
③ 陈亚丽. 古典马克思主义劳动范畴研究 [D]. 南京航空航天大学，2017：34.
④ 王江松. 西方劳动哲学的古、近代资源和现代谱系 [J]. 中国劳动关系学院学报，2011，25（01）：12-20.

无知""不劳而得之财必然消耗，勤苦积蓄的必见加增"。这些箴言基于现实的生活经验而来，具有教育意义。可以说，基督教传入欧洲后，彻底改变了西方人对于劳动的看法，劳动不再是可耻和低级的事，反而变得很有意义，是一件光荣和神圣的事，西方的劳动观念至此改变。

3. 近代劳动观

当然，随着时间的演进，人们对劳动的看法和认知不断变迁，近代劳动观随之成型。在中国，清末民初，中华民族深受帝国主义、封建主义、官僚资本主义的压迫，中国的出路必须建立在反对帝国主义的殖民压迫与反对封建主义对人民的压迫的基础上，寻找中华民族独立、人民解放的正确道路，这是中华民族面临的时代主题①。在这样的时代背景下，马克思列宁主义传入中国，成为中华民族仁人志士寻找救国救民真理的理论武器。马列劳动思想是清末民初反帝反封建的理论武器，也是中国人民寻找民族独立、国家富强、人民解放道路的理论指南。而在西方，现代意义上的劳动范畴是随着工场资本主义的出现而出现的。因而在这之前，劳动指的都是农民的辛劳以及日复一日地为生活而进行的不能积累的消费品和服务的生产。而在工场手工业出现以后情况就出现了变化，工场手工业工人生产的产品是可积累的，并且一般不是由自己或后代使用，而是用来销售供他人使用。劳动在近代欧洲发生的巨大变化，使得近代欧洲思想家开始关注和思考劳动范畴所存在的价值和意义②。主要包括古典政治经济学的劳动决定价值思想和空想社会主义劳动学说。

总之，随着时代的变迁，劳动观的演变仍在继续。下面我们在剖析劳动内涵的基础上，学习内化与中国几百年革命斗争、发展实践和社会主义现代化建设宏伟事业蓝图的马克思主义劳动观和习近平新时代劳动观。可以说，习近平新时代劳动观呈现出当代性升华和时代性坚守的特征，是马克思主义劳动思想在中国新时代的鲜明表述③。

（二）劳动观的内涵

劳动观即人们关于劳动的根本看法和观点，但其随着时代、阶级、研究者的不同而变迁。第一，劳动观具有时代性。随着社会实践的发展，人们对于劳动的

---

① 汤素娥. 习近平新时代劳动观研究 [D]. 湖南大学，2019：54.
② 陈亚丽. 古典马克思主义劳动范畴研究 [D]. 南京航空航天大学，2017：37.
③ 崔艳龙，邹红军. 习近平新时代劳动观的逻辑论析 [J]. 新疆社科论坛，2022（02）：9-15.

认识是不断向前发展的，这就决定了每个时代有该时代对于劳动的认识，具有不同的劳动观。从这个层面来讲，可以把劳动观分为原始社会劳动观、封建社会劳动观、资本主义社会劳动观、社会主义社会劳动观。第二，劳动观具有阶级性。出于维护本阶级利益的需要，社会中的每个阶级都有关于劳动的分工、劳动的价值、劳动的分配等维度的观点、政策或措施。从这个层面来讲，可以把劳动观分为统治阶级的劳动观和被统治阶级的劳动观。在社会主义中国，广大劳动人民是国家的主人，人们在正确劳动观的指引下，正以饱满的劳动热情，投入实现中华民族伟大复兴的劳动实践中①。第三，劳动观具有人为属性。古往今来，有许多人对劳动进行研究，提出了很多有重要价值的观点和看法。在学术领域或者思想界，人们习惯以某个人或者其中的代表人物命名其研究成果。如马克思唯物史观，论述了劳动对于人类社会、对于人、对于物质价值的重要作用，其中有关劳动的一些观点或看法，被称为马克思主义劳动观。

（三）马克思主义劳动观

1. 人是劳动的产物

劳动创造了人类生存所必需的全部物质条件和精神条件。马克思说："任何一个民族，如果停止劳动，不用说一年，就是几个星期，也要灭亡，这是每一个小孩都知道的。"劳动是人的生命存在和全部社会活动的前提，作为生命存在的人要解决吃、穿、住的生活问题，必须从事生产劳动，通过劳动改造自然，从大自然中获取生活资料②。

2. 劳动是个体自我存在的确证

个体以劳动为载体同客观物质世界发生对象性关系，在主体客体化与客体主体化双向互动过程中不断提升了认识世界和改造世界的能力。劳动使人从自然界中分化出来，从自在之物转变为自为之物，按照自我意识改造客观世界，从而确证了自我存在的价值。马克思认为，"整个所谓的世界历史不外是人通过人的劳动而诞生的过程。"③ 劳动赋予人以"类"的形式改变世界，从而产生人与自然相互

---

① 豆婧瑞，尚小华. 新时代大学生劳动教育的三维探析 [J]. 锦州医科大学学报（社会科学版），2023，21 (02)：91-94，99.
② 王彩燕. 基于劳动内涵理解的区域推进劳动教育策略研究 [J]. 教学与管理，2023 (18)：97-101.
③ 《马克思恩格斯文集》（第一卷）[M]. 北京：人民出版社，2009：196.

影响的关系形态，确立了人存在的价值理性①。总之，劳动是人所特有的社会实践活动，是人存在之前提，发展之根本。倘若劳动缺失，人不仅难以同自然发生关系确证自身存在，维系自身发展，而且也缺乏确证自身本质力量、反观自我能力的载体②。

3. 劳动是人类全部社会关系形成和发展的根本前提

"人既是个人的存在，又是社会存在物。"③ 人不仅凭借劳动同自然发生关系确证自我存在的价值，更是人与人之间形成社会关系的重要条件，"人的本质并不是单个人所固有的抽象物，在其现实性上，它是一切社会关系的总和。"④ 一切社会关系产生的前提基础是物质生产活动，只有在劳动中，人才能彰显自身的本质力量，促进社会关系不断发展。所属类的人与所属种的动物的根本区别是劳动，正是通过劳动人才能成之为人，具有与动物所属种的尺度不同的类特性。劳动也是人与人之间发生关系的桥梁，正是通过劳动，人同他人才能进行交往，从而形成社会关系，彰显人的本质的社会属性。可以说，劳动不仅是人与自然发生对象性关系的手段，而且也是个体自在与他人共在发生社会关系的根本途径。一定程度上，劳动领域的广度和劳动范围的深度决定了人们社会关系的丰富程度。总之，人们在劳动过程中，一方面同自然界发生关系，另一方面在人们之间又结成了生产关系⑤。劳动是社会中的劳动，在物质生产劳动中人们会结成一定的社会关系，即产生了社会，在其现实性上，社会就是个人彼此间关系的总和，劳动是个体社会关系得以丰富和发展的基础。

4. 劳动是人全面发展的前提条件

"生产劳动给每一个人提供全面发展和表现自己全部的即体力的和脑力的能力的机会，这样，生产劳动就不再是奴役人的手段，而成了解放人的手段。"⑥ 劳动本质上是人自由自觉的类特性活动，但在资本主义社会中劳动发生异化，成为奴役人的链条枷锁。而在取代资本主义的未来共产主义自由人联合体中，劳动是人摆脱资本逻辑钳制、解放自身获得自由从而全面发展的物质利器。马克思认为，"劳动的终极价值取向是为了人的自由而全面地发展，未来社会将是一个把每一个

---

① 崔艳龙，邹红军. 习近平新时代劳动观的逻辑论析 [J]. 新疆社科论坛，2022（02）：9-15.
② 崔艳龙，邹红军. 习近平新时代劳动观的逻辑论析 [J]. 新疆社科论坛，2022（02）：9-15.
③ 《马克思恩格斯全集》（第五卷）[M]. 北京：人民出版社，1979：119.
④ 《马克思恩格斯选集》（第一卷）[M]. 北京：人民出版社，2012：135.
⑤ 李东栩. 新中国成立以来中小学劳动教育的演变历程与发展建议研究 [D]. 南昌大学，2021：12.
⑥ 《马克思恩格斯全集》（第三卷）[M]. 北京：人民出版社，2002：333.

人都有完全的自由发展作为根本原则的高级社会形态。"① 劳动不仅使个体获得自我存在的价值感和意义感,丰富社会关系,其在终极指向上达到人与自然和谐共生的目的;在人与人之间融洽共处的过程中不断充盈社会关系,实现人的自由全面发展的理想状态。如何实现人的自由全面发展,马克思明确指出,"在于生产劳动同智育和体育相结合,它不仅是提高社会生产的一种方法,而且是造就全面发展的人的唯一方法。"②

综上所述,劳动是人与动物根本区别的显著标志,是人所独有的社会活动和存在方式。劳动既是人与自然之间对象性关系得以生成之前提,又是人与人之间社会性关系得以提升之条件,更是个体得以自由全面发展之根本。劳动与人类和人类社会相伴相生,劳动发展史与人类社会发展史有机统一,劳动是解密人类社会发展历史的密钥。

(四)习近平新时代劳动观

习近平新时代劳动观内容丰富、意蕴深远,既有丰富而深刻的内涵层次,又有系统而完整的逻辑结构。习近平总书记尊重劳动,将劳动实践视为发展的源泉和动力,做出了"人类是劳动创造的,社会是劳动创造的"的论断。2013年4月28日,习近平在全国总工会机关同全国劳动模范代表座谈中发表的重要讲话就曾指出,人民创造历史,劳动开创未来。劳动是推动人类社会进步的根本力量。实现我们的奋斗目标,开创我们的美好未来,必须紧紧依靠人民、始终为了人民,必须依靠辛勤劳动、诚实劳动、创造性劳动。劳动是财富的源泉,也是幸福的源泉。人世间的美好梦想,只有通过诚实劳动才能实现;发展中的各种难题,只有通过诚实劳动才能破解;生命里的一切辉煌,只有通过诚实劳动才能铸就。必须牢固树立劳动最光荣、劳动最崇高、劳动最伟大、劳动最美丽的观念,让全体人民进一步焕发劳动热情、释放创造潜能,通过劳动创造更加美好的生活③。这既是对劳动的呼吁,也是对劳动的礼赞,因为劳动,人类社会才得以不断发展和进步。

1. 劳动最光荣

习近平总书记指出,"劳动没有高低贵贱之分,任何一份职业都很光荣"。无论是穿行于大街小巷的快递小哥,还是凌晨挥动扫把的环卫工人;无论是在田野

---

① 《马克思恩格斯全集》(第二十三卷)[M]. 北京:人民出版社,1976:649.
② 《马克思恩格斯选集》(第二卷)[M]. 北京:人民出版社,1995:212.
③ 习近平谈劳动:最光荣、最崇高、最伟大、最美丽[J]. 工会博览,2020(13):22-25.

里辛勤耕耘的农民，还是埋头创新攻关的科研人员……不同的群体，千万种忙碌，各行各业的劳动者都在用奋斗的姿态追寻更好的自己，在全力奔向美好生活的同时，铸就了新时代最美的风景①。习近平总书记强调，劳动是一切成功的必经之路，劳动是个人实现自身价值的根本途径②，"要在全社会大力弘扬劳动光荣、知识崇高、技能宝贵、创造伟大的时代新风，促使全体社会成员弘扬劳动精神，推动全社会热爱劳动、投身劳动、爱岗敬业，为改革开放和社会主义现代化建设贡献智慧和力量"。

2. 劳动最崇高

人类社会发展并不是靠想象出来的，而是靠脚踏实地的崇高劳动创造的。人类社会发展道路并不是畅通无阻的坦途，总会面临各种自然的和人为的、可抗力和不可抗力的、可预知的和意外的挑战、风险和障碍，只有及时思考应对办法并在劳动中检验、优化和积累，才能沉淀"逢山开路、遇河架桥"的精神，才能拿出"踏石留印、抓铁有痕"的魄力，才能清除前进道路上的绊脚石，做到善始善终，善作善成。同时，人类文明发展过程中的一切机遇，只有在劳动中才能抓住。让劳动借着机遇的东风，成为点亮民族的火种、成为滋养民族的血脉、成为凝聚民族的魂魄、成为人生幸福的密码。无论经济再发展、科技再发达、社会再进步，劳动的力量依然没有失去光荣、褪去光彩，劳动依然能够纵深时间、延展空间，助力人类文明进入新境界。习近平总书记呼吁广大劳动群众，要用劳动模范和先进工作者的崇高精神和高尚品格鞭策自己，焕发劳动热情、厚植工匠文化、恪守职业道德，将辛勤劳动、诚实劳动、创造性劳动作为自觉行为③。

3. 劳动最美丽

所谓"劳动最美丽"，在本质上是劳动者基于其劳动实践而实现的美的创造，并通过各种美的劳动形式，彰显劳动者的本质力量和劳动美的价值。"劳动最美丽"作为人的劳动实践的本质属性和基本要求之一，是工人阶级以辛勤劳动、诚实劳动和创造性劳动作为基本形式，在劳动实践中追求劳动美，从而实现劳动的合目的性与合规律性的高度统一，是劳动实践中各种关系的内在和谐与统一④。

---

① 汤素娥. 习近平新时代劳动观研究 [D]. 湖南大学，2019：76.
② 张艳玲. 论马克思主义劳动观 [J]. 理论学刊，2022（06）：73-81.
③ 陶志勇. 习近平总书记关于工人阶级和工会工作重要论述的新概括与新阐释 [J]. 山东工会论坛，2022，28（06）：1-16.
④ 刘一. 深刻把握"劳动最美丽"的时代意蕴 [N]. 中国社会科学报，2020-04-30.

习近平总书记立足于新时代，高屋建瓴，着眼大局，所提出的"劳动最美丽"理念，既是新时代重要的价值取向之一，也是对所有劳动者根本的价值要求，更是对全社会的价值要求——尊重劳动。正如习近平总书记所指出的那样："全社会都要贯彻尊重劳动、尊重知识、尊重人才、尊重创造的重大方针，全社会都要以辛勤劳动为荣、以好逸恶劳为耻，任何时候任何人都不能看不起普通劳动者，都不能贪图不劳而获的生活。"党的十六大报告也指出，要"坚持尊重劳动、尊重知识、尊重人才、尊重创造"。劳动模范作为"劳动最美丽"的典型代表，被习近平总书记誉为"最美的劳动者"。"劳动最美丽"理念的时代价值便是在全社会营造尊重劳动的良好社会氛围，这要求"全社会都应该尊敬劳动模范、弘扬劳模精神，让诚实劳动、勤勉工作蔚然成风"。

总之，在充分肯定了劳动价值的基础上，习近平总书记历览前贤，继承马克思主义和党的历代领导人关于人的全面发展思想，提出了新时代劳动教育观。马克思提出，"生产劳动和教育的早期结合是改造现代社会的最强有力的手段之一"。习近平总书记继承性地发展了这一观点，创造性地将劳动融入教育体系中，期冀达到"以劳树德、以劳增智、以劳强体、以劳育美"相互融通、"五育并举"的协同育人效果。将劳动教育作为新时代育人体系的重要环节，提出"培育德智体美劳全面发展的社会主义建设者和接班人"和"努力构建德智体美劳全面培养的教育体系"，肯定了劳动教育对人全面发展的重要作用。习近平总书记指出，"在学生中弘扬劳动精神，教育引导学生崇尚劳动、尊重劳动，懂得劳动最光荣、劳动最崇高、劳动最伟大、劳动最美丽的道理，长大以后能够辛勤劳动、诚实劳动、创造性劳动。"这一科学论断使劳动价值观念在全社会确立，劳动行为取向在全员中定型，从而在全社会中产生劳动思想共识、劳动情感共鸣、劳动行为共振的以劳育人氛围。实现人的全面发展和社会全面进步是新时代劳动教育的价值旨归①。

第二节　劳动与人生

劳动是人类的本质特征和存在方式，是实现人自由全面发展的重要途径。劳动让人生有所追求。理想是人生航程的灯塔，劳动则是乘风破浪的小舟。不经过艰苦的劳动，就无法找到一条正确的人生航道。只有在不懈的劳动中取得成功与

---

① 崔艳龙，邹红军. 习近平新时代劳动观的逻辑论析 [J]. 新疆社科论坛，2022（02）：9-15.

收获，才能得到无穷的动力，向着人生目标搏浪前进①。劳动使人生更加充实。用智慧汲取知识，探索科学，生活就会变得更加多彩，用双手辛勤劳作，就会从中获得物质的回报、精神的满足。习近平总书记说"幸福都是奋斗出来的"，富兰克林说"劳动是幸福之父"，劳动是美化人生的匠师，幸福便是力量与智慧的凝结。因收获产生的高兴喜悦，只有在汗水与精力的付出之后才能体会得到，只有创造幸福才能享受幸福。

生活中有很多劳动者，他们扎根基层，不怕苦不怕累，用自己的辛勤劳动和专业智慧帮助身边的人，用小我劳动带动大我劳动，带动个体走向共同富裕，从而实现自己的职业理想和人生价值。小到做家务，大到制造宇宙飞船，都贯穿着人类劳动过程，穿的衣服、吃的食物、出行的交通工具、住的房子都是通过劳动获得的。劳动是人类社会发展最日常的活动。

一、劳动是人的第一需要

在《哥达纲领批判》中，马克思在论述共产主义时提到，"劳动已经不仅仅是谋生的手段，而且本身成了生活的第一需要"。为什么劳动是人的第一需要？下文从劳动的特点、属性及价值深入探讨。

（一）劳动的特点

人类从动物世界独立出来后，便以社会的形式同自然界并存②。劳动是人类最基本的社会实践活动，人类劳动的特点包括必然性、持续性、自觉性、社会性。

1. 必然性

劳动是必需的，是人类的生理条件所强加的，是每一个人都无法摆脱的活动③。马克思和恩格斯在《德意志意识形态》中提出："我们首先应当确定一切人类生存的第一个前提，也就是一切历史的第一个前提，这个前提是：人们为了能够'创造历史'，必须能够生活。但是为了生活，首先就需要吃喝住穿以及其他一些东西。因此第一个历史活动就是生产满足这些需要的资料，即生产物质生活本身。"因此，人的物质生活需要决定了人们必须要进行生产劳动。

---

① 常艳．加强大学生劳动观教育探究［D］．天津师范大学，2013：19.
② 常艳．加强大学生劳动观教育探究［D］．天津师范大学，2013：6.
③ 石姬凤．汉娜·阿伦特的劳动思想研究［D］．南京大学，2015：17.

2. 持续性

在人一生的生存发展过程中，或是经验的积累，或是性格的养成，或是物质的收获，等等，都与劳动相伴随，留下许多劳动的痕迹。劳动所提供的正是人体消耗的，随着人体的新陈代谢周而复始，劳动在循环的过程中不断持续进行着。因此，人生发展的长期性也意味着劳动的不间断性。

3. 自觉性

劳动是有明确目的的改造自然的自觉活动。人类为了满足自己的需要而进行的劳动，同动物求生的本能活动的本质区别在于人类进行劳动是具有目的性和预见性的。所谓目的性是指人类在开始进行生产劳动之前，就能设定预见到劳动的结果，劳动过程就是人类按照预定的目标有计划地运用一定的方法来消耗自己脑力和体力的过程①。而劳动的能动性主要表现为劳动的创造性。人类能够积极发挥主观能动性，用自身的力量或者借助自然的物质力量改造自然。此外，劳动的能动性还表现为人类在劳动过程中表现出来的自我约束性，随着人类社会的发展，人类的劳动已经发展成为社会化大生产下的劳动，这就需要人们遵循一定的规章制度和秩序，来保证劳动过程有序进行。②

4. 社会性

人类劳动的社会性最初是人类在改造自然的过程中产生的，必须将单个的人联系起来人类才可能动地改造自然，在劳动中结成人与人之间的关系，形成一种集体力量。人同动物的本质区别是人是在劳动的过程中结成的社会性的动物③。马克思指出："人的本质不是单个人所固有的抽象物，在其现实性上，它是一切社会关系的总和。"真正把人和动物区别开来的，并不是人的特殊的生理结构，而是人类所特有的社会性，只有人所具有的社会性才构成人的特殊本质。④ 人的这种社会本质是在劳动中形成和不断发展的，每一个人都是社会中的人，依附在一定的社会关系当中，因此人的劳动具有群体性的特征，离开了整个人类社会，个体是无法劳动的。⑤

---

① 常艳. 加强大学生劳动观教育探究［D］. 天津师范大学，2013：6.
② 同①.
③ 常艳. 加强大学生劳动观教育探究［D］. 天津师范大学，2013：7.
④ 景君学，薛晓波. 马克思择业观对当代青年就业的价值导向——基于《青年在选择职业时的考虑》［J］. 中共青岛市委党校. 青岛行政学院学报，2023（02）：33-37.
⑤ 劳动价值篇：树立正确劳动观念——摘自《劳动教育箴言》［J］. 工会博览，2022（09）：48-49.

（二）劳动的属性

1. 劳动的自然属性

所谓自然属性是指人们通过劳动改变劳动对象使之适合自己需要的有目的的活动。正如马克思指出，劳动"是不以一切社会形式为转移的人类生存条件，是人和自然之间的物质变换即人类生活得以实现的永恒的必然性"。可见，劳动是使人类从动物界逐渐脱离的过程，也是人类自然属性逐步显现的过程。人类通过劳动在改造自然的同时也在改造人类本身。人的大脑结构、肢体活动也在劳动中逐步发展。此外，只有通过劳动实践去获取基本的生活资料，才能保证人的生命的延续。随着劳动生产力的提高，人们的生存需要变得越来越丰富，生存需要的满足程度也逐步提高[①]。可以说，劳动使人的自然属性得以彰显，同时又使人的自然生存得以延续。

2. 劳动的社会属性

马克思说，"孤立的个人在社会之外进行生产——这是罕见的事"，人们在生产中不仅仅同自然界发生关系，还同身边的一切事物发生着千丝万缕的联系。因此，人们的劳动不是在孤立的状态下进行的，是在一定的劳动关系中进行的。人们如果不以一定的方式结合起来共同生活和相互交换，便不能进行生产。为了进行生产，人们便需要发生一定的联系和关系，只有在这些社会联系和社会关系范围内，才会有他们对自然界的关系，才会有生产[②]。在这种劳动关系中，人们分工合作，形成了一整套的生产、分配、交换、消费等社会关系。劳动促进个体不断理解社会、参与社会反过来在社会化中使自己的劳动能力不断提升，在劳动关系中不断获得有利条件。因此，社会关系最根本的基础就是人们的劳动关系，现实中的人都是围绕在具体劳动关系中的人。[③]

（三）劳动的价值

1. 生存价值

生存需要是人类最基本的需要，劳动创造了人类本身，同时也促进了人类社

---

① 吴波. 马克思的劳动观与人的自由全面发展 [D]. 河南大学，2009：6.
② 张瑾. 论马克思恩格斯人才观的逻辑维度 [J]. 理论视野，2022（10）：27-33.
③ 程呈. 培育时代新人视阈下新时代劳动教育价值探析 [J]. 科学咨询（教育科研），2022（02）：40-42.

会的发展，劳动满足人的生存需要是劳动的最基本价值。① 在古代社会中，人类劳动能力较为低下，人处于低级需求层次，生产工具非常简陋，想要维持生命就需要靠自己的劳动，获得满足生存需要的基本资料，打猎、捕鱼、养殖采集等基本劳动是为了生存，使人类的生命得以延续。后来随着社会发展和经济进步，人类经历了奴隶社会、封建社会、资本主义社会、社会主义社会，人的需要变为中级需求层次，生存已不能构成对人类的挑战，劳动是为生存质量变得更高。而当人类进入共产主义社会，处于高级需求层次时，精神需求要大于物质需要，劳动是为了更好地实现自我，获得自由和全面发展。

2. 生活价值

从古代中国"四大发明"到今天的计算机、人工智能等，都是人类劳动的结晶。人类社会经历的种种变化，都是人类劳动的结果。今天的劳动已经远远超出了生存的意义，成为价值目标。劳动是为了获得更好的生活，人们不再满足于"活着"，而是"有质量"地生活。随着人类社会的不断进步，更大范围、更深层次、更广领域的劳动内容正在发生改变，人类的生活也在劳动水平的提升下朝着更丰富、多元的方向发展。

3. 发展价值

马克思认为，人类本质的实现是一个通过劳动而自我诞生、自我创造和自我发展的历史过程，他提出劳动既是人本质形成的起点，也是人本质发展的基础，更是整个社会文明不断进步的动力。② 习近平总书记指出，"人民创造历史，劳动开创未来。劳动是推动人类社会进步的根本力量"，"全面建成小康社会，进而建成富强民主文明和谐的社会主义现代化国家，根本上靠劳动、靠劳动者创造。"可以说，劳动不仅为人类的发展提供必要的物质条件和精神条件，人只有劳动，才能实现发展，才能实现自我的价值，劳动成为人全面发展的必要条件。③

综上，劳动作为人的第一需要，解决了人能不能活着和人如何活着的两个命题。任何一个民族、任何一个个体，如果停止了劳动，都难以长久维系。因此，从劳动的特点、劳动的双重属性以及劳动价值来看都突出了劳动对人的第一重要性。

---

① 米莉. 新时代高校教师劳动精神塑造研究 [J]. 中国政法大学学报, 2023 (03): 15-26.
② 劳动价值篇: 树立正确劳动观念——摘自《劳动教育箴言》[J]. 工会博览, 2022 (03): 24-25.
③ 陈淑庄. 高校劳动教育常态化的对策 [J]. 湖北开放职业学院学报, 2023, 36 (10): 36-38.

二、劳动与人生认知

劳动是整个人类生活的第一个基本条件，它既是人类社会从自然界独立出来的基础，又是人类社会区别于自然界的标志。习近平强调，"要树立正确的世界观、人生观、价值观，掌握了这把总钥匙，再来看看社会万象、人生历程，一切是非、正误、主次，一切真假、善恶、美丑，自然就洞若观火、清澈明了，自然就能作出正确判断、作出正确选择。"所以，必须树立正确的世界观、人生观和价值观，才能科学制定人生目标和计划。

人生观是世界观的重要内容。人生观即人们对人生的根本态度和看法，人生观作为一种社会意识形态，其核心内容主要包括三个方面：人生目的、人生态度和人生价值。[①] 人生目的回答了"人为什么活着？"人生态度回答了"人应当怎样活着？"而人生价值是"如何让人生有意义？"胡适在《人生有何意义》中说道："人生观不过是一个人对于世界万物同人类的态度"。可见，人生观是人们在实践中形成的对于人生目的和意义，对人生道路、生活方式的总的看法和根本观点，它决定着人们实践活动的价值取向及目标、人生道路的选择，也决定着人们的具体行为模式和对待生活的态度。[②]

劳动作为人生的重要实践内容，人们对劳动的基本看法和基本态度即劳动观便是人生认知的重要组成部分，它是劳动者在劳动过程和择业过程中的生动体现，决定了人们对劳动的价值判断和价值选择。人们对劳动的看法和态度包括三个部分："人为什么劳动？""人应当怎样劳动？"以及"如何让劳动有意义"。

1. 劳动目的

人为什么要劳动？换言之，劳动是为了什么？答案不言而喻，劳动是为了生活，为了更美好更幸福地生活，劳动是世界上一切欢乐和一切美好事物的源泉。[③] 劳动目的是劳动观的核心问题。人具有主观能动性，在从事劳动活动时往往带有自觉性、主动性、计划性和目的性，在从事一项劳动之前，人会对这件事进行认识和规划，并且会对活动的发生、发展过程有一个预期。在这个自觉能动的过程

[①] 《思想道德修养与法律基础》编写组. 思想道德修养与法律基础（2018年版），北京：高等教育出版社，2018.

[②] 陈莹. 新时代背景下大学生就业指导工作中融入思想政治教育的策略研究[J]. 教师，2022（35）：6-8.

[③] 范嘉欣. 劳动是实现梦想的阶梯[N]. 江西日报，2018-05-02.

中，不断认识自我、发展自我、完善自我，进而实现自己的劳动目标。

2. 劳动态度

劳动态度贯穿整个人生发展的过程，它是指个体在家庭氛围、社会环境等的影响下，结合自身的生活阅历、生活经验、受教育程度进而形成的相对稳定的对劳动的思想认识和心理倾向。刘向兵指出，"劳动态度是人对劳动生活、劳动对象、自身劳动实践所表现出来的一种态度"，它既是一个心理作用的过程，同时也会受到周围社会环境的影响。

3. 劳动价值

劳动价值是一种特殊的价值，它是劳动观的重要内容，同时也是价值观的重要内容。从认识论来看，价值是指客体能够满足主体需要的效益关系。具体到劳动价值而言，我们可以将其理解为劳动个体通过劳动对自我满足和对社会的满足程度。劳动价值是自我价值和社会价值的统一体，满足程度越高，劳动价值越高，反之则越低。

三、劳动与人生发展

我们今天倡导的劳动不同于一般意义上理解的劳动内容，我们所提及的知识学习、科学实验、社会实践、技能培养等属于浅层次的劳动范畴，从更深层次的角度来看劳动不仅是要深化认识、知行统一、提升技能，而且是一种高要求的社会实践，是了解与服务社会不可缺少的活动，而这些内容都离不开人生教育的过程。反过来，劳动对我们的人生发展同样也发挥了重要的促进作用。

（一）劳动贯穿人生教育

在中国的传统文化理论中，人生教育始于一个人的出生并持续终生，它对人产生的影响是持久而深刻的。家庭教育、学校教育、社会教育构成了人生教育，而劳动就是家庭教育、学校教育、社会教育的具体承载形式和表现形式。

1. 劳动是家庭教育的起点

我国教育家陶行知曾说："劳动教育的目的，在谋手脑相长，以增进自立之能力，获得事物之真知，及了解劳动者之甘苦。"可见，劳动增强了体魄，发展了劳动技能，丰富了知识，增强了共情能力。而家庭是我们接触最早也是我们受教育时间最长的教育环境。苏联教育家苏霍姆林斯基认为儿童塑造的首要决定因素便是家庭，其他因素按重要性排序依次为学习、儿童所在的集体、儿童本人、书籍、偶然出现的因素，可见，家庭教育对人生发展的影响是第一位的。家庭劳动教育的内容看似微小，包括穿衣、洗漱、清扫、洗衣、做饭、整理家务、关心帮助家人等等，但是其效果可谓润物无声。美国哈佛大学曾经对波士顿地区456名儿童做过一项长达20年的跟踪调查，结果发现，爱干家务的孩子和不爱干家务的孩子相比，长大以后的失业率为1∶15，犯罪率为1∶10，爱干家务的孩子平均收入要高出20%。① 总之，家庭劳动教育通过培养基本劳动技能、劳动习惯、传递爱心，实现锻炼能力、磨砺意志，强化自强、自信、自立的意识，最终可以培养和发展人的道德品质，提高人的精神境界，而这些构成人生发展的重要内容。因此，家庭劳动教育对于个体的人生发展有着重要的引导作用。从这个维度上来看，劳动作为家庭教育的起点，对人生产生的影响更加直接，更具有感染力。

2. 劳动是学校教育的重要内容

学校是学生的主要活动场所，学生劳动观的建立、劳动技能的培养都与学校教育有着密切的关系。日本的学校劳动课程体系历史悠久。劳动课程是日本中小学生的必修课。从幼儿园开始，幼儿开始学习自理，培养孩子耐心、细心和爱劳动的习惯，掌握基本的生活技能。小学和初中开始上家政课，学习烹饪基础、衣服整洁、房间舒适。以房间舒适为例，学校要指导学生进行房间大扫除，学生要自己完成校园环境的打扫工作，毕业时清洗课桌椅，将干净的学习环境留给学弟学妹。另外，学生每天都要打扫厕所，一方面可以学习厕所的清扫方法，另一方面教育学生各种工作都有辛劳和技能，工作没有贵贱。在瑞士，为了增强学生的劳动观念，从幼儿园就开始进行劳动教育。在幼儿园墙上，一边展示的是工业用具，另一边则是农业用具，让每个幼儿都知道这些工具的用途。学校的老师会告诉幼儿：你们的父辈就是靠这些工具把瑞士建设起来的，你们将来也要参加劳动，去继续建设我们的国家。德国设有儿童家务劳动法，并明确规定儿童从6岁起就必须参加家务劳动。6—10岁，偶尔要帮助父母洗碗、扫地、买东西；10—14岁，要剪草坪、洗碗、扫地及给全家人擦鞋；14—16岁，要洗汽车、整理花园；16—18

---

① 尹富霞. 浅谈依托家务劳动开展小学综合实践活动的价值与功能［J］. 延边教育学院学报，2021，35(06)：219 - 221.

岁，如果父母上班，要每周给家里大扫除一次。① 我国，在国家范围内，劳动已经被列为学校教育的重要内容。2018年9月10日，习近平在全国教育大会上强调，要培养德智体美劳全面发展的社会主义建设者和接班人，从更高层面上凸显了劳动在学校教育中的地位。

总体而言，学生在接受学校劳动教育中一方面让自己与世界充分接触，用身体去丈量物理和心灵世界，用其全部感官去认知和学习，使学生感受到劳动在人生中的价值，明白劳动是人类的本原，劳动创造一切的道理，同时培育尊重各行各业劳动者的情感。同时，学生在劳动中可以愉悦身心，强健体魄，增强意志力，涵养吃苦耐劳精神，对文化课的学习起到促进作用。总之，学校劳动教育，为学生提供学习平台、实践平台，使学生步入社会之前不断增强自身的能力、掌握不同的技能，为学生步入社会积聚知识和力量，对社会的发展前景和个人未来的方向具有相对清晰的思考，从而为建立自己和社会的职业联系和人生发展打下扎实的基础。

3. 社会教育促进劳动走向成熟

社会教育是影响人生发展诸多变量中最复杂、最深刻、最重要的变量。社会劳动教育是践行家庭与学校劳动教育收获的知识与理念，即劳动最光荣、劳动最崇高、劳动最伟大、劳动最美丽的观念，并将之投入运用至社会生活及生产实践。② 在社会劳动中发挥劳动在个人与社会之间的纽带作用，融入社会，增强社会责任感；注重分工合作，体会社会主义社会平等、和谐的新型劳动关系；体会劳动创造美好生活，体会劳动不分贵贱，热爱劳动，尊重普通劳动者，践行勤俭、奋斗、创新、奉献的劳动精神；③ 体会辛勤劳动、将脑力劳动同体力劳动相结合是建设社会主义和共产主义的根本保证；劳动无论贵贱，劳动者最美，在社会劳动教育中，跟随社会环境的动态变化，调整劳动行为方式，遵守伦理道德规范、审美观念、宗教信仰及风俗习惯，在人生择业和职业发展中收获成长的果实。

总之，家庭教育、学校教育和社会教育三者构成了人生教育的主要内容。家庭、学校、社会的劳动教育和实践锻炼，可以让一个人拥有健康的灵魂，也

---

① 冯永刚，师欢欢. 新时代劳动教育的价值意蕴及其实现［J］. 陕西师范大学学报（哲学社会科学版），2022，51（03）：112-121.
② 邵士庆. 马克思主义劳动观融入高校思想政治理论课教育教学体系的初步探索［J］. 高校马克思主义理论研究，2018，4（04）：101-110.
③ 宇文利，奚佳梦. 新时代劳动精神的弘扬与培育［J］. 新疆师范大学学报（哲学社会科学版），2023，44（02）：134-144，2.

可以让一个人变得独立自主，让"我不行"变成"我能行"，让"潜意识"变成"下意识"。劳动教育让人拥有生存的技能和本领，让人在不知不觉中变得强大，让人拥有更多美好的人生体验。因此，人生教育中的劳动无处不在、无时不在。

（二）劳动承载人生发展

劳动创造了人、创造了社会。劳动既是人类存在的基础，也是人类发展的动力源泉。劳动发展的程度越高，人的发展就越全面。[①] 劳动作为人生发展的具体承载和表现形式，其发挥的积极引导作用主要表现在以下几个方面。

1. 劳动提升人生素养

高尔基曾说："我知道什么是劳动：劳动是世界上一切欢乐和一切美好事情的源泉。"人的一生离不开劳动，不仅因为生存需要，还因为它能带来充实和愉悦的心灵体验。陶渊明有诗云："种豆南山下，草盛豆苗稀。晨兴理荒秽，带月荷锄归。道狭草木长，夕露沾我衣。衣沾不足惜，但使愿无违。"劳动让诗人陶渊明在精神上得到满足，生命亦因劳动而更美。靠双手实现梦想、用劳动创造价值，正是每一名劳动者内心的真诚信仰。劳动使人在精神状态上坚忍不拔、自强不息、锐意进取；在职业品格上，塑造廉洁奉公、爱岗敬业、淡泊名利、甘于奉献的美好品格。总之，幸福不会从天而降，但劳动可以让梦想成真。把劳动当作实现梦想、人生出彩的阶梯，这样的精神世界必定是充盈、快乐的。[②]

2. 劳动有利于职业规划

思想是行动的先导。学生的世界观、人生观、价值观对其就业、择业产生重要影响。而正确"三观"的形成离不开正确的劳动观。劳动是真正的"干中学"，在实践当中积累真知，获得劳动技能、职业体验、社会经验，实现有效的自我认知和就业认知。而通过劳动实践和劳动教育，引导大学生树立正确的劳动观念[③]，帮助大学生树立正确的职业理想，积极的职业规划，准确的职业方向，充分合适地自我评估。可见，在校期间开展劳动教育，引导学生深入社会进行广泛的劳动实践，在实践中进行自我认知，在结合自身专业和实践的基础上较早地确定就业

---

① 张威. 劳动教育融入大学生思想政治教育的价值及启示 [J]. 中国高等教育，2020（20）：36-38.
② 范嘉欣. 劳动是实现梦想的阶梯 [N]. 江西日报，2018-05-02.
③ 陈淑庄. 高校劳动教育常态化的对策 [J]. 湖北开放职业学院学报，2023，36（10）：36-38.

目标，进行职业规划。①

3. 劳动有利于提升职业道德

职业道德是指从事一定职业的人在职业生活中应当遵循的具有职业特征的道德要求和行为准则，涵盖了从业人员与服务对象、职业与职工、职业与职业之间的关系。职业道德的基本要求包括爱岗敬业、诚实守信、办事公道、服务群众、奉献社会。② 良好的职业道德是每一个职业人员的必备品质。而劳动教育具有独特的职业道德育人价值：一是劳动教育是生存教育。劳动是人类满足生活需要的第一条件，只有通过劳动才能获取吃穿用住等生活资料，通过劳动教育可以让学生习得必备生存技能，培养增强技能否则将失去生存能力的底线思维，进而践行爱岗敬业。二是劳动教育是实践能力教育。新时代劳动教育更强调以科学发展和技术进步为基础，推动学生将课堂知识运用于社会实践，培养学生动手能力和解决实际问题能力。三是劳动教育是职业启蒙教育。劳动教育就是让学生通过参加各种形式的劳动接受职业启蒙，进而提升其学习能力、适应能力和各种劳动技能，从而为将来走向职场、独立生活奠定坚实基础。四是劳动教育是集体主义教育。与"德智体美"可以通过个人的持续努力就能够实现境界提升有所不同，劳动与集体存在一种天然的默契。在劳动世界中，每个人将成为社会分工体系中的一员，需要与他人在分工协作中完成相应的劳动任务，分享劳动成果。由此可见，劳动教育是培养团队精神的有效载体③。

习近平总书记指出，"劳动模范身上体现的爱岗敬业、争创一流、艰苦奋斗、勇于创新、淡泊名利、甘于奉献的劳模精神，是伟大时代精神的生动体现"。党的二十大报告指出，"在全社会弘扬劳动精神、奋斗精神、奉献精神、创造精神、勤俭节约精神，培育时代新风新貌"。我们当以劳模为榜样，认真学习、领会和传承劳模精神，培养自身优良品质，抵制半途而废、逃避责任、投机取巧、追名逐利等不良思想，树立社会主义核心价值观和正确的劳动观，迎着时代新风新貌，在人生发展中乘风破浪，迎难而上。

---

① 付云华. 生态论视域下大学生劳动教育进路探究［J］. 哈尔滨职业技术学院学报，2023（01）：79-82.
② 《思想道德修养与法治》编写组. 思想道德修养与法治（2021年版）［M］. 北京：高等教育出版社，2021：165.
③ 李珂. 劳动教育是立德树人的底层逻辑［N］. 中国教师报，2022-01-05第4版.

第三节 劳动与心理

一、劳动的心理过程

心理过程是指在客观事物的作用下,心理活动在一定时间内发生、发展的过程。通常包括认知过程(知)、情绪情感过程(情)和意志过程(意)三个方面。劳动过程首先始于最简单的认知活动。认知过程包括感觉、知觉、思维、决策、记忆等。感觉过程帮助人们获取信息,识别劳动工具、劳动对象、环境和危险;思维过程帮助人们整合信息深度加工,并做出合理决策和判断,保证劳动过程的顺利开展。情感过程是指劳动过程中会产生不同的情绪情感反应,如喜、怒、哀、乐等。意志过程则指人自觉根据既定的目的来支配和调节自己的行为,克服困难,进而实现目的的过程。[①] 知情意最终体现于行。例如,遇到困难时,有的人选择迎难而上,百折不挠,意志坚定;有人缺乏信心,优柔寡断,表现出意志薄弱。在劳动过程中认知、情感、意志过程三者相互关联、相互制约。例如,人们通过认知识别到劳动环境的整洁舒适,产生愉悦的情绪,从而加强意志力,更加投入工作。有时,意志也可以控制情感,让人们克服畏难情绪,不轻言放弃。总之,知、情、意、行的关系可总结为认知是产生情、意的基础;行是在认知的基础上和情的推动下产生的,它能提高认识,增强情感,磨炼意志。

劳动心理学是心理学的一个分支,其特点是结合劳动过程,研究劳动者的心理反应、心理活动及心理规律。它以普通心理学、社会心理学、管理心理学等研究成果为理论基础,结合劳动过程和劳动组织的实际,围绕劳动者的需要、动机、行为,劳动者的个体心理素质,劳动者群体完整的心理现象,劳动者心理保健及安全生产等内容,讨论劳动管理中如何运用心理学知识,激发劳动者的积极性问题。[②]

---

① 大学生心理知识手册. 百度文库 https://wenku.baidu.com/view/82dded2becf9aef8941ea76e58fafab068dc4446.html?_wkts_=1692096907474&bdQuery=%E7%A4%BE%E4%BC%9A%E5%BF%83%E7%90%86%E6%95%88%E5%BA%94%E4%B8%8E%E6%88%91%E4%BB%AC%E7%9A%84%E7%94%9F%E6%B4%BB

② 闫文凯. 基于人机工程学的主动式防疲劳电脑支架设计研究 [D]. 青岛大学, 2020.

二、劳动效率与心理效应

劳动心理及其对劳动效率产生的影响研究由来已久,最为著名的便是近100年前(1924—1933年)美国哈佛大学教授乔治·埃尔顿·梅奥在芝加哥西方电力公司霍桑工厂进行工作条件、社会因素、生产效益关系的实验,发现了著名的实验者效应,即霍桑效应,将之理解为由于受到额外的关注而引起绩效或努力上升的情况。实验结果发现:第一,员工不是只受金钱刺激的"经济人",其态度在决定行为方面起了重要作用,员工因受到关注,从而提升参与感,感受到自己是公司中的重要组成部分,会提高劳动生产效率。第二,员工的良好情绪对生产效率提高有较大影响。除霍桑效应以外,还有其他劳动中的著名心理效应,分述如下。

(一)社会促进与社会抑制

心理学家对社会促进问题的实验研究可追溯到1898年美国心理学家N.特里普利特社会促进实验。社会心理学家特里普利特邀请一群被试者,来完成3个情境中的25公里骑自行车的任务。在第一个情境中,被试独自一人骑行,这时他的平均时速为24英里。在第二个情境中,被试骑行时旁边有人跑步陪同,这时他的平均时速为31英里。在第三个情境中,被试和其他骑车人同时骑车,一起骑行,这时他的平均时速为32.5英里。他发现在有竞争时人们的骑车速度比单独骑时更快。特里普利特想知道,在其他情况下是否会有类似结果。于是,他又邀请了一群被试者来完成计数和跳跃、拉钓鱼线等工作。结果发现,只要有人陪同,被试的成绩就会比较好;如果陪同的人也在做相同的事,被试的成绩会更好。这个实验后来被称为社会助长现象实验。据此他得出结论:个人在集体劳动中的效率要比单独劳动的效率高,因此提出社会促进效应,后来又细分为结伴效应和观众效应。所谓结伴效应,即在结伴活动中,个体会感到社会比较的压力,从而提高工作或活动的效率。所谓观众效应,即个体从事活动时,是否有观众在场、观众的多少及观众的表现对其活动的效率有明显影响。

1965年R.B.扎永茨提出驱力水平理论,认为他人的存在可增强个体的驱力或动机,而这种驱力的增强会产生助长或抑制行为表现的效果;至于出现哪种效果则完全视作业的性质而定。如果作业所需的反应是已经长久练习娴熟的则称为"强势反应",此时动机的增强将是有益的。就简单的工作而言,他人的存在将有助于个体表现。例如,对接受过严格训练、技术娴熟的运动员来说,有观众在场的比赛常可促进他的表现,创造出比平时训练更好的成绩。但如果作业所需的反应是还未学习完全的行为时,此时优势反应可能是错误的,动机的增强将加强错误反应,从而破坏其表现。例如,解困难的数学题,记忆新的语文材料,撰写复杂的逻辑演绎文章,等等。新演员初次登台时需尽力记忆自己的角色,这时观众可能会增加其舞台恐惧心理而破坏他的表演。但他如果能积累丰富的经验并坚持不懈地练习,观众在场则可能帮助他克服无聊感,促进他的表演。[1]

扎永茨认为,他人在场时所唤起的驱力有两种:(1)与人竞赛的动机。人们往往在本质上把每一种社会情境解释成竞争性的。尽管人们知道彼此合作可能会取得更大的胜利,但仍然彼此竞争。只要有他人在场,个体甚至就在无意中产生别人在与他竞争的感觉,因此,他也会希望做得比较好些。这就提供了某种内在的动力,这一点与别人在做些什么是毫无关系的。(2)被他人评价的意识。一种希望得到良好评价的动机。当别人在场时,个体总认为别人在审查自己,在注意着自己的表情、行为和作业。别人可能与个体毫无关系,然而个体却可能会料想别人在某种程度上对自己进行评价。而关心评价会唤起个体的内驱力,从而影响个体的作业水平。[2] 当然,在某种情况下社会促进现象并未发生,而且相反,当他人在场时反而会抑制个体的表现,使个体的作业水平下降而产生社会抑制现象。例如学者达希尔发现,有观众在场时,个体进行乘法运算会出现许多差错,其产生原因主要来自于个体的心理紧张。这种心理紧张主要是由于个体想从群体中得到尊重和赞许的愿望与对自身工作的信心之间的差距造成的。

总体而言,对于熟练、易学、有自信的活动,他人在场常带来的是社会促进作用。而对于困难、难学、生疏、欠缺自信的活动,他人在场常带来社会抑制作用。

(二)社会懈怠

社会懈怠亦称"搭便车"、社会逍遥,指个体作为群体中的一员进行群体活动

---

[1] 大学生心理知识手册. 百度文库 https://wenku.baidu.com/view/82dded2becf9aef8941ea76e58fafab068dc4446.html?_wkts_=1692096907474&bdQuery=%E7%A4%BE%E4%BC%9A%E5%BF%83%E7%90%86%E6%95%88%E5%BA%94%E4%B8%8E%E6%88%91%E4%BB%AC%E7%9A%84%E7%94%9F%E6%B4%BB.

[2] 大学生心理知识手册. 百度文库 https://wenku.baidu.com/view/82dded2becf9aef8941ea76e58fafab068dc4446.html?_wkts_=1692096907474&bdQuery=%E7%A4%BE%E4%BC%9A%E5%BF%83%E7%90%86%E6%95%88%E5%BA%94%E4%B8%8E%E6%88%91%E4%BB%AC%E7%9A%84%E7%94%9F%E6%B4%BB.

时，会降低自己的努力和表现水平，个人所付出的努力比单独完成时偏少的现象。这一现象有着跨文化差异，在个人主义、自我中心价值观文化下的个体组成的群体中，更易发生；在集体主义文化中，较少发生。日常生活中"磨洋工"就是一种社会懈怠现象。一般来说，个体在群体活动中，付出的努力水平都会下降，而且群体规模越大，个体的努力水平越低。

心理学家黎格曼最早发现了社会懈怠现象，他发现当人们一起拉绳子的时候的平均拉力要比一个人单独拉时的平均拉力小。[1] 黎格曼设计了一项拉绳实验，在研究中他让参加实验的工人用力拉绳子并测拉力。实验包括三种情境：单独拉绳，3人一组拉绳，8人一组拉绳。结果发现，独自拉时，人均拉力63公斤；三人一起拉时，总拉力160公斤，人均53公斤；八人一起拉时，总拉力248公斤，人均只有31公斤，不到单独时的一半。这即是黎格曼提出的社会懈怠现象。其产生的原因可能是个体在集体中的劳动不记名，不被量化，可能觉得团体中的其他人没有尽力工作，为求公平，于是自己也就减少努力；人们也可能认为个人的努力对团体微不足道，或是团体成绩很少一部分能归于个人，个人的努力难以衡量，与团体绩效之间没有明确的关系，故而降低个人努力，或不能全力以赴地努力。[2] 无论原因如何，社会懈怠效应明显降低了群体的劳动效率。减少社会懈怠的有效途径是：首先，量化并公布整个群体的工作成绩以及每个成员的工作成绩。其次，督促成员之间互相观察，帮助群体成员认同他人的努力和工作成绩。最后，控制劳动的群体规模，减少"磨洋工"的可能性。

（三）作业疲劳与合理休息

作业疲劳，是指在作业过程中，操作者由于生理和心理状态的变化，产生作业机能衰退、劳动能力下降，有时伴有疲倦感等自觉症状的现象。[3] 作业疲劳是劳动生理的正常表现，疲劳程度的轻重取决于劳动强度的大小和持续劳动时间的长短。通常划分为肌肉疲劳和精神疲劳两类。本质上，两种疲劳均是机体的一种正常生理保护机制，是大脑发出的警觉信号，提醒人们适当休息。疲劳在劳动作业过程中产生，疲劳的过程是渐进的，长期作业疲劳可能引发一系列功能失调，威

---

[1] 李玲. 我希望他一直喜欢我 [J]. 今日中学生，2022（11）：44-45.
[2] 王群彦，王瑞玲. 新时期学生工作的思考 [J]. 重庆科技学院学报（社会科学版），2007（S1）：94-95.
[3] 张雪峰，王洁. 高学历知识型员工的工作疲劳结构研究 [J]. 辽宁工程技术大学学报（社会科学版），2013，15（01）：46-50.

胁安全生产。具体表现为：第一，疲劳作业使个体出现身体不适，头晕、头痛，控制意志能力降低，注意力涣散，信心不足，工作能力下降等，从而较易发生安全生产事故；第二，疲劳导致感觉机能、运动代谢机能发生明显变化，作业动作失调，从而较易发生事故；① 第三，疲劳导致继续工作能力下降，工作效率降低，工作质量下降，工作速度减慢，动作不准确，反应迟钝，从而引起事故；第四，疲劳引起的困倦，导致作业时人为失误增加。根据事故致因理论，造成事故的原因为由于人的不安全行为和物的不安全状态两大因素时空交叉的结果。物的不安全状态具有一定的稳定性，而人的因素具有很大的随意性和偶然性，有资料统计，约70%以上的事故的主要原因是人的不安全行为造成的。第五，疲劳导致一种省能心态，在省能心态的支配下，人做事嫌麻烦，图省事，总想以较少的能量消耗取得较大的成效，在生产操作中有不到位的现象，从而容易导致事故的发生。由此可见，消除疲劳，减少失误，消除人的不安全行为，② 预防作业疲劳是保障安全劳动、有效避免事故发生的重要措施。具体措施包括加强科学管理，改进工作日制度；根据劳动强度确定相应的工作量；安排适当的工作时间和休息时间；实行科学的轮班制度；安排好业余活动和休息；改善劳动环境，提高员工身体素质等。③

三、劳动与压力管理

（一）劳动中的压力源

劳动中的压力源，包括一系列能够被人们知觉并产生正性或者负性压力反应的情境、刺激、活动和事件。如果个体需要付出较大的努力来适应压力源，或者压力已经超出了个体所能够承受的范围，那么各种心理和生理的失调状态则随之而来。压力具有以下特点：第一，不同人有不同的压力曲线。第二，压力兼具正面作用和负面影响。完全无压力的人并不是效率最高、最幸福的。第三，当压力不足，人的动力也不足，劳动效率低表现不佳。随着压力的提高，人的注意力更加集中，投入更多的精力工作，效率和绩效也随之提高。第四，压力就像琴弦，

---

① 赤常春. 企业员工不安全行为研究及防范对策 [D]. 南华大学，2012：16.
② 赤常春. 企业员工不安全行为研究及防范对策 [D]. 南华大学，2012：17.
③ 陈百兵. 手机虽好 切勿贪玩 [J]. 现代职业安全，2022（08）：6.

没有压力就不会产生音乐,但是压力过大或长期得不到缓解,就像琴弦绷得太紧会断掉,会引发效率降低,身心受损。

压力来源于家庭、工作、社会、环境等多个方面。具体地,压力源可以包括:第一,时间压力。过长的工作时间,导致劳动者缺乏必要的可支配业余时间;或是某些工作任务设定了紧张的时间限制,给个体工作的能力和投入带来较高的挑战,进而形成高压力感知。第二,工作超负荷。工作难度大或是工作量大都是超负荷的体现。对于从事高重复性工作的员工来说,工作压力主要来源于工作量;而对于从事创造性要求较高的企业员工来说,工作压力不仅包括工作量,还包含工作难度带来的挑战。第三,职业发展。在组织生活中,劳动者不仅期待经济需求被满足,还包括寻求事业发展的平台、发挥自我潜能和满足自我成就感。如果某一职位的上升空间有限或职业发展前景暗淡,会导致员工的工作热情及投入减弱,无法满足其对工作的社会价值和社会地位的需求,可能会使员工产生过重的心理负担,进而增加工作压力。[①] 第四,角色冲突(工作—生活平衡)。工作—生活平衡一直是压力及角色冲突研究中关注的重点。尤其是受传统社会角色观念影响,女性劳动者在平衡工作和家庭双重角色的过程中承受着巨大的压力。繁重的工作压力将会压缩员工与家人相处的时间,从而引发各种家庭矛盾,使员工产生心理压力。第五,沟通不畅和人际关系不良。个体的社会属性使得组织兼具经济和社会属性,良好的组织氛围和组织人际关系是组织生活的重要组成部分。[②] 工作中的人际关系涉及多个层面,包括上司、同事、下属、客户等,这些工作关系既可能成为提高员工绩效的催化剂和推动力,也可能成为人际冲突的来源,从而给员工造成巨大的压力。对大部分员工而言,与同事和上级的关系是工作中最主要的人际关系。第六,领导风格。领导作为组织和管理中的一个重要角色,其行为和风格会对下属的工作心理及工作行为产生不可忽视的影响,通常领导的关怀维度及人性化领导风格与劳动者工作压力呈显著的负相关关系。第七,组织变革。组织变革是企业为适应内外部环境的变化而进行的组织结构的调整及修正,甚至是对整个组织结构进行重新的架构构建。在组织变革中,不稳定的环境和人际关系可能使劳动者缺乏安全感,从而产生巨大的心理压力。在组织变革中,当员工无法理解或适应新的工作要求,并且又无法获得充分的培训及信息以胜任新的职

---

① 纪晓丽,凌玲,曾艳. 基于双因素理论的员工工作压力源管理研究[J]. 科技管理研究,2007(09):215-217.

② 陈捷. 组织中的工作压力来源及其管理[J]. 北京工商大学学报(社会科学版),2005(03):34-38.

位时,这种心理压力就会升级。

总之,压力是一种主观感受,压力的大小取决于压力源的大小,也取决于个体抗压能力的强弱程度。有的劳动者在外界压力下处理事务的能力很强,有的人抗压能力很弱,可以通过培养乐观的性格、适应变化、冷静的心态及有效的工作方式来增强抗压能力,更好地应对压力。

(二) 劳动中的压力觉察

劳动者需要加强自身的压力觉察,才能走出灵活应对各种问题的第一步。有效的压力觉察需要具备四种能力。能力一:自我压力诊断能力。能够敏感地觉察自我的状态,理清身体、情绪、工作状态的现状,勇于面对,分析界定自己的压力所在及产生的原因。这是压力管理的第一要素。能力二:启用"减压阀"能力。压力过大时,首先启动适合自己的"减压阀",释放部分压力以避免"炸锅"。每个人的减压方式不同,运动、整理、睡眠、休闲娱乐、向朋友倾诉都是不错的方法。① 能力三:解决问题能力。整天生活在焦虑之中,不如马上行动,沉下心来积极思考有效的解决方案,将负面压力转化为正面的动力,并学会向外界求助,是压力管理的重要手段。有的压力,积极应对便能化解。而有的压力可能存在着暂时无法逾越的障碍,还有的甚至超出自己的可控范围,这时则需要重新设定短期目标,或者学会暂时搁置,接受与压力和平相处的状态。能力四:改变自我想法能力。人往往不是被事情本身所困扰而是被他对事情的看法所苦。所以,有时我们需要改变一些固有的观念和看法,将一些不合理的信念调整为合理的信念。如"我必须……""如果……就完蛋了""事情一定要……"都是不合理信念,我们应用合理、灵活、积极的想法替代,调整为生活和劳动中的正向思维。

(三) 劳动中的情绪管理

有一个经典问题:"每天上班都是坐着,为什么还这么累?"社会学家给出了答案:因为除了体力劳动和脑力劳动之外,还有一项同样艰辛的付出被忽视了,这就是情绪劳动。情绪劳动的概念由美国社会学家 Arlie Russell Hochschild(1983)首次提出,她通过对 Delta 航空公司空服人员与乘客交往的调查发现,在服务过程中,为了有效完成工作,除了需要提供脑力和体力方面的付出外,员工还需要调

---

① 蓝观平,曹红霞. 与压力共舞,舞出美好未来 [J]. 班主任,2020 (12):42-46.

控他们的感受及表达。① 这种要求员工在工作时展现某种特定情绪以达到其所在职位工作目标的劳动形式即是情绪劳动。最初，情绪劳动只是指那些对劳动者的面部表情有特殊要求的职业，比如：护士要付出"耐心关爱的情绪劳动"，医生要付出"冷静的情绪劳动"，殡葬从业人员要付出"悲伤的情绪劳动"，银行柜员要付出"礼貌和耐心的情绪劳动"，酒店的服务员即使被惹怒了也要付出"微笑的情绪劳动"。后来将"情绪劳动"的定义进一步扩大，不管任何工作，只要涉及人际互动，员工都可能需要进行情绪劳动。

情绪是一种劳动，对应着相应的成本和付出。一个人的真实心情如何，叫情绪感受，一个人表现出来的情绪叫情绪表达，情绪表达和情绪感受之间的差别越大，那么这个人付出的情绪劳动工作量也越大。而长期付出大量的情绪劳动，则可能引发工作倦怠。1974年美国精神分析学家弗登伯格首次将工作倦怠使用在心理健康领域，用来描述工作者与工作之间由于工作过程中遇到的各种矛盾冲突导致的身体、情绪、行为的耗竭之感。这一名词的应用与提出引起社会上的广泛关注，并被认为是现代社会的职业病之一。② 到了20世纪90年代，对于工作倦怠的研究范围从服务性质的行业逐渐扩展到教育业、技术业和培训业。

目前，世界卫生大会已正式将"工作倦怠"纳入国际疾病分类。工作倦怠主要表现在三个方面：第一，情感衰竭。指没有活力，没有工作热情，感到自己处于极度疲劳的状态。它被视为工作倦怠最核心、最明显的症状表现。第二，去人格化。指刻意在自身和工作对象间保持距离，对工作对象和环境采取冷漠、忽视的态度，对工作敷衍了事，个人发展停滞，行为怪僻，提出调度申请等。第三，无力感或个人成就感低。指倾向于消极地评价自己，并伴有工作能力体验和成就体验感的下降，认为工作不但不能发挥自身才能，而且是枯燥无味的。③

摆脱工作倦怠可从以下几方面入手：第一，正视工作倦怠。在形成任何有效的应对策略之前，首先要对倦怠感有客观准确的认识，避免采取回避的态度。第二，找准职业兴奋点。要成为工作上的主人，必须从了解自己开始。花点时间静下来思考：自己擅长哪个领域？倾向于从事哪类工作？这份工作可以发挥所长

---

① 徐婵. 家长工作中幼儿教师的情绪劳动表现及启示 [J]. 教师教育论坛，2022，35（12）：27-30.
② 蒙宗宏. 中学教师职业倦怠与人格特征的相关研究 [J]. 价值工程，2011，30（15）：195-196.
③ 张鲁君，师鑫. 高校就业工作者职业倦怠成因及对策浅析 [J]. 出国与就业（就业版），2010（10）：35-36.

吗?是自己努力不够还是被摆错了位置?自己对工作究竟有哪些期望?[1] 第三,寻求外部资源。当出现倦怠感时,学会及时倾诉,寻求家人、亲友、同事的支持,帮助自己分析心理的症结,重新审视自己的工作状态。第四,锻炼和放松。注意劳逸结合,足够的睡眠、定期的放松和休闲、适度规律的锻炼能够有效地降低焦虑和抑郁感。此外,还可以学习一些放松训练,如深呼吸、肌肉放松、冥想等。

(四)劳动中的心理资本

随着现代社会竞争压力、变革速度的日益加快,越来越多的组织管理者意识到,劳动者普遍存在工作压力和思想负担,他们关注薪酬福利但更关注成长进步,能够接受工作繁重和薪酬下降的现实压力,但迫切需要心理安慰,在劳动者层面营造积极、健康、阳光的心理状态,而并非等员工出现心理问题再被动干预至关重要。20世纪90年代末,美国心理学家塞利格曼发起了积极心理学运动,并首次提出心理资本的概念,提倡对促进个体积极行为和心理健康的因素进行深入研究。即人的发展、成功和幸福不仅需要环境和社会文化等,更需要充分认识和发掘个人内在的积极心理品质。心理资本是指个体在成长和发展过程中表现出来的一种积极心理状态,是超越人力资本和社会资本的一种核心心理要素,是促进个人成长和绩效提升的心理资源[2]。

心理资本包含自我效能感(自信)、乐观、希望、坚韧等四个方面。第一,自我效能。自我效能感也称自我效能信念,由美国著名心理学家班杜拉提出,也是成功心理学研究的重要心理变量。所谓自我效能信念,是指相信自己具有组织和执行达到特定成就能力的信念。班杜拉认为,在动因的各种机制中,没有一种比个人效能信念更处于核心地位、更具普遍意义。一个人除非相信自己能通过自己的行动产生所期待的效果,否则他很少具备行动的动机。[3] 第二,乐观。指一种归因模式,用个体的、永久的、普遍性的原因来解释积极的事件,用外部的、临时

---

[1] 马国平,王克芳,王翠丽. 应对措施培训对专科护生职业倦怠感的影响[J]. 菏泽医学专科学校学报,2010,22(01):62-64.

[2] 何为心理资本? https://mp.weixin.qq.com/s?__biz=MzIxNjU3MTMwNw==&mid=2247498062&idx=1&sn=292011d865861bd8faa296ba630276b8&chksm=9785b58aa0f23c9c02559146fdd810945f2a660244473c16ff1f07ec394c7d37ffc5f906419c&scene=27.

[3] 王鉴忠. 培训:重视员工心理资本开发[J]. 人力资源,2010(09):36-39.

的、与情境关联的原因来解释消极的事件。① 第三，希望。指对目标锲而不舍，并在必要时能调整实现目标的途径。希望的内涵是一种认知或"思考"状态，在这种状态中，个体能够设定现实而又有挑战性的目标和希望，然后通过自我引导的决心、能量和内控的知觉来达到这些目的。② 第四，韧性。心理学的"韧性"，也称"弹性"。人的生命具有主动应对、调节和适应外部压力的心理能力，不同于生物体受外力后仅仅表现为被动恢复的属性。美国心理学会把韧性定义为：个人面对生活逆境、创伤、悲剧、威胁或其他生活重大压力时的良好适应与应对。心理韧性具有以下三种心理能力：克服逆境、化解危机的能力；耐受压力、良好适应的能力；从创伤中复原的能力。③

心理资本是贮藏在人类心灵深处一股永不衰竭的力量，是实现人生可持续发展的原动力。在个人层面上，提升个体的心理资本可以增强承受挑战和变革的能力，促进个人成长、提高劳动绩效和心理健康水平。在组织层面上，与人力资本和社会资本类似，心理资本通过改善劳动者的绩效最终实现组织的投资回报和竞争优势。自信、乐观、坚韧，勇于创新，敢于创新的人，能够因地制宜地将知识和技能发挥到最大限度，成就自己也成就组织。

> **思考题**

一、名词解释

1. 劳动

2. 必要劳动

3. 劳动观

4. 社会促进效应

5. 社会抑制效应

6. 社会懈怠效应

7. 心理资本

8. 情绪劳动

---

① 李万全. 重视积极心理在组织中的开发应用——美国管理学会前任主席路桑斯教授谈积极心理 [J]. 企业文明，2014（03）：34-36.
② 余建华，于振海. 心理资本——人的潜能根源 [J]. 现代企业文化，2010（12）：66-67.
③ 王鉴忠. 培训：重视员工心理资本开发 [J]. 人力资源，2010（09）：36-39.

二、简答题

1. 简述劳动的分类。
2. 谈一谈劳动的价值。
3. 谈谈你的人生观和劳动观是什么,劳动对其形成发挥了哪些影响?
4. 结合心理资本理论,谈一谈如何提升自己的积极心理资本。

第二章　劳动价值

高校青年学生是祖国的未来、民族的希望，也是全面建成社会主义现代化强国、实现民族复兴伟业的主力军。劳动教育是大学生的必修课，是中国特色社会主义教育制度的重要内容，直接决定社会主义建设者和接班人的劳动精神面貌、劳动价值取向和劳动技能水平。① 而加强大学生的劳动教育，全面提升大学生的劳动素养，首先要回答的问题是劳动价值观教育的指导思想是什么？这是对大学生进行劳动教育必须解决的第一个问题，即马克思主义劳动价值观、马克思主义劳动价值观的中国化、习近平总书记新时代中国特色社会主义劳动价值观。

第一节　马克思主义劳动价值观

在马克思主义价值观形成的过程中，劳动发挥了重要作用，马克思主义经典作家始终以劳动对整个人类社会的作用和意义的宏大视野来审视劳动的价值，在对劳动价值认知的基础上形成了对劳动的本质、作用及态度的根本认识和总的观点。

一、价值观与劳动价值观的基本内涵

（一）价值观

价值观是人们基于生存、享受和发展的需要对某类事物的价值以及普遍价值

---

① 安巧珍. 从"教育与生产劳动相结合"到"劳动教育"的逻辑进路 [J]. 广西社会科学, 2022 (03): 97–104.

的根本看法,是人们所持有的关于如何区分好与坏、对与错、符合与违背意愿的总体观念,是关于应该做什么和不应该做什么的基本见解。① 价值是一种普遍存在的社会现象,人们为了满足自身需要,使用生产工具进行劳动,不断地创造和追求价值,同时也在不断地认识和评价价值。在对价值的认识和实践过程中,人们逐渐形成了关于各种价值的看法,并形成一定的价值观。事实上,价值观并不回答客观对象的本来面目是什么,也不解释客观对象的本质和规律,或者预测客观对象的未来趋势。价值观作为一种意识,是主体和客体属性之间的关系的现实反映,是关于客体满足主体需要的总的看法与根本观点。就其内容而言,价值观包含价值原则、价值规范、价值理想三个方面。主体的需要和自我意识是价值观形成的逻辑前提和现实依据。价值观对人们自身行为的定向和调节起着非常重要的作用。价值观决定人的自我认识,它直接影响和决定一个人的理想、信念、生活目标和追求方向的性质。②

(二) 劳动价值观

劳动价值观作为价值观不可或缺的组成部分,是人们在实现个人愿望、满足自身需要时对劳动价值的定位和根本看法。它是人们对"劳动的价值"和"劳动对教育的价值"的主观认识③,直接决定着劳动者的价值判断和价值选择,是世界观、人生观、价值观的重要组成部分④。具体来说,劳动价值观主要包括人们对劳动价值的认识、人们对劳动的情感态度和价值取向、人们对个人劳动与社会劳动之间价值的认识。劳动价值观作为一种意识形态,对人们的劳动选择和劳动行为起着引导和支配的作用。

马克思主义劳动价值观是以劳动为主题并由劳动支撑的价值观。马克思认为,劳动不仅是谋生的手段,更是通向客观世界与主观世界的媒介,人们为了生存就必须生产和制造工具,依靠自身能力利用工具对自然界进行劳动和改造,从而获取生存所需的物质资料。在这个过程中,客观世界满足了人们的需要,正是劳动使客观世界和主观世界之间建立起了紧密联系。马克思主义劳动价值观在劳动价值认知的基础上形成了对劳动的本质、作用及态度的根本认识和总的观点。一方

---

① 吴向东. 论价值观的形成与选择 [J]. 哲学研究, 2008 (05): 22-28, 57.
② 邹连方, 彭军林. 新形势下"工匠精神"与高校价值观教育的思考 [J]. 南方论坛, 2018 (07): 110.
③ 张晶, 秦在东. 当代青年的劳动价值观危机及破解理路 [J]. 社会思潮研究, 2022 (01): 98-103.
④ 刘向兵. 新时代高校劳动教育的新内涵与新要求——基于习近平关于劳动的重要论述的探析 [J]. 中国高教研究. 2018 (11): 17-21.

面是指劳动者坚信通过个人的辛勤劳动与付出,在生产出足够满足自身需求的物质产品和精神产品的同时,还可以满足他人对物质产品和精神产品需求的一种自我价值评价;另一方面是指社会对于劳动者个人的劳动付出与劳动贡献的多少、大小、好坏等所给予的一种价值评价,其目的是要引导和鼓励全社会形成一种劳动光荣、劳动崇高、劳动至上、劳动伟大的社会风气,进而推动社会的发展和人类的进步[①]。

当前,中国正处于新的历史时期,深入研究和理解马克思主义关于劳动价值的观点,对于当代大学生树立准确劳动价值观具有重大时代价值和现实意义。

二、马克思主义劳动价值观的基本内容

劳动价值观是马克思主义教育理论的重要内容。马克思、恩格斯从不同的角度对劳动价值观做了精辟的论述,其基本内容主要包括:劳动创造了人和人类历史,劳动是价值和财富产生的源泉,劳动是实现人全面发展的基本途径。

(一) 劳动创造了人和人类历史

1. 劳动创造了人本身

马克思认为:"人类通过劳动摆脱了最初的动物状态。"劳动使人从自然界中分离出来,使人有着不同于一般动物的语言和肢体结构,有了区别于其他动物的生物性特性。恩格斯在《劳动在从猿到人转变过程中的作用》一文中详尽论述了人猿揖别的过程中劳动所发挥的决定性作用。人类的祖先在从古猿到人的几十万年的过程中逐步学会了用后肢支撑身体和直立行走,学会了使自己的手适应于做一些动作,这些动作虽然在开始时只能是非常简单的,但是具有决定意义的一步完成了,手变得自由了,能够不断地掌握新的技巧。手的运用,劳动的发展,促使社会成员更紧密地相互结合起来,人们在劳动中的共同协作交流逐渐增多,产生了"彼此间有些什么非说不可"的需要,使得人的发音器官的机能也逐渐地发展和完善。语言是意识的表现,也是人与动物区分的标志,有了语言,真正意义上的人就产生了。因为"首先是劳动,然后是语言和劳动一起,成为两个最主要

---

① 郑银凤,林伯海. 当代中国马克思主义劳动价值观的变迁、弘扬和发展 [J] 思想理论教育导刊,2016 (01):19-23.

的推动力,在它们的影响下,猿的脑髓就逐渐地变成了人的脑髓,而脑髓和为它服务的器官、愈来愈清楚的意识以及抽象能力和推理能力的发展,又反过来对劳动和语言起作用,为二者的进一步发展提供愈来愈新的推动力"①。劳动、语言、思维相互作用,互相影响,在劳动和生产实践中发展和完善,标志着人从自然界中分化出来了。

劳动是生物人转变为社会人的基础。由生物人到社会人的转变是在一定的社会关系中完成的。马克思指出:"无论是通过劳动而产生自己的生命,还是通过生育而产生他人生命,都立即表现为双重关系,一方面是自然关系,另一方面是社会关系。社会关系在这里是指许多个人的共同活动,不管这种共同活动是在什么条件下、用什么方式和为了什么目的而进行的"②。这里,马克思对人的二重性做了区分,一是自然属性,二是社会属性。但人的自然属性是受社会性制约的,个人是社会存在物,不管个人在主观上怎样超脱各种关系,他在社会意义上总是这些关系的产物。那么,生物人是如何成为社会人的?马克思指出,"正是在改造对象世界中,人才真正地证明自己是类存在物。这种生产是人的能动的类生活。通过这种生产,自然界才表现为他的作品和他的现实"③。这里的改造世界就是人类的劳动,正是通过劳动形成了社会关系,生物的人才转变为社会的人。从生物人到社会人转化的过程,是作为"一切社会关系的总和"的人的本质形成的过程,人们以自己所从事的物质资料生产活动为途径进入到一定的社会关系之中。

可见,劳动无论在人的意识的形成和发展的过程中,还是由生物人转变为社会人的过程中都发挥了决定性的作用。正如恩格斯所言:劳动是一切人类生活的第一个基本条件。而且达到这样的程度,以致我们在某种意义上不得不说:劳动创造了人本身。

2. 劳动创造了人类历史

人类的发展过程就是劳动的发展过程,人类历史是在一定的社会形式中由劳动展开的历史。马克思、恩格斯认为人类社会的全部历史是以生产劳动为起点的,只有人类的生产劳动才真正构成了人类历史的基础,才是解开人类历史发展秘密的钥匙。

---

① 陈国维. 大学生劳动教育 [M]. 北京:高等教育出版社,2020:34.
② 杨耕. 杨耕:哲学如何看待"人的问题" [C]. 中国社会科学网,https://m.thepaper.cn/baijiahao_20128488.
③ 胡君进,檀传宝. 马克思主义的劳动价值观与劳动教育观——经典文献的研析 [J]. 教育研究. 2018,39(05):9-15,26.

马克思认为,"整个所谓世界历史不外是人通过人的劳动而诞生的过程,我们首先应当确定一切人类生存的第一个前提,也就是一切历史的第一个前提,这个前提是:人们为了能够'创造历史',必须能够生活。因此第一个历史活动就是生产满足这些需要的资料,即生产物质生活本身,而且,这是人们从几千年前直到今天单是为了维持生活就必须每日每时从事的历史活动,是一切历史的基本条件"①。在马克思看来,历史其实就是从事劳动活动的现实的人所进行的劳动实践活动的展开。劳动在创造人的过程中,同时也创造了人类社会的历史;人类的"第一个历史活动"就是物质生产活动,就是要解决人类的吃喝住穿行等生存问题,而解决这些问题是以劳动为前提条件的。这表明,只有立足生产劳动才能理解人类的历史发展,只有人民才是历史的创造者。对于马克思这一伟大的发现,恩格斯曾鲜明地指出,"历史破天荒第一次被安置在它的真正基础上,一个很明显而以前完全被人忽略的事实,即人们首先必须吃喝住穿,就是说首先必须劳动,然后才能争取统治,从事政治、宗教和文化等活动,这一很明显的事实在历史上应有的权威此时终于被承认了"②。可见,人类社会是通过生产劳动产生的,劳动是人类历史的真正基础,没有生产劳动就没有人类的延续和发展。

3. 劳动推动了人类社会历史的进步

由于劳动,人类揖别动物界并最终摆脱最初的动物状态,开辟了广阔的生活天地,从野蛮走向文明。在物质生产活动中,人们通过自己的劳动实践将主观世界和客观世界联系起来,把自己的主观意志外化为客观的对象性存在而塑造历史。生产劳动满足了人类的衣食住行等基本生活需要,构成了人类基本经济生活,人类也正是在此基础上从事政治活动、精神文化活动、宗教活动等,从而创造了自己的历史。马克思指出,劳动首先是人和自然之间的过程,正是在劳动促成人与自然既分化又统一的过程中,形成了人与自然的关系和人与人之间的社会关系,这二者之间的矛盾推动了整个人类社会历史的进步。

历史,是人的历史,是人的劳动实践的历史。劳动不仅是人获得自身物质生活资料的基本方式,而且是个人表现自己生活的基本方式,个人怎样表现自己的生活,它们自己就是怎样的,因而劳动者个人实际地构成了自己创造自己历史的

---

① 马克思,恩格斯. 马克思恩格斯文集:第10卷 [M]. 中共中央马克思恩格斯列宁斯大林著作编译局,编译. 北京:人民出版社,1998.
② 杨耕. 杨耕:哲学如何看待"人的问题" [C]. 中国社会科学网,https://m.thepaper.cn/baijiahao_20128488.

基本方式。正是在这一层面上，马克思、恩格斯强调了人民群众是历史的创造者和历史的主体。

（二）劳动是价值和财富产生的源泉

1. 劳动是商品价值的唯一源泉

劳动是商品价值的源泉，这是马克思劳动价值论当中所包含的核心思想。马克思的劳动价值论系统地论证了劳动在商品价值中的作用。

在马克思主义经济学领域，"价值"作为经济学范畴有着更为抽象、更为严格的定义。马克思认为一切有价值的商品都是建立在劳动创造基础上的，价值是人类抽象劳动的凝结，是凝结在商品中的无差别的人类劳动。这里的劳动指的是一切形式的脑力和体力的消耗。生产商品的劳动具有二重性——具体劳动和抽象劳动，二者统一于劳动过程之中。"一切劳动，一方面是人类劳动力在生理学意义上的耗费；就相同的或抽象的人类劳动这个属性来说，它形成商品价值。一切劳动，另一方面是人类劳动力在特殊的有一定目的的形式上的耗费；就具体的有用的劳动这个属性来说，它生产使用价值。"[①] 这里，马克思把商品看作使用价值和价值的统一体，二者共存于一个商品体内，在生产商品的劳动实践中，社会的、相同的或抽象的劳动创造出这种商品的价值；个人的、具体的劳动则创造这种商品的使用价值。一方面，使用价值是价值的物质承担者，没有使用价值，价值无法存在。另一方面，它们是商品的两种完全不同的属性，其中使用价值是商品的自然属性，价值是商品的社会属性。可见，商品的使用价值和价值是由体现在商品中的具体劳动和抽象劳动决定的。拥有不同形式的具体劳动主要决定使用价值，而凝结在商品中的一般的、无差别的抽象劳动则是形成商品价值的唯一源泉，正是由于对劳动二重性的分析，马克思第一个彻底研究了劳动所具有的创造价值的特性，第一次确定了什么样的劳动形成价值，为什么形成价值及怎样形成价值等问题。

那么，如何衡量劳动价值的大小呢？马克思将抽象劳动的价值视为商品价值的一般尺度，而劳动的自然尺度则是劳动时间，因而就可以用抽象劳动时间量来衡量商品的价值量[②]。马克思指出，商品的价值或它的相对价值的大小，取决于它

---

① 马克思. 资本论（第一卷）[M]. 北京：人民出版社，2004：60.
② 胡君进，檀传宝. 马克思主义的劳动价值观与劳动教育观——经典文献的研析[J]. 教育研究. 2018, 39(05)：9-15, 26.

所含的社会实体量的多少,也就是说,取决于生产它所必须的相对劳动量。所以,各个商品的相对价值,是由耗费于、体现于、凝固于该商品中的相应的劳动数量或劳动量决定的①。这表明商品的价值是由劳动者创造的,要生产出一个商品,就必须在这个商品上投入或耗费一定量的劳动,劳动是商品价值的唯一源泉。

2. 劳动是财富产生的源泉

物质生产是人类维持生命存在的前提条件,劳动是不以一切社会形式为转移的人类生存条件,是人与自然之间的物质变换即人类生活得以实现的永恒的自然必然性②,人类首先要通过生产劳动解决衣食住行等生存问题,然后才能从事政治、宗教和文化等活动,即人类的所有活动都是建立在人类所创造的物质财富基础上的。劳动在唯物史观中体现的是一种社会关系,马克思在《哥达纲领批判》中指出,劳动只有作为社会的劳动才能成为财富和文化的源泉,在社会中创造劳动主体的物质与精神财富。人类通过劳动创造出大量的社会财富以满足人类日益增长的物质、精神等方面的需要,极大促进了人类社会的发展。马克思认为,"劳动并不是它所生产的使用价值即物质财富的唯一源泉。正像威廉·配第所说,劳动是财富之父,土地是财富之母。"③ 这充分说明在财富创造过程中劳动所发挥的重要作用。

但是,劳动剥削是资本主义的社会本性。劳动创造价值,剩余劳动创造剩余价值,在资本主义制度中,资本家凭借对生产资料的所有权占有雇佣工人的剩余价值,而且支配着这种剩余劳动。因此,所谓的"劳动剥削"就是指资本家对雇佣工人的剩余劳动的无偿占有。可见,资本主义制度中资本家与工人的关系是剥削与被剥削的关系,资本主义国家是资本家阶级利益的代表,资本主义国家与工人的关系也是剥削与被剥削的关系,资本主义全部的秘密隐藏在剩余价值之中。马克思正是通过对剩余价值的研究考察了劳动者受资本家剥削的程度,由此发现了劳动剥削就是资本主义的社会本性④。而要改变这种状况,必须从根本上否定这种不劳而获的剥削分配制度。"按劳分配"是马克思关于未来社会分配制度的一个重要构想,在以生产资料公有制为基础的集体社会中,不管个人所创造的或协助创造的产品的特殊物质形式如何,他用自己的劳动所购买的不是一定的特殊产品,

---

① 马克思,恩格斯. 马克思恩格斯选集(第二卷)[M]. 北京:人民出版社,2012:169.
② 马克思,恩格斯. 马克思恩格斯文集:第5卷[M]. 北京:人民出版社,2009:56.
③ 马克思. 资本论(第一卷)[M]. 北京:人民出版社,2004:56-57.
④ 逄锦聚. 马克思劳动价值论的继承与发展[M]. 北京:经济科学出版社,2005:40.

而是共同生产中的一定份额①。马克思认为,应该按照劳动者个人所提供的劳动量的比例,在劳动者之间进行分配。在这里,劳动是决定个人消费资料分配的同一的、唯一的尺度,劳动者据此从社会领取与他向社会提供的劳动量成比例的消费品②,马克思将其看作实现社会正义的重要原则。

(三) 劳动是实现人全面发展的基本途径

马克思主义认为,在合理的社会制度下,每个有劳动能力的人都能应当学会劳动,不仅能够用手劳动,而且能够用脑劳动,从而将体力劳动与脑力劳动结合起来,并使人的各方面的能力得到充分的、协调地发展,成为全面发展的人。

1. 劳动创造了人全面发展的现实条件

在教育史上,许多先贤提出了关于人的全面发展的主张。如亚里士多德提出人的德智体和谐发展;莫尔提出消灭脑力劳动与体力劳动的分离;夸美纽斯、卢梭、斐斯泰洛齐等人也从不同的角度论证了人性的和谐的观点。后来,空想社会主义者圣西门则首次提到了全面发展的人;傅里叶的"协作教育"是让儿童轮流参加各种劳动,实现体力和智力的全面发展;欧文在他的共产主义移民区中要求所有人都交替从事各种劳动,并强调劳动者本身的全面发展,将体力劳动与脑力劳动的结合视为实现全面发展的基本途径。马克思、恩格斯在系统地考察了分工发展与人的发展关系的基础上,指出:"旧式分工造成人的智力劳动与体力劳动的分离与对立,导致人的劳动能力逐渐丧失整体性,从而使人陷入片面的畸形发展。体力劳动和脑力劳动的分离,以及体力、脑力的各自片面发展在一定程度上都将限制和破坏人发展的全面性"③,资本主义大工业发展以后,大工业生产的技术经常发生变革,因而要求工人的职能和劳动过程中所组成的关系也经常发生变化,这与手工工场时代把成熟了的生产技术凝固起来一代代传下去的状况是完全不同的,这种大工业的本性要求用那种把不同社会职能当作互相交替的活动方式的全面发展的个人,来代替只是承担一种社会局部职能的局部个人,这是现代生产的

---

① 马克思,恩格斯. 马克思恩格斯全集(第四十六卷)(上册)[M]. 北京:人民出版社,1979:119.
② 周为民,陆宁. 按劳分配与按要素分配——从马克思的逻辑来看[J]. 中国社会科学,2002(04):4-12,203.
③ 胡君进,檀传宝. 马克思主义的劳动价值观与劳动教育观——经典文献的研究[J]. 教育研究. 2018,39(05):9-15,26.

普遍规律①。大工业从科学技术上为打破旧式分工的凝固化、专门化展现了可能性，也为其提供了基础，而资本主义的生产方式却使人更加片面化，这是机器大工业的生产力和资本主义生产关系的矛盾的反映。因此，只有根本改变资本主义的生产关系，才能使大工业的本性的客观要求得到"正常实现"，才可能造就全面发展的人。

2. 教育与生产劳动相结合是造就全面发展的人的唯一方法

在资本主义制度下，劳动被异化成"仅仅维持自己生存的手段"，劳动异化毁灭了自由自觉的人的本质属性和劳动者的身心发展，成为人解放的主要障碍。实现人的全面发展，就是要达到人的智力、体力发展的统一。马克思通过对资本主义大工业生产的具体分析，科学地解释了教育与生产劳动相结合的必要性与可能性，充分肯定了它在人的全面发展中的重要地位。马克思指出，"正如我们在罗伯特·欧文那里可以详细看到的那样，从工厂制度中萌发出了未来教育的幼芽，未来教育对所有已满一定年龄的儿童来说，就是生产劳动同智育和体育相结合，它不仅是提高社会生产的一种方法，而且是造就全面发展的人的唯一方法。"②马克思深入分析了异化劳动形成的私有制根源，提出以共产主义扬弃私有制、最终消除劳动异化，才能实现劳动和教育相结合，从而使多方面的技术训练和科学教育的实践基础得到保障。在未来社会，一切人都要劳动，劳动为人创造全面发展和自我实现的机会，劳动已经不仅仅是谋生的手段，而且成了生活的第一需要，生产劳动不再是奴役人的手段，而成了解放人的手段，生产劳动就从一种负担变成一种快乐。这正如列宁所言："没有年轻一代的教育和生产劳动的结合，未来社会的理想是不能想象的。无论是脱离生产劳动的教学和教育，或者没有同时进行教学和教育的生产劳动，都不能达到现代技术水平和科学知识现状所要求的高度。"③

综上所述，马克思主义经典作家基于对人类社会的唯物主义考察，从现实的社会出发，深刻阐述了劳动价值观的基本内涵。当前正是全党和全国各族人民正在为实现"两个一百年"奋斗目标努力拼搏的关键阶段，深刻理解马克思主义劳动价值观，不仅有助于人们深刻认识到劳动的价值，而且有助于在全社会形成劳动光荣、创造伟大的价值取向，对于新时期做好劳动教育工作，帮助大学生树立

---

① 刘建军，赵宇飞. 马克思恩格斯提出"教劳结合"的宏观维度与微观视角[J]. 学术界，2022（04）：20-31.

② 马克思，恩格斯. 马克思恩格斯文集（第5卷）[M]. 北京：人民出版社，2009：556-557.

③ 安巧珍. 从"教育与生产劳动相结合"到"劳动教育"的逻辑进路[J]. 广西社会科学，2022（03）：97.

正确的劳动价值观，培养德智体美劳全面发展的社会主义建设者和接班人，具有重大的时代价值和现实意义。

第二节　马克思主义劳动价值观中国化

劳动是人最重要的特征，是人类社会得以持续发展的重要动力。从古至今，勤劳一直是中华民族的传统美德，人民在劳动中创造了光辉灿烂的中华文化。自中华人民共和国成立以来，中国人民通过辛勤劳动、科学劳动从积贫积弱的状态逐步走向富裕，最终将实现共同富裕。历史已经证明，只有劳动才能实现伟大的梦想。[①] 建国后中国历届领导集体在继承马克思主义劳动价值观的同时，秉持与时俱进的思想，并结合中国的现实情况，形成了一系列具有时代特征、民族特征的思想理论，将马克思主义劳动价值观中国化的发展推向新高峰。"无论改革开放前，还是改革开放后，中国共产党人从理论和实践上都在不断丰富和发展马克思主义劳动价值观，反映了与时俱进的理论品格和对解放生产力的深刻把握。"[②]

一、毛泽东在中华人民共和国成立初期的探索

毛泽东受中西文化中劳动思想的影响，并经过青年时期的激荡、革命时期的升华、中华人民共和国成立初期的探索，最后形成了其劳动思想，为马克思主义劳动价值观中国化作出了重要贡献。

（一）重视劳动生产在革命和经济建设中的作用

无论是革命战争年代还是和平年代，毛泽东都十分重视劳动生产。他指出："生产运动不但过去要，现在要，将来还是要，这是生产运动的永久性的根据。"[③] 在革命战争年代，毛泽东主张通过生产劳动来实现部队的自给自足，满足部队的

---

① 孙鑫. 理解习近平劳动观的四个维度 [J]. 品位·经典，2022（06）：16-18，58.
② 苏映宇. 建国以来中国共产党人对马克思主义劳动观的丰富和发展 [J]. 福建师范大学学报（哲学社会科学版），2017（01）：10-16.
③ 毛泽东. 毛泽东文集（第2卷）[M]. 北京：人民出版社，1993：176-177.

吃、穿、用等日常生活必需，批评那些不懂得动员人民、帮助人民发展生产度过困难，而只知道向人民伸手要的错误作风。在抗日战争时期，我党曾经在生活必需品供给方面遇到了极大困难，毛泽东当时坚信我们革命军队一定能渡过这一难关，主要是"由于我们下决心自己动手，建立了自己的公营经济。边区政府办了许多的自给工业；军队进行了大规模的生产运动"。① 在 1943 年 10 月 1 日关于《开展根据地的减租、生产和拥政爱民运动》的指示中，毛泽东多次强调要组织党政军和人民群众，开展群众生产运动，他要求"各级党政军机关学校一切领导人员都必须学会领导群众生产的一全套本领。凡不注重研究生产的人，不算好的领导者。一切军民等凡不注意生产反而好吃懒做的，不算好军人、好公民"②。

中华人民共和国成立后，毛泽东对劳动的重视从农业生产拓展到工业、手工业和商业等社会生产的各个领域，认为生产劳动是维持和巩固人民政权的根本途径。面对当时城市中工业陷于停顿状态，工人失业、劳动群众生活水平降低的困境，毛泽东提出："我们的同志必须用极大的努力去学习生产的技术和管理生产的方法，必须去学习同生产有密切联系的商业工作、银行工作和其他工作。"③ 毛泽东同时指出："如果我们在生产工作上无知，不能很快地学会生产工作，不能使生产事业尽可能迅速地恢复和发展，获得确实的成绩，……那我们就不能维持政权，我们就会站不住脚，我们就会要失败。"④ 此外，毛泽东对劳动生产的重视与国家实现工业化的目标直接挂钩，强调要注意节省工业生产的成本，提高劳动生产率，强调这是实现工业化的手段与途径。

（二）强调干部是普通劳动者，动员干部参加集体生产劳动

在干部队伍建设问题上，毛泽东多次特别提醒：干部要以普通劳动者的姿态出现。认为党和国家的干部是普通劳动者，而不是骑在人民头上的老爷。他认为，干部要多到群众中去学习，以普通劳动者的姿态在人民中出现，这才体现了高尚的共产主义精神。此外，毛泽东积极主张干部参加集体生产劳动。他认为，"干部通过参加集体生产劳动，同劳动人民保持最广泛的、经常的、密切的联系。这是

---

① 毛泽东. 毛泽东选集（第3卷）[M]. 北京：人民出版社，1991：892.
② 苏映宇. 建国以来中国共产党人对马克思主义劳动观的丰富和发展 [J]. 福建师范大学学报（哲学社会科学版），2017（01）：10-16.
③ 毛泽东. 毛泽东选集（第4卷）[M]. 北京：人民出版社，1991：1428.
④ 毛泽东. 毛泽东选集（第4卷）[M]. 北京：人民出版社，1991：1428.

社会主义制度下一件最根本性的大事"①。这样，主观主义、官僚主义、老爷作风等不良风气大为减少，既密切党同人民群众的联系，又通过参加集体生产劳动，使各级干部可以学到一些生产知识，使其成为既懂政治又懂业务、又红又专、受群众拥护的好干部。

（三）重视知识分子的劳动及其作用

马克思明确指出，作为价值实体的抽象劳动就是"人的脑、肌肉、神经、手等等的生产耗费"，也就是说，创造价值的劳动始终都是劳动者的脑力和体力的统一，既包括脑力劳动也包括体力劳动。毛泽东指出："劳动过程把脑力劳动和体力劳动结合在一起了。"但在对待体力劳动和脑力劳动问题上，我们党在幼年时期曾经犯过"关门主义"错误，给革命造成了不利影响。毛泽东在《文艺工作者要同工农兵相结合》的报告中指出："那个时候，我们……在知识分子问题上又犯过错误，轻视知识分子，认为知识分子似乎没有好多用处，要是不犯这些错误，情况也许会好一些。"②革命的失败和惨痛的教训，使毛泽东深刻认识到知识分子也是革命的重要力量。毛泽东明确指出："在建立新中国的伟大斗争中，共产党必须善于吸收知识分子，才能组织伟大的抗战力量……没有知识分子的参加，革命的胜利是不可能的。"③中华人民共和国成立后，毛泽东非常重视脑力劳动者的作用，强调"没有知识分子，我们的事情就不能做好，所以我们要好好地团结他们"④。由此可见，正确对待知识分子的劳动，事关革命和建设的成败。毛泽东对知识分子劳动的重视，说明他既强调体力劳动，又重视脑力劳动，这是对马克思主义"脑体合一"基本理论的坚持与发展。

（四）重视提高劳动生产率

毛泽东重视劳动，强调提高劳动生产率对于社会主义经济建设的重要作用，认为这是实现国家富强、人民生活富裕的重要途径。他说："任何社会主义的经济事业，必须注意尽可能充分地利用人力和设备，尽可能改善劳动组织，改善经营

---

① 人民日报编辑部，红旗杂志编辑部．关于赫鲁晓夫的假共产主义及其在世界历史上的教训——九评苏共中央的公开信［N］．人民日报，1964年7月14日．
② 毛泽东．毛泽东文集（第2卷）［M］．北京：人民出版社，1993：424．
③ 毛泽东．毛泽东选集（第2卷）［M］．北京：人民出版社，1991：618-619．
④ 毛泽东．毛泽东文集（第7卷）［M］．北京：人民出版社，1999：270．

管理和提高劳动生产率。"① 他强调要充分发挥物质技术、文化教育和政治思想工作等因素在提高劳动生产率中的作用。

(五) 强调教育必须与生产劳动相结合

中华人民共和国成立以后，毛泽东在马克思主义劳动价值观的指导下，深入探讨和分析了中国劳动的特点和本质，强调教育必须与生产劳动相结合，反映了中国革命和建设的具体要求，对中国社会主义事业的开创和建设起到了促进和推动作用。毛泽东对中国几千年来教育脱离劳动的实际进行了批判，在他看来教育应当以社会的发展、人类的需求为服务导向，学生仅学习书本上的知识是具有很大片面性的，教育作用的发挥关键还是要教导学生善于将书本上的知识应用到生活的实际当中。② 因此，要拓展学生的知识面，就要引导广大青年进行劳动锻炼，教育与劳动相结合最理想的状态是达到"知识分子劳动化，劳动人民知识化"，即脑力劳动与体力劳动相结合。

1957年2月，毛泽东在《关于正确处理人民内部矛盾的问题》中明确指出："我们的教育方针，应该使受教育者在德育、智育、体育几方面都得到发展，成为有社会主义觉悟的有文化的劳动者。"③ 这一教育方针确立了培养劳动者的教育目标，这是符合当时中国发展需要的。为贯彻这一方针，消除旧学校严重脱离生产劳动的问题，当时大力推动勤工俭学、开展半工半读，促使教育与生产劳动相结合，理论与实践相结合。1965年，在杭州会议上，毛泽东更是严厉批评了学校教育脱离实际的问题，强调必须坚持教育与生产劳动相结合的教育方针，他指出："现在这种教育制度，我很怀疑。从小学到大学，一共十六七年，二十多年看不见稻、菽、麦、黍、稷，看不见工人怎样做工，看不见农民怎样种田，看不见商品怎样交换的，身体也搞坏了，真是害死人。"④ 他认为，青年学生和工农结合，参加生产劳动，是改造世界观和学到实际技术知识的重要途径⑤。他号召广大青年学生和工农结合，参加生产劳动，这样学生不仅仅学习书本上的知识，还将书本上的知识应用到生活的实际当中，既拓展了知识面，又进行了劳动锻炼，最终成为一个有知识有文化的劳动者。

---

① 毛泽东. 毛泽东文集（第6卷）[M]. 北京：人民出版社，1999：447.
② 林转怡. 马克思主义劳动观中国化研究 [D]. 广州：广东外语外贸大学，2014：12.
③ 杨欣. 马克思主义劳动观视域下我国青少年劳动教育研究 [D]. 成都：四川师范大学，2021：22.
④ 郑银凤. "90后"大学生劳动观教育研究 [D]. 成都：西南交通大学，2016：51.
⑤ 邓力群. 文化巨人毛泽东（3）[M]. 北京：中央民族大学出版社，2003：1016.

二、改革开放以来的发展：从邓小平、江泽民到胡锦涛

（一）邓小平对马克思主义劳动观的发展

20世纪80年代以来，和平与发展成为时代主题，科学技术在推动生产力发展中的作用日益突出，各国都竞相利用新技术革命增强经济实力。邓小平以马克思主义为指导，结合当时国际国内形势，提出中国必须抓紧新技术革命提供的良好契机来发展自己，增强国际竞争力。

马克思很早就指出生产力在社会变革中的根本地位，认为劳动是推动人类历史形成与发展的根本力量。邓小平在总结历史经验时清晰认识到社会主要矛盾的变化，他指出："我们的生产力发展水平很低，远远不能满足人民和国家的需要，这就是我们目前时期的主要矛盾。"[1] 对此，邓小平通过总结历史经验，指出要摆脱贫穷，取得经济的快速发展，就必须发展生产力，这才是真正的马克思主义。他说："马克思主义的基本原则就是要发展生产力……社会主义的首要任务是发展生产力，逐步提高人民的物质和文化生活水平。"[2]

邓小平在南方谈话中指出，社会主义的本质是"解放生产力，发展生产力，消灭剥削，消除两极分化，最终达到共同富裕"[3]。这说明邓小平强调通过解放发展生产力来满足人们日益增长的物质与精神需求，实现劳动者的自由与发展，进而巩固社会主义制度。

面对中国科技发展水平极其落后的现实情况，邓小平高度重视科学技术的作用和力量。他指出："马克思说过，科学技术是生产力，事实证明这话讲得很对。依我看，科学技术是第一生产力。"[4] 科学理论的发展和新兴科学的出现，成为推动技术和生产发展最基本的因素和力量，赋予现代科技劳动新的内涵。邓小平指出："现代科学为生产技术的进步开辟道路，决定它的发展方向。许多新的生产工具、新的工艺，首先在科学实验室里被创造出来。"[5] 科学技术迅猛发展并广泛运用于生产，大幅提高了劳动生产率和生产的自动化水平，极大促进了经济发展，

---

[1] 邓小平. 邓小平文选（第2卷）[M]. 北京：人民出版社，1994：182.
[2] 邓小平. 邓小平文选（第3卷）[M]. 北京：人民出版社，1993：116.
[3] 邓小平. 邓小平文选（第3卷）[M]. 北京：人民出版社，1993：373.
[4] 邓小平. 邓小平文选（第3卷）[M]. 北京：人民出版社，1993：274-275.
[5] 邓小平. 邓小平文选（第2卷）[M]. 北京：人民出版社，1994：87.

正如邓小平所指出的,"社会生产力有这样巨大的发展,劳动生产率有这样大幅度的提高,靠的是什么?最主要的是靠科学的力量、技术的力量。"①

对于知识和人才的作用,邓小平形象而生动地指出:"人是生产力中最活跃的因素。②"而且他认为劳动者应是具备"一定的科学知识、生产经验和劳动技能来使用生产工具、实现物质资料生产的人"③。所以,他强调:"一定要在党内造成一种空气:尊重知识,尊重人才。"④

随着科学技术的不断发展,直接、简单的体力劳动将不断减少,而需要具备一定科学文化知识的脑力劳动则会不断增加并逐渐处于优势地位。因此,邓小平指出:"随着现代科学技术的发展,随着四个现代化的进展,大量繁重的体力劳动将逐步被机器所代替,直接从事生产的劳动者,体力劳动会不断减少,脑力劳动会不断增加,并且,越来越要求有更多的人从事科学研究工作,造就更宏大的科学技术队伍。"⑤ 这说明脑力劳动者是广大劳动人民的一部分,调动他们的积极性,对于我们科学事业、教育事业的迅速发展和实现"四个现代化"起着重要作用⑥。

发展社会主义经济,实现"四个现代化"是一项伟大工程,邓小平认为没有艰苦奋斗的精神就很难成就这一伟业。他时刻提醒人们:中国经济、文化、科技、教育等还处在落后的状态,必须团结全国人民,充分发挥他们的积极性,克勤克俭,艰苦奋斗,才能实现四个现代化,这也是致富和创造幸福生活的根本途径。他说:"同志们,为了创造社会主义的幸福生活,没有极艰苦的劳动,是不可能的。"⑦ 在此,邓小平倡导的勤劳致富,是要求人们要通过"合法经营,诚实劳动"来获得财富,坚决打击那些违法经营和非法竞争的经济犯罪活动。同时要尊重劳动者劳动能力和劳动效果的差异,讲究劳动效率,允许一部分人通过辛勤劳动、诚实经营先富起来,以先富带动后富。

(二)江泽民关于劳动的重要理论观点

进入21世纪,第三次科技革命迅猛发展并席卷全球,极大地推动了人类社会

---

① 邓小平. 邓小平文选(第2卷)[M]. 北京:人民出版社,1994:87.
② 邓小平. 邓小平文选(第2卷)[M]. 北京:人民出版社,1994:88
③ 邓小平. 邓小平文选(第2卷)[M]. 北京:人民出版社,1994:88.
④ 邓小平. 邓小平文选(第2卷)[M]. 北京:人民出版社,1994:41.
⑤ 邓小平. 邓小平文选(第2卷)[M]. 北京:人民出版社,1994:89.
⑥ 苏映宇. 建国以来中国共产党人对马克思主义劳动观的丰富和发展[J]. 福建师范大学学报(哲学社会科学版),2017(01):10—16.
⑦ 邓小平. 邓小平文选(第1卷)[M]. 北京:人民出版社,1989:276.

经济、政治、文化领域的重大变革，使人类的生活方式和人的现代化朝着更高境界发展，使科技工作和管理经营等脑力劳动的作用日益突出。江泽民在党的十五届五中全会和2001年"七一"讲话中都强调指出，要结合新实践，深化对社会主义劳动和劳动价值理论的认识。由此，他提出了一系列关于劳动的重要理论观点。

第一，深化和拓展了劳动的内涵和外延。马克思写作《资本论》时，科学技术有一定发展，但不够发达，劳动主要是以简单、重复性的物质生产劳动为主，服务业和商业只占极少部分。因此，马克思、恩格斯的劳动理论主要是对工业的物质生产进行研究。随着科学技术的发展和中国市场经济体制改革的不断深化，科技、教育、金融、信息等非物质生产部门在社会劳动总量中所占比重逐渐增加，在推动国民经济发展中发挥了重要作用。江泽民指出："改革开放以来，我国的社会阶层构成发生了新的变化，出现了民营科技企业的创业人员和技术人员、受聘于外资企业的管理技术人员、个体户、私营企业主、中介组织的从业人员、自由职业人员等社会阶层……他们与工人、农民、知识分子、干部和解放军指战员团结在一起，同样也是中国特色社会主义建设者。"① 江泽民充分肯定了科技人员、管理劳动者和服务劳动者在发展社会主义事业中的地位和作用。此外，江泽民在党的十六大报告中强调："要尊重和保护一切有益于人民和社会的劳动。不论是体力劳动还是脑力劳动，不论是简单劳动还是复杂劳动，一切为我国社会主义现代化建设作出贡献的劳动，都是光荣的，都应该得到承认和尊重。"② 这说明，无论是哪种形式的劳动，只要是合法经营和诚实劳动，都是人类历史发展不可缺少的推动力量，都应该得到承认、保护和尊重，劳动的内涵和外延在新时期有了进一步扩展。

第二，对劳动收入及分配的新发展。收入分配问题关系到广大人民群众的切身利益，直接影响经济发展和社会稳定。党的十四大将分配方式调整为"以按劳分配为主体，多种分配方式为补充"，党的十五大再次调整为"按劳分配和按生产要素分配结合起来"。随着科学技术的发展和市场经济体制改革的不断深入，劳动的外延不断扩大，参与价值创造的生产要素不断延伸，党的十六大明确指出要"放手让一切劳动、知识、技术、管理和资本的活力竞相迸发，让一切创造社会财

---

① 江泽民. 江泽民文选 [M]. 北京：人民出版社，2006（8）：539-540.
② 江泽民. 全面建设小康社会，开创中国特色社会主义事业新局面——在中国共产党第十六次全国代表大会上的报告 [N]. 人民日报，2002-11-8.

富的源泉充分涌流，以造福于人民"①。江泽民充分肯定了知识、技术、管理等生产要素在价值创造中的重要作用，认为这些生产要素有权利根据在财富创造中所做的贡献参与分配。此外，江泽民很重视吸引人才，同时也重视人才在社会主义现代化建设中的贡献及回报，强调要"从制度上保证各类人才得到与他们的劳动和贡献相适应的报酬"②。这些精神和指示，对于建立合理的分配制度、正确体现激励机制有重要的现实意义。

第三，提出"尊重劳动、尊重知识、尊重人才、尊重创造"四个尊重方针。党的十六大报告明确指出："必须尊重劳动、尊重知识、尊重人才、尊重创造，这要作为党和国家的一项重大方针在全社会认真贯彻。要尊重和保护一切有益于人民和社会的劳动。"③ 社会是由人组成，说人民群众创造历史，实际上是人类的劳动创造了历史。劳动是一个基本的经济范畴，是人的内在本质。四个尊重方针是一个有机的联系整体，尊重劳动居于"四个尊重"的基础地位，尊重知识、尊重人才突出了对脑力劳动者的重视和保护。江泽民认为："人是生产力最活跃的因素，人力资源是第一资源。"④ 尊重创造是"科学技术是第一生产力"的具体体现，也是时代发展的要求，没有创新、创造的劳动是缺乏活力和效率的。总之，四个尊重方针是对中国改革开放和现代化建设实践的深刻总结和升华，是对马克思主义劳动和劳动价值理论的发展和深化，体现了马克思主义理论与时俱进、开拓创新的精神。

（三）胡锦涛提出与科学发展观相适应的劳动理论体系

进入 21 世纪，世界各国的发展理念发生了深刻变化，从早期强调以经济增长为中心转变为可持续发展观，更多注重经济发展的质量及人在经济发展中的主体地位。随着中国改革的持续深入、经济的迅速发展和人们利益格局的深刻调整，社会的不和谐因素时有出现，广大人民群众在物质需求日益得到满足的情况下，更加注重追求文化、精神享受。在这一时期，胡锦涛提出了"以人为本"的科学发展观，与之相应构建了新的劳动理论体系。

---

① 江泽民. 全面建设小康社会，开创中国特色社会主义事业新局面——在中国共产党第十六次全国代表大会上的报告［N］. 人民日报，2002-11-8.
② 江泽民. 江泽民文选（第3卷）［M］. 北京：人民出版社，2006：290.
③ 江泽民. 全面建设小康社会，开创中国特色社会主义事业新局面——在中国共产党第十六次全国代表大会上的报告［N］. 人民日报，2002-11-8.
④ 江泽民. 江泽民论有中国特色社会主义（专题摘编）［M］. 北京：中央文献出版社，2002：260.

第一，确立"以辛勤劳动为荣，以好逸恶劳为耻"的劳动理念。随着世界经济形势的转变，中国社会经济生活在新的历史条件下发生了翻天覆地的变化，劳动收入来源多样化，贫富差距进一步扩大；"不劳而获、一夜暴富的浮躁心态滋生"，与诸如假冒伪劣、商业贿赂、非法传销等卑劣行径"同生共长"。胡锦涛明确指出，中国能取得改革开放及社会主义现代化建设的显著成就，是广大劳动群众团结一心、辛勤劳动的结果，"成就任何一项伟业都离不开劳动。要实现全面建设小康社会，进而基本实现现代化的宏伟目标，必须依靠全体人民热爱劳动、勤奋劳动"①。而针对当时好逸恶劳、享乐主义、拜金主义等不良风气的盛行，胡锦涛强调要在全社会形成辛勤劳作的良好的社会风气。所以，以胡锦涛同志为主要代表的中国共产党人，适时把"以辛勤劳动为荣，以好逸恶劳为耻"列入社会主义荣辱观，目的就是要使"劳动光荣、劳动神圣"成为劳动人民共同的道德认识。胡锦涛明确指出："在我们社会主义国家，一定要在全社会大力培育和弘扬劳动光荣、知识崇高、人才宝贵、创造伟大的时代新风，让全体人民特别是广大青少年都懂得并践行劳动最光荣、劳动者最伟大的真理。"② 2006年3月4日，胡锦涛在参加全国政协十届四次会议民盟、民进联组讨论时发表讲话，将"以辛勤劳动为荣，以好逸恶劳为耻"列入社会主义荣辱观，目的是引导人们树立劳动光荣的观念，把辛勤劳动当作一种社会美德去大力倡导。

第二，高度重视劳动者素质和能力的提高。作为一个劳动力大国，中国劳动力资源具有数量优势，但质量优势并不突出。对此，胡锦涛指出："劳动者素质对一个国家、一个民族的发展至关重要。当今世界的综合国力竞争，归根到底是劳动者素质的竞争，不断提高广大劳动群众的综合素质，是实现人的全面发展的必然要求，也是推动经济社会发展的重要保证。"③ 由此，努力造就大批有知识、有文化、有技能的高素质人才队伍，充分发挥中国人力资源优势，便成为一项紧迫任务。要完成这一任务，不仅要求劳动者要主动学习和掌握新知识、新技术、新本领，而且要求在全社会大力开展公民道德建设、职业道德建设，积极发展丰富多彩的企业文化、职工文化，努力把广大劳动者打造成有理想、有道德、有文化、有纪律的社会主义劳动者。

第三，提出实现体面劳动，切实保障劳动者的权益。胡锦涛一向十分关心广

---

① 胡锦涛. 在2010年全国劳动模范和先进工作者表彰大会上的讲话[N]. 人民日报，2010-4-28.
② 胡锦涛. 在2010年全国劳动模范和先进工作者表彰大会上的讲话[N]. 人民日报，2010-4-28.
③ 胡锦涛. 在2010年全国劳动模范和先进工作者表彰大会上的讲话[N]. 人民日报，2010-4-28.

大劳动群众的工作生活,特别关注劳动者的劳动环境、劳动收入、劳动保障等问题。早在2008年"经济全球化与工会"国际论坛上,他就提出要以人为本,尽一切力量使劳动者实现体面劳动。在2010年全国劳动模范和先进工作者表彰大会上,胡锦涛再次指出:"要切实发展和谐劳动关系,建立健全劳动关系协调机制,完善劳动保护机制,让广大劳动群众实现体面劳动。"① 体面劳动是指劳动者的合法权益受到充分保障,劳动者在自由、公正、安全和有尊严的条件下工作。在社会主义条件下,劳动只有分工不同,没有高低贵贱之分,只要是合法、诚实的劳动,都是崇高的、值得尊重的,劳动的合法权益和切身利益都应受到保护。胡锦涛强调:"实现好、维护好、发展好最广大人民根本利益是党和国家一切工作的出发点和落脚点。保障工人阶级和广大劳动群众经济、政治、文化、社会权益是我国社会主义制度的根本要求,是党和国家的神圣职责。"②

第三节 习近平总书记关于劳动的重要论述

党的十八大以来,习近平总书记将"坚持社会公平正义,排除阻碍劳动者参与发展、分享发展成果的障碍,努力让劳动者实现体面劳动、全面发展"③ 作为施政目标之一,将"人民日益增长的美好生活需要和不平衡不充分的发展之间的矛盾"④ 视为中国特色社会主义进入新时代后中国社会的主要矛盾,强调"坚持以人民为中心的发展思想,不断促进人的全面发展、全体人民共同富裕"⑤。伴随着中国特色社会主义进入新时代,以习近平同志为核心的党中央站在历史高度,立足中国国情和发展实际,在继承马克思主义劳动哲学的基础上,逐步形成了习近平新时代中国特色社会主义劳动思想体系⑥,为实现"两个一百年"奋斗目标、中华

---

① 胡锦涛. 在2010年全国劳动模范和先进工作者表彰大会上的讲话 [N]. 人民日报, 2010-4-28.
② 胡锦涛. 在2010年全国劳动模范和先进工作者表彰大会上的讲话 [N]. 人民日报, 2010-4-28.
③ 习近平. 习近平在同全国劳动模范代表座谈时的讲话 [EB/OL]. 中央政府门户网, https://www.gov.cn/ldhd/Z2013-04/28/content_2393150.htm.
④ 习近平. 习近平在中国共产党第十九次全国代表大会上的报告 [EB/OL]. 理论网, https://www.cntheory.com/tbzt/sjjlzqh/ljddhgb/202110/t20211029_37371.html.
⑤ 习近平. 习近平在中国共产党第十九次全国代表大会上的报告 [EB/OL]. 理论网, https://www.cntheory.com/tbzt/sjjlzqh/ljddhgb/202110/t20211029_37371.html.
⑥ 陈雅倩. 逻辑、价值与路径:新时代高校劳动教育与"双创"活动的互促共进 [J]. 哈尔滨学院学报. 2022, 43 (03): 131-134.

民族伟大复兴的中国梦提供了强大的理论支撑。

一、习近平新时代中国特色社会主义思想关于劳动的重要论述

2013—2016 年的"五一"国际劳动节,习近平总书记连续四年发表系列重要讲话,就劳动、中国梦、劳动者、劳模精神等内容进行了深刻阐述。党的十九大报告提出了一系列与劳动密切相关的重要论断。

习近平新时代中国特色社会主义思想在充分继承马克思主义思想的基础上,进一步发展了马克思主义劳动价值观,开创了新时代中国特色社会主义劳动思想的新境界。习近平新时代中国特色社会主义劳动思想回应了新时代的重大关切,立足于当下的时代要求,从劳动本质、劳动主体、劳动形态等几方面入手,逐步形成了成熟的劳动思想体系,成为推动党和人民事业发展的强大思想武器和具体行动指南。

(一) 劳动本质观

劳动本质观是习近平劳动思想的基础性内容,从根源上指出了劳动对一个国家历史发展的重要作用。

1. 劳动是人类的本质活动

劳动是人类的本质活动,它使人类与其他动物从根本上区别开来。习近平总书记指出,"劳动是人类的本质活动,劳动光荣、创造伟大是对人类文明进步规律的重要诠释。"[①] 从马克思的"劳动创造了人本身"到习近平强调"劳动是人类的本质活动",这一论述既是对唯物史观劳动思想的继承与发展,也是"劳动是人类的本质活动"这一思想在新时代中国特色社会主义伟大事业中的生动体现。强调了劳动对人类的重要性,进一步指出无论时代条件如何变化,人类文明进步的历史事实告诉我们,劳动不仅创造了人类,也是人类基本的实践活动和存在方式,更是人类生存和发展的最基本条件,还是人类创造物质财富和精神财富的基本途径。

习近平还提出,在中国当前阶段,中国共产党应该在社会劳动中发挥引领性

---

① 习近平. 在庆祝"五一"国际劳动节暨表彰全国劳动模范和先进工作者大会上的讲话 [J]. 当代劳模, 2015 (05): 10 - 12.

作用，重视劳动的历史性价值和劳动对人类社会的巨大意义。"人世间的一切幸福都需要靠辛勤的劳动来创造。我们的责任，就是要团结带领全党全国各族人民，继续解放思想，坚持改革开放，不断解放和发展社会生产力，努力解决群众的生产生活困难，坚定不移走共同富裕的道路。"① 应把劳动之于人民的最基础、最本质的作用发扬光大，不断追求劳动给人类带来的积极作用，在劳动过程中展现美、收获美和创造美。在党的二十大报告中，习近平指出："在全社会弘扬劳动精神、奋斗精神、奉献精神、创造精神、勤俭节约精神，培育时代新风新貌。"② 劳动的内涵在更新，劳模的标准在"进阶"，但"爱岗敬业、争创一流，艰苦奋斗、勇于创新，淡泊名利、甘于奉献"的劳模精神始终是不变的。

2. 劳动是一切成功的必经之路

2014年4月30日习近平总书记在乌鲁木齐接见劳动模范和先进工作者、先进人物代表时指出："劳动是一切成功的必经之路。当前，各族人民正满怀信心为实现'两个一百年'奋斗目标而努力。实现我们确立的奋斗目标，归根到底要靠辛勤劳动、诚实劳动、科学劳动。"③ 之所以说"劳动是一切成功的必经之路"，是因为"中华民族是勤于劳动、善于创造的民族。正是因为劳动创造，我们拥有了历史的辉煌；也正是因为劳动创造，我们拥有了今天的成就"④。近代以来，一代又一代中国人辛勤劳动、接续奋斗，使我们中华民族实现了站起来、富起来到强起来的根本转变。习近平指出，要坚持实干兴邦，始终坚持和发展中国特色社会主义。只有在全社会牢固树立崇尚劳动、劳动光荣的"实干"精神，才能实现"兴邦"的伟大梦想。

劳动是实现人生价值的必经之路。在2015年表彰劳动模范和先进工作者大会上，习近平总书记指出："当前我国劳动主体力量是工人和农民，因此社会财富积累需要依托工人和农民不断劳作。这些劳动过程可以在车间、田野、池塘、实验室、建设工地，无论是工人、农民，还是知识分子都需要凭借勤劳双手展现出人

---

① 中共中央文献研究室. 习近平关于社会主义社会建设论述摘编 [M]. 北京：中央文献出版社，2017：4.
② 习近平. 高举中国特色社会主义伟大旗帜 为全面建设社会主义现代化国家而团结奋斗——在中国共产党第二十次全国代表大会上的报告 [EB/OL]. 中国共产党网，https://www.12371.cn/2022/10/25/ARTI1666705047474465.shtml.
③ 谢环驰. 习近平在乌鲁木齐接见劳动模范和先进工作者、先进人物代表向全国广大劳动者致以"五一"节问候 [N]. 人民日报，2014-05-01.
④ 习近平. 在庆祝"五一"国际劳动节暨表彰全国劳动模范和先进工作者大会上的讲话 [N]. 人民日报，2015-04-29.

生价值"①。我们应将国家前途与个人命运相联系，用劳动创造美好生活和美好未来，实现个人价值的同时，助力中华民族的伟大复兴。"我们所处的时代是催人奋进的伟大时代，我们进行的事业是前无古人的伟大事业，我们正在从事的中国特色社会主义事业是全体人民的共同事业。全面建成小康社会，进而建成富强民主文明和谐的社会主义现代化国家，根本上靠劳动、靠劳动者创造。"② 中国梦是每一个中国人的梦，每一个人的梦想需要通过劳动来实现，而中国梦的实现则需要14亿中国人的共同努力。

3. 劳动是推动人类社会进步的根本力量

2013年4月28日习近平总书记在与来自全国31个省区市的65名劳模座谈时指出，"劳动是推动人类社会进步的根本力量"③，深刻阐释了劳动创造的哲学意义，重申和强调了劳动创造的历史价值和重要意义，丰富和发展了马克思主义劳动观。可以说，劳动不仅创造了人类，而且创造了社会，并推动着社会历史的车轮滚滚向前发展。正是站在这样的理论高度上，习近平多次强调"劳动开创未来"的思想，进一步揭示了劳动与人类社会发展的本质联系。因此，实现全面建成小康社会、建成富强民主文明和谐美丽的社会主义现代化国家、实现中华民族伟大复兴，根本上需要依靠劳动、依靠劳动者创造。

习近平同志在党的十八大中外记者见面会上的讲话中指出，"人民对美好生活的向往，就是我们的奋斗目标"。之后，习近平多次强调，"全心全意为工人阶级和广大劳动群众谋利益，是我国社会主义制度的根本要求，是党和国家的神圣职责，也是发挥我国工人阶级和广大劳动群众主力军作用最重要最基础的工作"。④ 基于这一出发点，习近平强调劳动应以人为中心，重视劳动对劳动者自身的价值与作用。总体看来，习近平新时代中国特色社会主义劳动思想的重要内涵之一就是"造福劳动者"，特别注重"共建"与"共享"的关系，即"国家建设是全体人民共同的事业，国家发展过程也是全体人民共享成果的过程"⑤，在共同建设的

---

① 习近平. 在庆祝"五一"国际劳动节暨表彰全国劳动模范和先进工作者大会上的讲话［N］. 人民日报，2015－04－29.
② 习近平. 在庆祝"五一"国际劳动节暨表彰全国劳动模范和先进工作者大会上的讲话［N］. 人民日报，2015－04－29.
③ 习近平. 在同全国劳动模范代表座谈时的讲话［N］. 人民日报，2013－04－29.
④ 习近平. 在庆祝"五一"国际劳动节暨表彰全国劳动模范和先进工作者大会上的讲话［N］. 人民日报，2015－04－29.
⑤ 习近平. 在庆祝"五一"国际劳动节暨表彰全国劳动模范和先进工作者大会上的讲话［N］. 人民日报，2015－04－29.

基础上，更要"实现好、维护好、发展好最广大人民根本利益，特别是要实现好、维护好、发展好广大普通劳动者根本利益"①，让改革发展成果更多更公平惠及人民，这也是"共享"作为新发展理念的具体体现。"造福劳动者"的思想让马克思主义关于实现人的自由全面发展思想在新时代焕发出新的光芒。习近平强调，"坚持社会公平正义，排除阻碍劳动者参与发展、分享发展成果的障碍，努力让劳动者实现体面劳动、全面发展"②，这充分彰显了新时代中国特色社会主义劳动思想以人民为中心的本质特征，高扬了人的主体性。

"现在，我们比历史上任何时期都更接近实现中华民族伟大复兴的目标，比历史上任何时期都更有信心、更有能力实现这个目标。"③ 同时，习近平也深刻指出，"劳动是人类的本质活动，劳动光荣、创造伟大是对人类文明进步规律的重要诠释"④。"说到底，实现中华民族伟大复兴的中国梦，要靠各行各业人们的辛勤劳动"⑤。也就是说，实现中华民族伟大复兴是中国未来的发展方向，而劳动则是实现社会发展走向民族复兴的根本路径。这些论述既深刻阐释了劳动实现发展的哲学意义，又揭示了劳动发展的本质所在，并赋予了丰富的时代内涵，重申和强调了劳动之于发展的历史价值和重要意义。

（二）劳动主体观

无论任何形式的劳动都离不开人，人是劳动的主体。⑥ 习近平劳动观立足于中国特色社会主义的全体劳动者，形成了"亿万劳动群众是主体力量"的劳动主体观。

1. 工人阶级是劳动的主力军

工人阶级作为中国的领导阶级，是先进生产力的代表，是中国共产党最坚实的阶级基础，在中国社会主义革命和建设时期发挥了重要作用。改革开放以后，

---

① 习近平. 在庆祝"五一"国际劳动节暨表彰全国劳动模范和先进工作者大会上的讲话［N］. 人民日报，2015-04-29.
② 习近平. 习近平在同全国劳动模范代表座谈时的讲话［EB/OL］. 中华人民共和国中央人民政府官网，https://www.gov.cn/ldhd/2013-04/28/content_2393150.htm.
③ 习近平. 习近平谈治国理政［M］. 北京：外文出版社，2014：167.
④ 习近平. 在庆祝"五一"国际劳动节暨表彰全国劳动模范和先进工作者大会上的讲话［N］. 人民日报，2015-04-29.
⑤ 习近平. 在知识分子、劳动模范、青年代表座谈会上的讲话［EB/OL］. 中华人民共和国中央人民政府官网，https://www.gov.cn/xinwen/2016-04/30/content_5069413.htm.
⑥ 巩倩倩. 习近平劳动观研究［D］. 济南：山东大学，2019：41.

在市场经济的影响下，中国工人阶级的构成出现了新的变化。工人阶级不再仅限于传统意义上的产业工人。知识分子的出现和壮大，丰富了中国工人阶级的构成。但是社会上部分人没有正确认识该现象，片面认为工人阶级只包括产业工人，因此出现了那种无视工人阶级是中国社会主义现代化建设主力军的观点。

2013习近平在同全国劳动模范座谈时指出，"改革开放以来，我国工人阶级队伍不断壮大，素质全面提高，结构更加优化，面貌焕然一新，先进性不断增强"①，指明了新时代工人阶级的新变化，回应了社会上部分对工人阶级的质疑。在讲话中，习近平同志还指出："全心全意依靠工人阶级不能只当口号喊、标签贴，而要贯彻到党和国家政策制定、工作推进全过程，落实到企业生产经营各方面。"② 只有在各行各业具体的劳动实践中发挥出工人阶级主力军的作用，才能有力地回应对工人阶级是否为社会主义现代化建设主力军的质疑，才能在新的历史条件下继续发挥工人阶级的作用，彰显工人阶级的先进性特征。此后，习近平在关于劳动的讲话中，不仅多次谈到工人阶级在党和国家事业发展中的重要地位，而且在每次讲话中都首先谈论工人阶级的问题，强调工人阶级是发展中国特色社会主义伟大事业的主力军。在同中华全国总工会新一届领导班子成员集体谈话时，习近平指出在新的历史条件下中国工人阶级的历史使命："我国工人运动的时代主题，是为实现中华民族伟大复兴的中国梦而奋斗。"③ 2020年11月24日，习近平在全国劳动模范和先进工作者表彰大会上指出："工人阶级是我国的领导阶级，是先进生产力和生产关系的代表，是坚持和发展中国特色社会主义的主力军。"④ 新历史使命的提出，为中国工人阶级具体的劳动实践活动指明了方向，有利于发挥其劳动主力军的担当作用。习近平不仅在讲话中强调了工人阶级的作用，还在现实中切实关心工人阶级，以实际行动体现他对工人阶级的重视。不论在节日期间，还是实地考察和调研，习近平每到一个地方，都要深入各行业的劳动一线，慰问一线劳动者，肯定他们对社会发展的贡献，充分体现了习近平对工人的尊重和重视。

为了更好地在新时代发挥工人阶级主力军的作用，习近平在2015年的"五一"国际劳动节讲话中指出，"各级党委和政府要把全心全意依靠工人阶级的根本

---

① 习近平. 在同全国劳动模范代表座谈时的讲话［N］. 人民日报，2013-04-29.
② 习近平. 在同全国劳动模范代表座谈时的讲话［N］. 人民日报，2013-04-29.
③ 鞠鹏. 竭诚服务职工群众维护职工群众权益 为实现中国梦再创新业绩再建新功勋［N］. 人民日报，2013-10-24.
④ 习近平. 习近平在全国劳动模范和先进工作者表彰大会上的讲话［N］. 经济日报，2020-11-25.

方针贯彻到经济、政治、文化、社会、生态文明建设以及党的建设各方面"①，为广大职工参与国家治理和社会治理搭建平台、创通集道、营造环境。除此之外，习近平高度重视工会组织的作用。2015年，中华全国总工会成立90周年，习近平以此为契机发表了讲话，指出工会组织要牢牢把握好中国工人运动的时代主题，发挥好党与职工群众之间的纽带作用，工会要成为工人的"职工之家"，工会干部要成为工人的"娘家人"，以促进工人阶级主力军作用的发挥。2020年11月24日，习近平在全国劳动模范和先进工作者表彰大会上讲话强调："各级党委要从巩固执政的阶级基础和群众基础的高度，认真贯彻全心全意依靠工人阶级的方针，加强和改进对工会工作的领导，为工会履行职责、发挥作用不断创造有利条件。"②党的十八大以来，全国总工会和各级工会认真学习贯彻习近平总书记关于工人阶级和工会工作的重要论述，把大力弘扬劳模精神、劳动精神、工匠精神摆在重要位置来抓。牵头做好劳模评选表彰工作，共表彰5 461名全国劳动模范和先进工作者。广泛深入持久开展劳动和技能竞赛，全国引领性劳动和技能竞赛参赛企业6万余家，参赛职工1 500万人。以"思想引领、建功立业、素质提升、地位提高、队伍壮大"五大任务为目标，扎实推进产业工人队伍建设改革。据统计，截至2021年底，全国建立劳模和工匠人才创新工作室8.2万家，产业工人技能学习平台累计培训职工超过1.4亿人次；加大劳模、大国工匠宣传力度，持续开展"中国梦·劳动美"主题宣传教育活动，联合制作播出8集《大国工匠》，联合发布8届全国"最美职工"共81人次，发布3届"大国工匠年度人物"。③ 2022年"五一"国际劳动节习近平总书记在致首届大国工匠创新交流大会的贺信中强调："我国工人阶级和广大劳动群众要大力弘扬劳模精神、劳动精神、工匠精神，适应当今世界科技革命和产业变革的需要，勤学苦练、深入钻研，勇于创新、敢为人先，不断提高技术技能水平，为推动高质量发展、实施制造强国战略、全面建设社会主义现代化国家贡献智慧和力量。"④ 可见，习近平总书记对广大工人阶级和广大劳动群众寄予厚望。

---

① 习近平. 在庆祝"五一"国际劳动节暨表彰全国劳动模范和先进工作者大会上的讲话［N］. 人民日报，2015-04-29.
② 习近平. 习近平在全国劳动模范和先进工作者表彰大会上的讲话［N］. 经济日报，2020-11-25.
③ 陈刚. 大力弘扬劳模精神劳动精神工匠精神（深入学习贯彻习近平新时代中国特色社会主义思想）［N］. 人民日报，2022-04-27.
④ 习近平致首届大国工匠创新交流大会的贺信［EB/OL］. 中共中央党校官网，https：//www.ccps.gov.cn/xtt/202204/t20220427_153741.shtml.

2. 农民和农民工是劳动的坚实力量

中国是传统的农业大国，工农联盟是中国重要的阶级基础。中华人民共和国成立后，广大农民为国家建设和发展做出了重要的贡献，从某种意义上来说，没有千万广大农民的辛勤劳动，中华人民共和国就摆脱不了一穷二白的局面，实现不了工业的快速发展，更没有今天城市建设的成就。

习近平特别重视农村劳动问题。早在浙江从政期间，习近平为调动农村劳动者的积极性，就提出要努力构建"以工促农、以城带乡"的体制机制，切实保障农民的各项权益，以发挥农民的劳动积极性。除此之外，习近平从劳动过程中"人"的因素出发，实施提高农民劳动素质的"千万工程"即千万农民素质提升工程，以提高农民的劳动能力，提高农民的劳动生产率。党的十八大以后，习近平对农民劳动问题的重视从未停歇。他指出："如期实现第一个百年奋斗目标向第二个百年奋斗目标迈进，最艰巨最繁重的任务在农村，最广泛最深厚的基础在农村，最大的潜力和后劲也在农村。"① 针对当前农村出现的剩余劳动力现象，早在2017年，习近平在中央农村工作会议上提出要促进农村劳动力就业转移；针对当前农民专业劳动技能较弱的问题，习近平在中央财经领导小组第十四次会议上的讲话中提到了"新型职业农民"一词；针对当前农民劳动收入低的问题，习近平指出要让广大农民共享改革发展的成果，提高农民收入。此外，习近平还特别关心农业劳动模范。在2017年中央农村工作会议之前习近平首先会见了80名全国农业劳动模范和先进工作者代表，肯定了他们的劳动成果，赞扬了他们的劳动精神。

农民工是改革开放以来在社会主义现代化建设中逐渐形成的一支新兴劳动队伍，这支劳动队伍具有农民和工人的双重身份。他们为中国城市建设付出了艰辛的劳动，现已成为城市发展中一支重要的劳动队伍。习近平在《之江新语》中谈到了农民工问题，称农民工是经济建设的主要力量，应该得到重视和尊重，并指出当时社会缺少对农民工先进典型的表彰。党的十八大以后，习近平强调："农民工是改革开放以来涌现出的一支新型劳动大军，是建设国家的重要力量，全社会一定要关心农民工、关爱农民工。"② 为了保障这支新兴的劳动者大军的利益，以习近平同志为核心的党中央制定了一系列方针和政策，例如，2014年国务院出台《关于进一步做好为农民工服务工作的意见》，2016年颁布了《国务院关于实施支

---

① 中央农村工作会议在北京举行 习近平作重要讲话 [EB/OL]. 中华人民共和国农业农村部官网, http://www.moa.gov.cn/ztzl/ncgzhy2017/zxdt/201801/t20180103_6133744.htm.

② 刘卫兵，鞠鹏. 习近平看望慰问坚守岗位的一线劳动者 [N]. 人民日报, 2013-02-10.

持农业转移人口市民化若干财政政策的通知》，实行农民工子女在随迁地参加高考的政策等。这些方针和政策的制定和实施，保障了农民工的利益，调动了农民工劳动的积极性。除此之外，习近平还非常重视对农民工的人文关怀，2021年全国优秀农民工和农民工工作先进集体表彰大会在京召开，为表彰先进，树立榜样，国务院农民工工作领导小组授予刘阔等994人"全国优秀农民工"荣誉称号，授予北京市东城区职业能力建设指导中心等100个单位"全国农民工工作先进集体"荣誉称号。①习近平的这些论述和做法表明，农民工是中国特色社会主义事业建设的坚实劳动力量。

3. 知识分子是劳动的重要力量

科技是第一生产力，知识分子是社会的宝贵财富。未来的竞争，是知识的竞争，也是人才的竞争。当前身处信息化时代，以及接踵而来的机器人时代，离开知识离开知识分子必将寸步难行。习近平非常重视知识分子的劳动，在讲话中多次强调，"知识分子是中国工人阶级的一部分，是社会的精英、国家的栋梁、人民的骄傲，也是国家的宝贵财富"②。对社会主义的知识分子给予了正确的社会定位，肯定了知识分子的社会主人翁地位，为进一步调动他们的劳动热情奠定了基础。在2016年的"五一"国际劳动节习近平发表了针对知识分子的讲话，指出"在我们党领导革命、建设、改革90多年的历程中，广大知识分子为党和人民建立了彪炳史册的功勋"③，并指出了在全面建成小康社会、实现中华民族伟大复兴的新时代，知识分子要抓住机遇，勇于担当，为社会发展做出新贡献。

同时，习近平也强调当前中国知识分子群体在劳动中存在的问题也不容忽视。首先，针对中国知识分子创新能力不足的问题，习近平指出，勇立潮头、引领创新，是广大知识分子应有的品格。广大知识分子要立足国内，放眼世界，敢于创新，勇于创新。其次，针对知识分子在成果产出上弄虚作假的现象，习近平强调，知识分子要增强务实精神。做研究，要甘于寂寞，"板凳要坐十年冷，文章不写一句空"。只有务实，知识分子才能创造出满足社会需要的劳动成果。最后，针对社会上部分知识分子社会责任缺失、家国情怀淡化的现象，习近平指出广大知识分子要有"天下为公、担当道义"的情怀。这种情怀是对古代先贤"为天地立心，

---

① 全国优秀农民工和农民工工作先进集体表彰大会在京召开，中华人民共和国人力资源和社会保障部官网，http：//www.mohrss.gov.cn/SYrlzyhshbzb/jiuye/gzdt/202101/t20210125_408272.html.
② 罗强强. 新时代中国知识分子的使命与担当[N]. 民族时报，2021-07-20.
③ 习近平. 在知识分子、劳动模范、青年代表座谈会上的讲话[N]. 人民日报，2016-04-30.

为生民立命,为万世开太平"精神的继承,源自知识分子骨子里的大我追求。除此之外,习近平还指出要为知识分子的学习和工作创造有利的条件,建立有利于激发知识分子才能的体制机制,正确对待知识分子的学术问题,为知识分子创设有利的劳动环境,进而产出造福人民的劳动成果。

4. 青年是劳动的有生力量

青年是一个人一生中最有活力、创造力和劳动力的阶段。因此,从某种程度上来说,一个国家劳动能力的强弱与青年劳动力的强弱有着直接关系。党的十八大以来,习近平在不同场合的讲话中都对青年寄予厚望,指出"全面建成小康社会,广大青年是生力军和突击队"①。这表明青年在中国特色社会主义劳动中的重要地位。在党的十九大报告中,习近平更是明确指出:"青年一代有理想、有本领、有担当,国家就有前途,民族就有希望。"②"实现中华民族的伟大复兴的中国梦,广大青年生逢其时,也重任在肩。"③ 在党的二十大报告中,习近平又一次强调指出:"青年强,则国家强。当代中国青年生逢其时,施展才干的舞台无比广阔,实现梦想的前景无比光明。全党要把青年工作作为战略性工作来抓,用党的科学理论武装青年,用党的初心使命感召青年,做青年朋友的知心人、青年工作的热心人、青年群众的引路人。广大青年要坚定不移听党话、跟党走,怀抱梦想又脚踏实地,敢想敢为又善作善成,立志做有理想、敢担当、能吃苦、肯奋斗的新时代好青年,让青春在全面建设社会主义现代化国家的火热实践中绽放绚丽之花。"④ 可见,青年之于一个国家和民族的重要性——国家的发展离不开青年的劳动,同时,青年只有在踏实的劳动中才能彰显青春魅力、实现人生价值⑤。

习近平在"五四"青年节和"五一"国际劳动节的多次讲话中都谈到了青年的使命感和担当问题。他关于青年的重要思想也成为习近平新时代中国特色社会主义思想的重要组成部分。2016年的"五一"国际劳动节,习近平就青年的劳动问题做了详细的论述⑥。首先,习近平认为广大青年投身劳动的一个重要前提就是

---

① 习近平. 在知识分子、劳动模范、青年代表座谈会上的讲话[N]. 人民日报,2016-04-30.
② 习近平. 决胜全面建成小康社会 夺取新时代中国特色社会主义伟大胜利——在中国共产党第十九次全国代表大会上的报告[M]. 北京:人民出版社,2017:30.
③ 习近平. 在北京大学师生座谈会上的讲话[N]. 人民日报,2018-05-03.
④ 习近平. 高举中国特色社会主义伟大旗帜 为全面建设社会主义现代化国家而团结奋斗——在中国共产党第二十次全国代表大会上的报告[EB/OL]. 共产党员网,https://www.12371.cn/2022/10/25/ARTI1666705047474465.shtml.
⑤ 巩倩倩. 习近平劳动观研究[D]. 济南:山东大学,2019:45.
⑥ 巩倩倩. 习近平劳动观研究[D]. 济南:山东大学,2019:45.

要自觉践行社会主义核心价值观。只有树立坚定的理想信念，才不会迷失自我。其次，习近平勉励青年要不断学习，尤其要增强在具体劳动实践中的学习。只有不断学习，才能增强劳动的本领，创造更多的劳动价值。再次，习近平还指出，广大青年要自觉奉献青春，辛勤耕耘，积极参与劳动实践，在劳动中体现青春光彩，留下最值得回忆的青春记忆。最后，习近平强调了青年在创造性劳动中的重要作用，并指出，广大青年要具有初生牛犊不怕虎的劲头，要大胆创新，敢为先锋。他强调党和国家要关心青年，为青年发挥青春之力创造有利的条件。

除了对以上劳动者的论述外，习近平还充分尊重和肯定妇女的劳动。党的十八大以来，在每一个妇女节来临之际，习近平都对全国各族妇女致以节日的问候，指出全面建成小康社会、实现中华民族的伟大复兴，离不开广大妇女的劳动，妇女是"半边天"。2015年9月，习近平在全球妇女峰会上高度肯定了广大妇女默默无闻、辛勤劳动对社会发展的重要作用。2018年1月，习近平给全国个体劳动者第五次代表大会致信中，肯定了个体劳动者对社会主义建设的重要作用和伟大贡献，对个体劳动者在新时代给予新希望。由此可见，习近平对个体劳动者同样非常重视。

综上所述，习近平劳动主体观涵盖了各行各业的劳动者，每一个辛勤工作的人都是劳动主体，构成了其"亿万劳动群众是主体力量"的劳动主体观。这也为习近平劳动者平等观和劳动关系和谐观等的产生奠定了基础，因为只有亿万劳动群众共同劳动，才能汇集磅礴之力，实现中华民族伟大复兴的中国梦。

（三）劳动形态观

中国是人民民主专政的社会主义国家，人民是国家的主人。因此，我们的劳动形态是体现人民价值、人民满意的劳动形态。步入新时代，习近平提出要构建和谐的劳动关系，提倡创新劳动，讲求科学劳动，体现了中国特色社会主义的劳动形态是让劳动者实现体面劳动、全面发展的劳动形态。

1. 构建和谐的劳动关系形态

从狭义上来讲，劳动关系是指用人单位与劳动者之间依法所确立的劳动过程中的权利义务关系[①]。从广义上来讲，劳动关系不仅包括劳动力所有者与劳动力使

---

① 孙家学，耿艳丽，邵珠平. 新时代高校劳动教育通论［M］. 北京：高等教育出版社，2021：56.

用者之间的关系，还包括劳动者之间的关系、劳动者与周围环境要素的关系①。人类的生存和发展离不开劳动，因此，劳动关系是人类社会中最基本和最重要的社会关系之一②。劳动关系是否和谐关系着一个社会能否健康发展，是维护社会稳定、促进社会发展的重要方面。习近平继承了马克思主义劳动观，结合中国国情，进一步发展了马克思主义劳动观，指出要构建和谐的劳动关系。

早在习近平七年知青岁月时期，就萌芽了构建和谐劳动关系形态的理论。那时候习近平与当地村民和谐相处、一起劳动，并通过自己的实际行动促进生产队劳动者之间和谐共处，形成团结友好的劳动关系。在《摆脱贫困》一书中，习近平指出："社会主义的劳动者是生产资料的主人，这种主人翁地位决定了劳动者之间的平等互助的同志式的关系。"③该论述从社会主义的性质出发，提出了构建和谐劳动关系的必然性。随着市场经济的不断发展和深入，劳动关系不仅仅局限在劳动者之间，劳动者和用人单位之间的关系日益成为最主要的劳动关系。拖欠农民工工资、富士康员工猝死等现象的出现，引起了社会各界广泛热议。如何在市场经济条件下构建和谐的劳动关系成为一个重要且迫切的时代问题。

2011年8月15日，习近平主持召开了全国构建和谐劳动关系先进表彰暨经验交流会。在这次会议上习近平全面而集中地阐述了他的和谐劳动关系观。第一，提出"三是"，即"构建和谐劳动关系，是建设社会主义和谐社会的重要基础，是增强党的执政基础、巩固党的执政地位的必然要求，是坚持中国特色社会主义道路、贯彻中国特色社会主义理论体系、完善中国特色社会主义制度的重要组成部分，其经济、政治、社会意义十分重大而深远"④。"三是"明确了构建和谐劳动关系的必然性和重要性。第二，指明了构建和谐劳动关系的目标与原则。构建和谐劳动关系的目标是形成规范有序、公正合理、互利共赢、和谐稳定的劳动关系。在具体实践中要坚持以下原则，既要坚持从职工最关心最直接最现实的问题出发，要坚持促进企业发展与维护职工权益相统一，要从不同的企业类型的实际出发。目标的提出为构建和谐劳动关系指明了方向，原则的提出为构建和谐劳动关系指出了前进的道路。第三，提出了构建和谐劳动关系的主体。要形成"党委领导，

---

① 孙家学，耿艳丽，邵珠平. 新时代高校劳动教育通论［M］. 北京：高等教育出版社，2021：56.
② 习近平出席全国构建和谐劳动关系先进表彰会并讲话［EB/OL］. 中华人民共和国中央人民政府官网，ht-tps：//www. gov. cn/ldhd/2011 - 08/16/content_ 1926777. htm.
③ 习近平. 摆脱贫困［M］. 福州：福建人民出版社，1992：115.
④ 习近平出席全国构建和谐劳动关系先进表彰会并讲话［EB/OL］. 中华人民共和国中央人民政府官网，ht-tps：//www. gov. cn/ldhd/2011 - 08/16/content_ 1926777. htm.

政府负责、生活协同、企业和职工参与的工作格局"①。习近平的这一论述说明了构建和谐劳动关系需要适合各类主体力量协同推进，体现了多元共同参与治理的现代化治理理念。除此之外，习近平还提到了构建和谐劳动关系要首先集中解决最突出的问题，如企业损害职工合法权益的问题、一线职工工资待遇问题。

党的十八大以来，习近平在2014年和2016年的"五一"国际劳动节的讲话中都提到了要保护劳动者的合法权益，积极构建和谐的劳动关系。党的十九大报告中提出要"完善政府、工会、企业共同参与的协商协调机制，构建和谐劳动关系"②。2020年11月24日，习近平在全国劳动模范和先进工作者表彰大会上讲话指出，要"切实实现好、维护好、发展好劳动者合法权益"③。在党的二十大报告中，习近平指出"健全劳动法律法规，完善劳动关系协商协调机制，完善劳动者权益保障制度，加强灵活就业和新就业形态劳动者权益保障。"④ 这些都表明了习近平对社会主义和谐劳动关系形态的坚持和发展。只有形成和谐的劳动关系，才能在此基础上实现进一步的发展，才能充分展现社会主义劳动形态的优越性。

2. 提倡多样化创新劳动形态

社会主义社会人民的劳动不是被动的、单向度的、重复的劳动，而是体现人创造性的劳动。无论从事何种职业，人们都可以通过创新在劳动中展现自己的聪明才智，创造社会财富，实现人生价值。习近平非常重视创新。而创新并不是凭空产生的，它与人们的生产劳动息息相关，在劳动中人们实现生产技术和产品的创新，也只有通过劳动，创新思维才能转化为现实生产力。更为重要的是创新劳动是社会主义劳动发展的必然趋势，是社会主义劳动的应然形态。

第一，从社会主义经济发展的趋势来看，创新劳动是推进社会经济转型发展的强大动力⑤，因此，创新劳动是社会主义劳动的应然形态。中国经济发展进入新常态，意味着我们要以更少的资源消耗生产出更多满足人民需要的高质量产品。

---

① 习近平出席全国构建和谐劳动关系先进表彰会并讲话［EB/OL］. 中华人民共和国中央人民政府官网，https://www.gov.cn/ldhd/2011-08/16/content_1926777.htm.

② 习近平. 决胜全面建成小康社会 夺取新时代中国特色社会主义伟大胜利——在中国共产党第十九次全国代表大会上的报告［M］. 北京：人民出版社，2017：46.

③ 习近平出席全国劳动模范和先进工作者表彰大会并发表重要讲话［EB/OL］. 中华人民共和国中央人民政府官网，https://www.gov.cn/xinwen/2020-11/24/content_5563856.htm.

④ 习近平. 高举中国特色社会主义伟大旗帜 为全面建设社会主义现代化国家而团结奋斗——在中国共产党第二十次全国代表大会上的报告［EB/OL］. 中国共产党网，https://www.12371.cn/2022/10/25/ARTI1666705047474465.shtml.

⑤ 禹洋. 创新是实现经济转型升级的强大动力［N］. 经济日报，2015-09-10.

在党的十八届五中全会和中央经济工作会议中，习近平都特别强调了要坚持创新发展。创新劳动不同于一般的重复性劳动。首先，创新劳动会提高劳动生产率，创造更大的社会财富，这主要体现在对生产工具、生产管理方面的创新上；其次，创新劳动会节约生产成本，主要体现在通过创新提高资源的利用率，有利于经济的持续发展；最后，创新劳动会逐渐将人类从简单、重复的劳动中解放出来，让人成为经济发展的指挥者。

第二，从社会主义社会人民的主体性来看，创新劳动体现社会主义社会人民主体创造的价值。劳动是人类特有的活动，创新则是劳动这一人类特有活动的衍生物，因此，创新也是人类特有的一项实践活动。党的十八大以来，为进一步激发社会主义社会人民的创造性，体现他们的主体创造性地位，以习近平同志为核心的党中央提出了"大众创业、万众创新"的号召。习近平高瞻远瞩，不仅看到了创新对工人发展的重要作用，还看到了创新对国家发展的伟大意义，指出"创新是一个民族的灵魂，是一个国家兴旺发达的不竭动力"①，通过创新劳动，劳动者的主体性地位得到了彰显，同时，只有在人民的主动性创新劳动中，国家才会越来越强大。

第三，从共产主义理想的劳动形态来看，创新劳动是消除脑力劳动和体力劳动差别的重要方式。习近平在省部级主要领导干部学习党的十八届五中全会研讨班上提到："要全面调动人的积极性、主动性、创造性，为各行各业各方面的劳动者、企业家、创新人才、各级干部创造发挥作用的舞台和环境。"②创新是人类特有的活动，对一切劳动者来说，创新都是平等的，每个人都享有创新的权利。正如习近平所说："一切创造，无论是个人创造还是集体创造，也都值得尊重和鼓励。"③因此，创新成为消除体力劳动和脑力劳动差别的重要方式。一方面，体力劳动者和脑力劳动者都可以通过创新展现自己的劳动技能，创造出更多的社会财富，在创新中，体力劳动和脑力劳动实现了地位上的平等。另一方面，通过创新劳动，体力劳动者逐渐从简单、重复的劳动中解放出来，与脑力劳动者一起走向了各尽所能、全面发展的劳动形态，从而消除了体力劳动与脑力劳动之间的差别。

---

① 习近平. 在欧美同学会成立 100 周年庆祝大会上的讲话 [N]. 人民日报，2013-10-22.
② 习近平. 在省部级主要领导干部学习贯彻党的十八届五中全会精神专题研讨班上的讲话 [N]. 人民日报，2016-05-10.
③ 习近平. 在庆祝"五一"国际劳动节暨表彰全国劳动模范和先进工作者大会上的讲话 [N]. 人民日报，2015-04-29.

3. 讲求合理的科学劳动形态

习近平首次提出了"科学劳动"这一时代发展新概念，这是习近平在和谐劳动形态观和创新劳动形态观的基础上，根据现实的变化和需要提出的一种新的社会主义劳动形态，也是对中国特色社会主义应然劳动形态的时代回答。在2014年的"五一"国际劳动节讲话中，习近平首次明确提出"科学劳动"一词，他说："实现我们确立的奋斗目标，归根到底要靠辛勤劳动、诚实劳动、科学劳动。"[1]科学成为21世纪的流行词汇，习近平提出的科学劳动，具有深刻的含义。

第一，所谓科学的劳动首先是勤劳和诚实的劳动。勤劳和诚实是中华民族的传统美德，但是，随着社会的发展，在市场经济的影响下，出现了部分非法经营、不诚实劳动的社会现象，也出现了好吃懒做的"啃老族"。这些现象的出现严重影响了社会主义正常劳动形态的发展。

第二，习近平提出科学劳动的重要含义就是要提高劳动者的科学技能水平，增强科技因素在劳动中的含量。早在《摆脱贫困》一书中，习近平就提出："依靠科学技术进步可以有效地提高劳动者的素质。"[2]当今世界，是个讲求科学的世界，科学技术是国家发展的利器。步入新时代，我们要实现经济发展的结构转型，为人民的美好生活创造条件，就要增强劳动中的科技含量，通过科学劳动，让人民的生活变得更加美好。

第三，劳动是人的劳动，因此，科学劳动要以尊重人的基本需要为前提。在党的十八届五中全会上习近平指出，坚持"劳动报酬提高和劳动生产率同步提高，健全科学的工资水平决定机制"[3]。习近平这一论述表明，只有满足人成长和发展规律的劳动才是科学的。劳动不能是为了追求结果而忘记自身成长，而应是劳动者自身、劳动因素、劳动成果都实现科学化的一种科学劳动形态。

习近平立足社会主义的根本性质，以人民为中心，以社会发展现实为依据，提出了要构建和谐的劳动关系形态，提倡多样化创新劳动形态，讲求合理的科学劳动形态。这些论述的提出展现了中国特色社会主义劳动形态的先进性和优越性，中国人民将在这样一个可以"让劳动者实现体面劳动、全面发展"的健康劳动形态中创造新时代的新辉煌。

---

[1] 谢环驰．习近平在乌鲁木齐借鉴劳动模范和先进工作者、先进任务代表 向全国广大劳动者致以"五一"节问候［N］．人民日报，2014－05－01．
[2] 习近平．摆脱贫困［M］．福州：福建人民出版社，1992：116．
[3] 中国共产党第十八届中央委员会第五次全体会议公报［N］．人民日报,，2015－10－30．

二、习近平新时代中国特色社会主义思想关于劳动重要论述的时代价值

时代是思想之母,实践是理论之源。①习近平新时代中国特色社会主义劳动思想正是基于时代的高度与实践的发展,回应了新时代中国特色社会主义发展所面临的新使命与新课题,以劳动支撑起新时代中国特色社会主义的现实关切。②

(一)实现中华民族伟大复兴的中国梦必须依靠劳动

以习近平同志为核心的党中央以恢宏的理论勇气和卓绝的政治智慧,描绘了中国梦的宏伟图景,确立了中国人民的奋斗目标。实现中华民族伟大复兴是中华民族近代以来最伟大的梦想,这个梦想凝聚了几代中国人的夙愿。现在,我们比历史上任何时期都更接近中国梦。但我们也应清醒地认识到,在实现中华民族伟大复兴中国梦的征程中,幸福不会从天而降,梦想不会自动成真,如习近平所指出的,"劳动是财富的源泉,也是幸福的源泉。人世间的美好梦想,只有通过诚实劳动才能实现;发展中的各种难题,只有通过诚实劳动才能破解;生命里的一切辉煌,只有通过诚实劳动才能铸就"。③由此可见,"中华民族伟大复兴,绝不是轻轻松松、敲锣打鼓就能实现的。全党必须准备付出更为艰巨、更为艰苦的努力"④。该如何努力?习近平同志也给出了答案,"实现我们的奋斗目标,开创我们的美好未来,必须紧紧依靠人民、始终为了人民,必须依靠辛勤劳动、诚实劳动、创造性劳动"⑤。

"民生在勤,勤则不匮。"⑥ 习近平指出,"说到底,实现中华民族伟大复兴的中国梦,要靠各行各业人们的辛勤劳动"⑦。毋庸置疑,展望未来,"两个一百年"

---

① 习近平. 全面建成小康社会 夺取新时代中国特色社会主义伟大胜利——在中国共产党第十九次全国代表大会上的报告 [M]. 北京:人民出版社,2017:26.
② 刘向兵. 新时代高校劳动教育论纲 [M]. 北京:社会科学文献出版社,2019:37-41.
③ 习近平. 在同全国劳动模范代表座谈时的讲话 [N]. 人民日报. 2013-04-29.
④ 习近平. 决胜全面建成小康社会 夺取新时代中国特色社会主义伟大胜利——在中国共产党第十九次全国代表大会上的报告 [M]. 北京:人民出版社,2017:12.
⑤ 习近平. 在同全国劳动模范代表座谈时的讲话 [N]. 人民日报. 2013-04-29.
⑥ 习近平. 在庆祝"五一"国际劳动节暨表彰全国劳动模范和先进工作者大会上的讲话 [N]. 人民日报,2015-04-29.
⑦ 习近平. 在知识分子、劳动模范、青年代表座谈会上的讲话 [N]. 人民日报,2016-04-30.

奋斗目标的实现，仍然需要人民的劳动创造来铸就，更需要一代又一代的中国人努力拼搏。

（二）深化供给侧结构性改革需要构建和谐劳动关系

2014年以来，中国经济运行迈入新常态，伴随着供给侧结构性改革的持续推进和逐步深化，经济发展方式深刻转变，经济结构深刻调整，劳动力市场灵活性增强。在各级各地政府"三去一降一补"化解过剩产能过程中，劳动关系的运行也发生了深刻变化，职工队伍结构更加复杂，劳动关系领域的问题和矛盾日益凸显。

党的十九大报告提出，要"构建和谐劳动关系"。"劳动关系是最基本的社会关系之一。要最大限度增加和谐因素、最大限度减少不和谐因素，构建和发展和谐劳动关系，促进社会和谐。"①针对生活暂时遇到困难的部分劳动群众，习近平多次要求，"各级党委和政府要落实好失业人员再就业和生活保障、财政专项补贴等支持政策，落实和完善援助措施，创造更多就业岗位……确保安置分流有序、社会和谐稳定"②。这也充分彰显了"以人民为中心的发展思想"，更彰显了习近平强调构建和谐劳动关系的重要意义。2015年，中共中央、国务院出台了《关于构建和谐劳动关系的意见》，旨在加强调整劳动关系的法律、体制、制度、机制和能力建设，加快健全党委领导、政府负责、社会协同、企业和职工参与、法治保障的工作体制，以建立规范有序、公正合理、互利共赢、和谐稳定的劳动关系。

习近平在党的十九大报告中指出，建设现代化经济体系必须以供给侧结构性改革为主线，建设知识型、技能型、创新型劳动者大军，完善政府、工会、企业共同参与的协商协调机制，构建和谐劳动关系。鉴于此，必须从统筹推进"五位一体"总体布局和协调推进"四个全面"战略布局的高度来认识构建和谐劳动关系的重大意义。进入新时代，必须适应新情况、把握新规律，积极面对劳动关系出现的新变化，客观分析劳动关系呈现的新特点，准确把握构建和谐劳动关系的着力点，切实维护职工权益，进一步巩固劳动者的主体地位。

（三）中国制造转型升级需要一支高素质产业工人队伍

在全球深度嬗变的激荡变局中，国际竞争日趋激烈。而一个国家发展能否在

---

① 习近平. 决胜全面建成小康社会夺取新时代中国特色社会主义伟大胜利——在中国共产党第十九次全国代表大会上的报告[M]. 北京：人民出版社，2017：12.
② 习近平. 在知识分子、劳动模范、青年代表座谈会上的讲话[N]. 人民日报，2016-04-30.

全球格局中抢占先机，赢得主动，国民素质特别是广大劳动者素质起着至关重要的决定性作用。

为应对新形势下的挑战，顺应技术和经济发展趋势，中国政府于2015年发布《中国制造2025》。其根本目标，是把中国由"制造大国"转变为"制造强国"、通过从"制造"到"质造"转变，解决中国制造高质量发展的问题、从而实现经济的高质量发展。人才是产业发展的根基，无论是"中国制造"，还是"中国创造"，乃至"中国智造"，都需要一支结构优化、素质过硬的产业工人队伍，需要大规模布局合理、技艺精湛的技能人才，更需要一大批精益求精、追求卓越的大国工匠。

人社部发布的《2021年第二季度百城市公共就业服务机构市场供求状况分析报告》显示，市场对具有技术等级和专业技术职称劳动者的用人需求较大，40.7%的市场用人需求对技术等级或职称有要求。高级技师、技师需求缺口较大，求人倍率分别为3.11和2.68①。与2020年同期相比，市场中各技术等级的用人需求有所增长，其中高级技师、技师的用人需求增长幅度较大，分别为94.9%、59.8%，高技能人才紧缺程度明显加大，"一才难求"问题突出。从一定意义上讲，高素质技术工人短缺是制约中国制造业发展的瓶颈所在，远不能支撑中国优化现代产业体系的需要，直接导致了中国制造业尚处于大而不强的业态。

基于此，习近平同志提出："要实施职工素质建设工程，推动建设宏大的知识型、技术型、创新型劳动者大军……我们一定要深入实施科教兴国战略、人才强国战略、创新驱动发展战略，把提高职工队伍整体素质作为一项战略任务抓紧抓好……"② 为此，2017年2月，中共中央、国务院印发了《新时期产业工人队伍建设改革方案》，针对影响产业工人队伍发展的突出问题，创新体制机制，提高产业工人素质，畅通发展通道，依法保障权益，努力造就一支有理想守信念、懂技术会创新、敢担当讲奉献的宏大的产业工人队伍。"十四五"规划和2035年远景目标纲要提出，加强创新型、应用型、技能型人才培养，实施知识更新工程、技能提升行动，壮大高水平工程师和高技能人才队伍。在党的二十大报告中，习近平同志提出："培养造就大批德才兼备的高素质人才，是国家和民族长远发展大计。

---

① 超四成用人需求有技术等级或职称要求 二季度人力资源市场供求总体平衡［EB/OL］. 南宁云+南宁新闻网, http：//nny.nnnews.net/sharePoster/p/3088042.html.

② 习近平出席全国劳动模范和先进工作者表彰大会并发表重要讲话［EB/OL］. 中华人民共和国中央人民政府官网, https：//www.gov.cn/xinwen/2020-11/24/content_5563856.htm.

功以才成，业由才广……加快建设国家战略人才力量，努力培养造就更多大师、战略科学家、一流科技领军人才和创新团队、青年科技人才、卓越工程师、大国工匠、高技能人才。"①

（四）加强党的自身建设需要通过劳动来锤炼作风、锻炼干部

坚持党的领导是中国特色社会主义的最本质特征。党是实现中国梦的坚强领导核心，坚定不移全面从严治党，夺取反腐败斗争压倒性胜利，是我们党坚如磐石的决心。用新时代中国特色社会主义思想武装全党，以劳动为载体锤炼作风、锻炼干部，是不断提高党的执政能力和领导水平的实现路径。

习近平同志指出："劳动，是共产党人保持政治本色的重要途径，是共产党人保持政治肌体健康的重要手段，也是共产党人发扬优良作风、自觉抵御'四风'的重要保障。"② 这一重要论述将劳动的价值与全面从严治党有机结合起来，进一步阐述了劳动之于一个政党的重要意义。艰苦奋斗是中国共产党的政治本色和优良传统，是党和人民在历经艰难险阻、创造历史辉煌的进程中铸就并代代相传的传家宝。时至今日，经济社会发展取得显著进步，物质环境得到极大改善，如果一味地贪图享乐、好逸恶劳，必将疏远劳动群众的情感，滑入贪腐的深渊，走向自我毁灭，也将给党的肌体造成损害。为了加强党的建设、确保健康发展，习近平告诫广大党员干部，"要带头弘扬劳动精神，增强同劳动人民的感情，带头在各自岗位上勤奋工作、踏实劳动"③。

第四节　大学生树立正确劳动价值观的意义

大学生是社会主义事业的建设者和接班人，肩负着建设国家的使命。培育大学生树立正确的劳动价值观，对大学生形成社会主义核心价值观，促进大学生全

---

① 习近平. 高举中国特色社会主义伟大旗帜 为全面建设社会主义现代化国家而团结奋斗——在中国共产党第二十次全国代表大会上的报告［EB/OL］. 中国共产党网，https://www.12371.cn/2022/10/25/ARTI1666705047474465.shtml.
② 谢环驰. 习近平在乌鲁木齐借鉴劳动模范和先进工作者、先进任务代表　向全国广大劳动者致以"五一"节问候［N］. 人民日报，2014-05-01.
③ 谢环驰. 习近平在乌鲁木齐借鉴劳动模范和先进工作者、先进任务代表　向全国广大劳动者致以"五一"节问候［N］. 人民日报，2014-05-01.

面和谐发展,实现高等学校立德树人的教育目标有着重要的价值。2018年5月,习近平在北京大学师生座谈会上指出,青年的价值取向决定了未来整个社会的价值取向,并告诫青年,人生的扣子从一开始就要扣好。但是,长期以来,由于学校、家庭、社会等多种因素的影响,当前大学生中存在诸如"轻视劳动""看不起劳动者"等错误的价值观念。如何让大学生树立正确的劳动价值观,能够诚实劳动、辛勤劳动、创造劳动,已成为高等学校教育不可忽视的重要问题。

一、成为社会主义现代化建设者和接班人的需要

党的十九大报告指出,"改革开放之后,我们党对中国社会主义现代化建设作出战略安排,提出'三步走'战略目标。解决人民温饱问题、人民生活总体上达到小康水平这两个目标已提前实现。在这个基础上,我们党提出,到建党一百年时建成经济更加发展、民主更加健全、科教更加进步、文化更加繁荣、社会更加和谐、人民生活更加殷实的小康社会,然后再奋斗三十年,到中华人民共和国成立一百年时,基本实现现代化,把我国建设成社会主义现代化国家"。① 1992年,邓小平在南方谈话中指出,"中国的事情能不能办好,社会主义和改革开放能不能坚持,经济能不能快一点发展起来,国家能不能长治久安,从一定意义上说,关键在人"。② 可见,人在现代化建设中的重要性。2018年,习近平在全国教育工作大会上强调,坚持中国特色社会主义教育发展道路,培养德智体美劳全面发展的社会主义建设者和接班人。大学生作为中国社会主义的建设者和接班人,必须树立正确的劳动价值观,将来才能为中国社会主义现代化建设作出重大贡献。

2020年3月,中共中央、国务院印发的《关于全面加强新时代大中小学劳动教育的意见》明确指出:"劳动教育是中国特色社会主义教育制度的重要内容,直接决定社会主义建设者和接班人的劳动精神面貌、劳动价值取向和劳动技能水平。长期以来,全国各级各类学校坚持教育与生产劳动相结合,在实践育人方面取得了一定成效。同时也要看到,近年来一些青少年中出现了不珍惜劳动成果、不想

---

① 习近平. 高举中国特色社会主义伟大旗帜 为全面建设社会主义现代化国家而团结奋斗——在中国共产党第二十次全国代表大会上的报告[EB/OL]. 中国共产党网, https://www.12371.cn/2022/10/25/ARTI1666705047474465.shtml.

② 邓小平:正确的政治路线要靠正确的组织路线来保证[N]. 广安日报,2018-08-03.

劳动、不会劳动的现象。"① 这种现象的存在必须引起学校教育的重视，这显然不利于决胜全面建成小康社会，长远来看，对中国社会主义现代化建设也是极为不利的。因此，高校亟须加强对在校大学生的劳动教育，引导大学生树立正确的劳动价值观。劳动价值观不仅直接影响大学生在校期间的学习和生活，正确的劳动价值观会让学生认识到对待学习必须踏实肯学，正所谓"书山有路勤为径，学海无涯苦作舟"，在学习上投机取巧的思想是要不得的；劳动价值观还会影响大学生未来走上工作岗位后的价值取向，不正确的劳动价值观可能使他们在工作中出现利益至上的现象，或使他们在工作中产生拈轻怕重的思想，劳动过程中挑肥拣瘦，缺乏全心全意为人民服务的意识。由此看来，引导大学生树立正确的劳动价值取向，有利于高素质人才的培养，更是培养社会主义现代化建设者和接班人的需要。

二、促进自身全面和谐发展的需要

2018年习近平在全国教育大会上强调："党的教育方针是培养德智体美劳全面发展的社会主义建设者和接班人。"② 从劳动教育与品德教育、智力教育、体质教育、审美教育的联系来看，使学生形成正确的劳动价值观、提升劳动技能、锻炼劳动能力、体验劳动之美是高校进行德育、智育、体育和美育的重要内容。德育在于引导学生领悟社会主义品德，侧重于培养学生形成正确的世界观、人生观和价值观；智育在于授予学生系统的科学文化知识和一定的基本技能，提高学生提出问题、分析问题、解决问题的能力，使其掌握社会主义现代化建设的本领，侧重于启发学生掌握认识世界、改造世界的方法论；体育在于授予学生保持健康卫生的知识和技能，发展学生体力、增强学生体质，侧重于使学生形成强健的体魄和良好的身体素质，为从事生产劳动和社会活动做好准备；美育在于培养学生形成正确的审美观，提高他们发现美、鉴赏美、创造美的能力，净化学生的心灵，使其形成高尚的情操，侧重于学生带着怎样的眼光和心灵进入生产和生活世界；而劳动教育在于培养学生的劳动情感、劳动态度、劳动价值观，形成劳动技能和劳动体验，侧重于学生带着怎样的情感、态度和方式进行生产和生活。③ 就学生的

---

① 中共中央 国务院关于全面加强新时代大中小学劳动教育的意见（2020-03-20）[EB/OL]. 中华人民共和国中央人民政府官网，https：//www. gov. cn/zhengce/2020-03/26/content_ 5495977. htm.
② 习近平在全国教育大会上强调"坚持中国特色社会主义教育发展道路 培养德智体美劳全面发展的社会主义建设者和接班人"[N]. 人民日报，2018-09-11.
③ 王道俊，郭文安. 教育学（第七版）[M]. 北京：人民教育出版社，2016：91-102.

全面发展来说，各类教育都有其自身的规律、特点和功能，同时，它们又相互制约、相互促进，共同构成人的教育的有机整体。值得注意的是，劳动教育独有的育人功能是全面发展的教育体系的重要组成部分，是发展德智体美教育的重要支撑和有力抓手。

对大学生进行新时代的劳动观教育对德育、智育、体育、美育都有着正向的促进作用。劳动观教育具有融通性，劳动价值观、劳动态度的培育属于德育的内容，劳动精神、劳动习惯的养成是智育和体育的重要内容，学生在劳动观教育过程中可以体验到对美的追求，在劳动中增强体魄、磨炼意志、提升人格品质，实现以劳树德、以劳增智、以劳健体、以劳育美的目标。以劳树德，指通过劳动教育大学生可以形成良好的学习习惯，端正学习态度，形成高尚品德，具备创新意识，在未来工作岗位上实现社会公德、职业道德和个人品德的有机结合。以劳增智，指通过劳动教育，学生可以从理论上掌握劳动知识和劳动技能，这些知识和技能需要接受来自实践的经验，学生对劳动的认知水平得到提高，劳动方法和方式得到改进，从而实现以劳增智。以劳健体，任何劳动过程都内含了脑力劳动和体力劳动两个方面，脑力劳动是运用智力、知识为主的劳动方式，体力劳动主要是以劳动者运动系统为主的劳动方式，尤其是通过适当的体力劳动，劳动者的体力和体质都得到了很好的锻炼，身体更加健康有活力。以劳育美，美育目的的实现，离不开审美的实践活动。劳动教育的实施不仅可以让大学生增强劳动创造美的认识，而且能体验到劳动本身即美。大学生们可通过家庭中的家务劳动、日常生活中手工制作等劳动美化自己的生活，通过参加社会公益劳动美化周边的环境。劳动的综合育人功能恰恰说明它不应该被涵盖在其他四育之内，而是完善人才培养目标、支持德智体美教育的相对独立的重要平台、重要领域。将劳动教育与德智体美教育并列，既是对劳动教育本身的有效加强，也是对德智体美教育的有力支撑[1]。因此，实施劳动教育可以从心灵上促成学生美的积淀，熏陶学生美的情怀，树立和培养他们正确的审美观，提高他们对美的感受力、鉴赏力和创造力，从而起到以劳育美的作用[2]。

---

[1] 刘向兵. 新时代高校劳动教育的新内涵与新要求——基于习近平关于劳动的重要论述的探析［J］. 中国高教研究，2018（11）：17-21.
[2] 裴文波，岳海洋，潘聪聪. 高校大学生劳动教育的多维透视［J］. 学校党建与思想教育，2019（04）：87-89.

三、实现美丽青春梦想的需要

无论是个人的梦想，还是社会发展的梦想，都只有通过辛苦劳动、诚实劳动、创造性劳动才能够实现。只有依靠劳动，我们才能在这个世界上获得存续与发展，在进行劳动实践过程中，与世界发生关系，实现自己的梦想。可见，劳动才是现实与梦想之间的桥梁和中介。从国家层面，坚持科教兴国战略、人才强国战略、创新驱动发展战略，充分调动广大劳动者积极性、主动性、创造性，不断拓展人才成长空间，塑造一支有理想、有智慧、有技能、会创新的高素质劳动者队伍；从个人层面，将个人梦想与国家梦想紧密相连，把人生理想、家庭幸福融入国家富强、民族振兴的伟大事业，形成"干一行、爱一行、专一行、精一行"的社会风尚，我们就能够让一切劳动与创新的活力竞相迸发，让一切创造社会财富的源泉充分涌流。

大学生正处于人生当中最为美好、最有激情、最有活力的重要阶段，也是敢于有梦、勇于追梦、勤于圆梦的关键时期，梦想有了，如何实现？"天上不会掉馅饼"，大学生青春梦想的实现唯有靠勤奋不辍、持之以恒的劳动。可见，劳动教育是大学生实现美丽梦想的需要。具体来说：一是脑力劳动与体力劳动相结合。大学生的主要任务是学习科学文化知识，学习常常以师生在教室进行课堂教学的方式进行，这种以脑力劳动为主的劳动方式让人的神经系统得到了锻炼，而其他方面没有得到有效发展，久而久之，会造成人的片面发展。而体力劳动则是对脑力劳动的有效补充，让人身体的运动系统、骨骼系统、肌肉系统等都得到很好的发展。二是理论学习与实践锻炼相结合。当前很多高校普遍存在重理论轻实践现象，但将来大学生会参加社会劳动，二者都很重要。大学生在校学到的更多是书本上的理论知识，但要做到学以致用，就必须到实践中去进行检验和提高，要经常性地参加实习实训、勤工俭学和其他社会实践活动。三是自我服务与公益劳动相结合。就其内涵而言，自我服务包括个体性自我服务和群体性自我服务。个体性自我服务是大学生依靠自身完成个人日常生活卫生事宜；集体性自我服务是通过大学生群体自我完成学习和生活中的简单劳动，比如，教室、宿舍、实验室、图书馆等场所的卫生打扫和整理。目前，中国高校普遍实行高校后勤社会化，校内留给学生劳动的机会并不多见。在此背景下，大学生可以尝试积极参与公益劳动，以增强动手操作能力，培养吃苦耐劳、勤俭节约的品质。将服务性的公益劳动与个体性自我服务结合起来，有利于大学生形成正确的劳动价值观。

四、形成积极向上就业创业观的需要

毕业生就业率是高校就业质量的一项重要指标，也是衡量学校办学水平的一项重要指标。当代大学生以"00后"为主，他们就业观的主要特点是不太注重工作性质而更偏重自身兴趣，更多关注自我价值的实现。具体表现在以下几方面：首先，自我认识不清，缺乏职业规划，就业目标模糊，就业期望过高。大学生对自我了解的程度，决定了他们能否顺利就业。由于缺乏职业规划，没有生活压力，导致学习动力不足，部分大学生主动就业意识不强；其次，部分大学生就业服务社会的意识淡薄，缺乏社会责任感。大学生这种职业标准的形成主要原因有市场经济负面影响、各种文化思潮和价值观的冲击。目前部分大学生首选就业意向是考公务员、事业单位、大型国有企业，他们到基层、西部偏远地区、当兵入伍的意愿不强烈，热情不高。他们认为到基层工作没有面子，社会保障和基础条件差；最后，对创新创业教育缺乏正确认知，部分大学毕业生过分追求安稳，创业知识与能力匮乏，创业毅力不够坚定，缺乏创新开拓精神。

大学生毕业后的就业创业选择不仅影响其自身的发展和价值实现，也关系到千万个家庭的生活前景和幸福期待，尤其是来自农村家庭或贫困家庭的大学生，他们身上更是寄托着一个家庭甚至是一个家族的希望和梦想。引导大学生树立正确的劳动价值观，有利于促进大学生在大学阶段形成积极向上的就业创业观。比如，在继续深造和实现就业之间需要科学判断，并不是说学历越高就越容易就业，有的专业本科或专科更容易就业；也并不是说所有人都适合考研，读研意味着毕业后更多地从事科研工作。当国家建设需要和个人价值实现出现矛盾的时候，应当首先考虑国家建设需要，而不是置国家需要于不顾去考虑个人利益，应该有大局意识。甚至当所学专业与就业岗位并不完全匹配的时候，大学生应当加强学习，努力适应并胜任工作岗位，而不是迅速辞掉工作。当客观现实与主观认知产生分歧的时候，比如是否一定要坚持去一二线城市工作？是否低于某一工资水平的工作就不要？是否一定要选择找个大公司大企业的工作？大学生需要立足现实，重新进行自我评估，并做出合理明智的选择。当就业和创业机会摆在面前的时候如何做出取舍，需要充分考虑创业前景、创业政策、社会关系、家庭背景、个人能力等多重因素，然后做出合适的选择。可见，大学生只有在大学阶段形成正确的劳动价值观，形成积极向上的就业创业观，才会在就业创业选择时做出理性选择。

> **思考题**

1. 马克思主义劳动观的基本内容是什么？
2. 习近平新时代中国特色社会主义思想有哪些关于劳动的重要论述？
3. 作为当代大学生应该如何践行新时代劳动观？

第三章 劳动经济

近年来，高校毕业生就业问题受到社会各界广泛关注。2022年4月26日，中国人民大学中国就业研究所与智联招聘联合发布的2022年第一季度《高校毕业生就业市场景气报告》显示，随着国内疫情反复、经济下行等因素影响，2022年第一季度高校毕业生CIER指数（就业市场景气指数）为0.71，降至2020年疫情暴发以来最低点，明显低于全国1.56的水平[1]。随着我国高校毕业生规模的不断扩大，拓宽就业渠道、优化指导服务，保持高校毕业生就业总体稳定成为了当前我国亟须解决的重要问题之一。就业是经济发展之根本，社会稳定之基础。党的十八大以来，习近平总书记高度重视高校毕业生就业工作，多次作出重要指示批示。党的二十大报告中进一步明确实施就业优先战略，强化就业优先政策，健全就业促进机制，促进高质量充分就业[2]。在此背景下，作为大学生，有必要学习劳动经济相关内容，了解劳动力市场的运行规律，为自己今后人力资本投资决策和职业生涯规划提供理论指导。本章包括劳动力市场概述、人力资本投资以及工资与收入分配三节内容。

第一节 劳动力市场概述

任何市场都有买卖双方，劳动力市场也不例外。劳动力市场上的买方是雇主，卖方则是劳动者。劳动经济学所要研究的是雇主和劳动者对工资、价格、利润以

---

[1] 中国就业研究所官网. http://www.cier.org.cn/index.asp.
[2] 中华人民共和国人力资源和社会保障部. http://www.mohrss.gov.cn/SYrlzyhshbzb/dongtaixinwen/buneiyaowen/rsxw/202210/t20221020_488765.html.

及雇佣关系中的非货币因素所作出的行为反应。因此，本节重点介绍劳动经济学的分析框架、劳动力供给、劳动力需求以及失业问题。

一、基本分析框架

作为经济学的一个特殊领域，劳动经济学的分析仍以经济学的基本分析框架为基础展开。

（一）经济学的基本分析框架

经济学研究的是一个社会如何利用稀缺的资源以生产有价值的物品和劳务，并将它们在不同的人中进行分配[1]。从本质上说，经济学是研究效率的一个学科，或者说是研究如何用最小成本获取最大利益的学科。效率是指最有效地使用社会资源以满足人类的愿望和需要。经济学的精髓之一在于承认稀缺性是现实存在的，并探究一个社会如何进行组织才能有效地利用其资源[2]。也就是说，研究经济学的目的在于解决欲望的无限性和资源的稀缺性之间的矛盾。那么如何解决该矛盾？就有必要明确经济学的两大核心思想：即资源是稀缺的；资源的配置必须有效。事实上，正是由于存在着稀缺性和人们追求效益的愿望，才使得经济学成为了一个重要的学科[3]。因此，人们必须通过权衡和选择来决定资源的配置，实现效率目标。

（二）劳动经济学的分析框架

劳动经济学是研究劳动力市场是如何运行的学科[4]。顾名思义，劳动经济学是研究劳动问题的经济学。劳动经济学的整个假设、概念及分析框架都是与经济学一脉相承的。在一般经济学中必然会涉及劳动这个生产要素的，但是劳动经济学之所以成为独立的一个学科，其根本原因在于劳动问题很难在一般经济学中得以完整透彻地阐述和分析。

---

[1] 保罗·萨缪尔森、威廉·诺德豪斯著. 萧琛主译. 经济学（第十七版）[M]. 北京：人民邮电出版社，2004：2.
[2] 翁一. 门格尔的财货理论及对奥地利学派的影响[J]. 中国经济报告，2016（09）：55 – 59.
[3] 翁一. 门格尔的财货理论及对奥地利学派的影响[J]. 中国经济报告，2016（09）：55 – 59.
[4] 乔治·J·鲍哈斯. 劳动经济学[M]. 大连：东北财经大学出版社，2010：1.

严格地限定一门学科的研究范围和研究对象是科学研究的基本条件[①]。作为一个专门的经济学，其研究对象是劳动力。马歇尔在其《经济学原理》中明确阐述了劳动力商品的五个特点：①工人所出卖的是他的劳动，但其本身并没有价格；②工人和他的工作是分不开的；③劳动力是可以毁坏的；④它的卖主在议价中往往处于不利地位；⑤提供专业能力所需要的训练时间很长[②]。

基于劳动的特殊性，劳动经济学与经济学在学科属性上存在特殊与一般的关系。但是在研究特点来看，经济学主要是将人从消费者的角度加以观察和认识的，因而人们对产品的需求成为经济学研究的出发点。而劳动经济学研究聚焦于人们工作的范围、人们选择以及变换工作的行为，而且劳动经济学的研究与劳动力市场的特性联系在一起。因此，劳动经济学能够帮助我们更好地理解劳动力市场运行，丰富人类社会科学发展的内涵。

二、劳动力供给分析

（一）概念界定

1. 劳动力

马克思在《资本论》第一卷中对劳动能力或劳动力的经典定义："我们把劳动力或劳动能力，理解为人的身体即活的人体中存在的、每当生产某种使用价值时就运用的体力和智力的总和"[③]。马克思的劳动力概念有三个要点：一是劳动力是人所特有的一种能力，它区别于自然界的任何力，譬如畜力、水力、风力或核动力等，因为这些自然力没有劳动意识；二是由于在劳动过程中要运用体力和智力，因此劳动力必须能够正确选择和运用体力和智力，只有健康的成年人才有这种能力，没有劳动意志的未成年人和有精神疾病的成年人被排除在劳动力之外；三是劳动力在劳动过程中生产某种使用价值，具有目的导向，如果劳动力没有实现其劳动目的，那么劳动力就要为此承担相应的责任[④]。

从劳动力市场的角度而言，劳动力的具体含义是指在一定年龄范围之内，具

---

① 贝弗里奇著. 陈捷译. 科学研究中的艺术 [M]. 北京：科学出版社，1979：10.
② 马歇尔著. 朱志泰等译. 经济学原理（下卷）[M]. 北京：商务印书馆，1965：229-238.
③ 中共中央马恩列斯著作编译局. 马克思恩格斯选集（第2卷）[M]. 北京：人民出版社，1995：38.
④ 程承坪. 人工智能的自主性、劳动能力与经济发展 [J]. 人文杂志，2021（06）：60-68.

有劳动能力与就业要求,能够从事某种职业劳动的全部人口,即经济活动人口,包括就业者和失业者,没有就业意愿或就业要求的人口不属于劳动力的范畴①。

并非所有人都是劳动力的承担者,具有一定成熟程度范围的人才是劳动力的承担者,这种成熟程度的基本标准就是年龄②,通常称为"劳动适龄人口"。中国将16周岁及以上,法定退休年龄以下的人口定义为"劳动适龄人口"。但是也并非所有"劳动适龄人口"都是劳动力,"劳动适龄人口"又分为经济活动人口和非经济活动人口,经济活动人口才被称为劳动力,经济活动人口又包括就业者和失业者两类(见图3-1)。

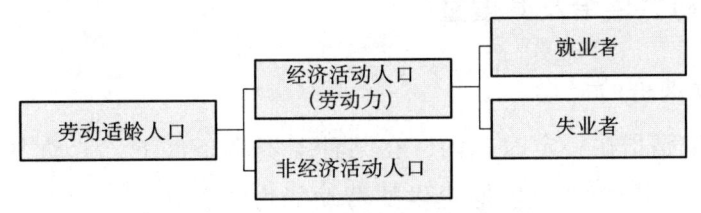

图3-1 劳动适龄人口构成

2. 经济活动人口

经济活动人口是指所有16周岁及以上,在一定时期内为各种经济生产和服务活动提供劳动力供给的人口。已经参加经济活动的人口包括:在各个部门为取得工资收入而就业的劳动者,从事有偿收入的家庭劳动从业人员,自负盈亏、赚取利润的经营业主。要求参加经济活动的人口主要是指失业人口③。因此,经济活动人口在数量上等于就业人口与失业人口之和④。

(1)就业者。也称从业人员,是指从事一定社会经济活动并取得劳动报酬或经营收入的人员。包括:有酬从业人员(在岗职工、再就业的离退休人员)、自营从业人员(私营业主和个体业主、私营和个体就业人员)、其他就业人员(民办教师、宗教职业者、现役军人等),其中包括已办理离休、退休、退职手续,但又再次从业(含有酬或自营等各种劳动方式)的人员,但不包括军人以及从事少量经济活动的在读学生。

---

① 曾湘泉. 劳动经济学(第三版)[M]. 上海:复旦大学出版社,2017:40.
② 胡正斌,王倩. 河南"十三五"期间劳动力供给及就业趋势研究——基于河南省2015年全国1%的人口抽样调查[J]. 当代经济,2019(10):140-147.
③ 胡英. 2000~2008年中国城镇、乡村经济活动人口数量估计[J]. 中国人口科学,2009(06):14-22,111.
④ 曾湘泉. 劳动经济学(第三版)[M]. 上海:复旦大学出版社,2017:40.

(2) 失业者。指在规定的劳动年龄范围内具有劳动能力、在调查期内无业并以某种方式寻求工作的人员。这类劳动力在一定时期内没有工作，但是想要参与工作并且在积极地寻找工作，如果有就业机会他们会马上就业。

3. 非经济活动人口

非经济活动人口是指不从事经济活动的人口，包括：在校学生、从事无报酬的家务劳动者、丧失劳动能力的病残人员和其他闲散人口等。

非经济活动人口 = 总人口 - 经济活动人口

（二）劳动力供给及其度量

1. 劳动力供给的概念

劳动力供给是指在一定时期内，在某种工资率条件下，劳动力供给的决策主体（个人或家庭）愿意并且能够提供的劳动能力的总和。劳动力供给包括两方面含义，即劳动力供给者既有劳动供给意愿又有劳动供给能力，是能力和意愿的统一。

关于劳动力供给概念的要点把握：

（1）个体决策。劳动力供给是劳动者主体进行提供劳动时间决策的结果。在劳动者进行决策时，决策主体一般面临两种选择：其一是劳动参与决策，即是否进入劳动力市场寻求有酬劳动；其二是劳动时间决策，即在个人可支配时间中，闲暇与劳动时间的选择[①]。

（2）个体意愿。劳动力供给的意愿性包括两层含义：一是劳动力供给受很多因素的影响，比如，当时的工资水平高低、工作时间长短、个人和家庭的经济状况、人口规模和结构等。二是劳动力供给量不等同于劳动力的实际使用量或称为实际就业人数。

（3）时间因素。劳动力供给不仅包括劳动力的数量，还包括劳动者愿意提供的劳动时间和强度（包括积极性等）。劳动经济学家通常假设劳动力供给都能满足社会规定的工作时间和工作效率要求。

（4）劳动力的短期和长期供给。劳动力供给的分析在时间方面有短期和长期之分。一般来说，短期劳动力供给分析，假定人口规模是一定的，劳动力资源数量是不变的，在这样的总量约束下，一方面讨论劳动条件给定后，社会能够获得

---

① 周也. 中国劳动力供给总量分析 [J]. 财经问题研究，2009 (11)：10 - 13.

多大量的劳动力供给，各用人单位能够获得多少劳动力供给；另一方面讨论人们为了取得最大的效用，如何决定其市场性劳动时间。长期劳动力供给则主要从人口的波动和劳动力资源供给的变化角度预测未来某一时期的劳动力供给数量与结构。

2. 劳动力供给的度量

劳动力参与率是衡量和测度人口参与社会劳动程度的指标，是指劳动力在一定范围内人口中的比率。人口范围的不同，可以得到不同类型的劳动力参与率，因而可以反映出一个国家或一个地区现实劳动力供给的情况。

总人口劳动力参与率 = 劳动力人口/总人口 × 100%

经济活动人口劳动力参与率 = 劳动力人口/经济活动人口 × 100%

分性别劳动力参与率 = 某性别劳动力人口/该性别人口 × 100%

分年龄劳动力参与率 = 某年龄劳动力人口/该年龄人口 × 100%

法定劳动年龄人口劳动力参与率 = 劳动力人口/法定劳动年龄人口 × 100%

在劳动力总人口不变的情况下，劳动力参与率与现实的劳动力数量成正比，劳动力参与率越高，现实的劳动力供给数量就越大；反之则越少。影响劳动力参与率的因素有很多：教育制度与教育供给规模、工资水平、个人非劳动收入、社会保障制度、宏观经济状况等。根据CEIC中国经济数据库数据显示，中国劳动参与率从1990年的79.2%下降到2021年的68.1%[①]。

（三）劳动力供给决策

1. 个人决策

个人劳动力供给决策，实际上就是个人对自己所拥有的时间资源在劳动（市场活动）和闲暇（非市场活动）之间的最佳分配做出决策。个人劳动力供给曲线是收入效应和替代效应共同作用的结果。

（1）收入效应。指在工资率保持不变的情况下，由非劳动收入变动所引起的个人工作时间的反方向变化，即个人工作时间随其非劳动收入的增加而减少，随其非劳动收入的减少而增加（见图3-2）。

（2）替代效应。指因工资率的变化而引起的愿意工作时间的变化。因为收入约束线的斜率等于工资率。当其他情况不变而只有工资率变化时，收入约束线的

---

① CEIC 中国经济数据库. https://www.ceicdata.com.

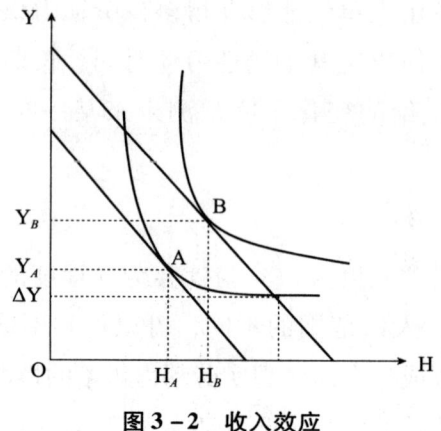

图3-2 收入效应

斜率变化,进而收入约束线位置移动,这使原来的均衡点发生位移(见图3-3)。

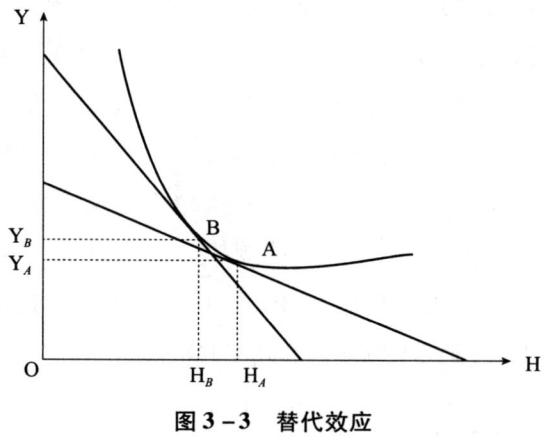

图3-3 替代效应

(3)总效应和个人劳动力供给曲线。工资率变化同时带来两种效应,即收入效应和替代效应。工资率的变化对劳动供给决策主体的最终影响则取决于收入效应和替代效应的关系(见图3-4)。

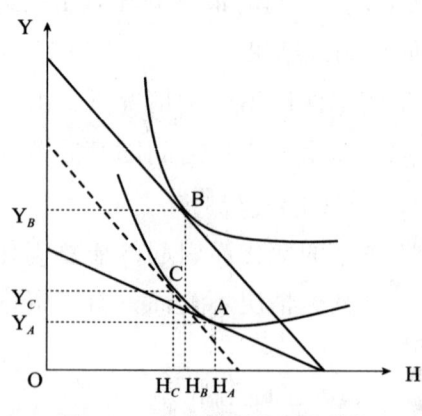

图3-4 收入效应与替代效应

工资率变化对工作时间的影响视总效应而定。如表3-1所示,当替代效应大于收入效应即总效应为负时,工作时间随工资率上升而增加,随工资率下降而减少,相应的个人劳动供给曲线斜率为正;当替代效应小于收入效应即总效应为正时,工作时间随工资率上升而减少,随工资率下降而增加,相应的个人劳动供给曲线斜率为负(见图3-5);当替代效应等于收入效应时,工作时间不随工资率变化而变化,此时个人劳动力供给曲线为垂直状态。

表3-1　　　　　　　　　总效应对工作时间的影响

效应规模	对工作时间的影响		劳动供给曲线斜率
	工资率上升	工资率下降	
替代效应 > 收入效应	增加	减少	正
替代效应 = 收入效应	不变	不变	垂直
替代效应 < 收入效应	减少	增加	负

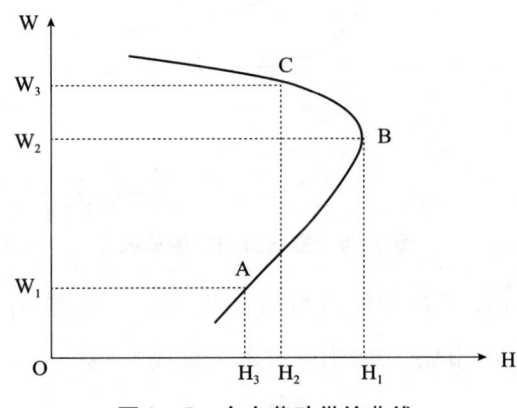

图3-5　个人劳动供给曲线

2. 家庭决策

传统的消费者行为理论认为劳动供给决策由收入和闲暇两种因素决定,即个人的可支配时间=市场性工作+闲暇,这种模型未能考虑家庭成员对确定劳动供给决策的影响,因此不适用于分析家庭联合供给决策。加里·贝克尔的家庭生产理论认为,个体劳动者的自由时间应包括三个部分:市场工作(可获得收入)、非市场工作(家庭生产)和纯粹闲暇[1],市场工作和家庭生产是两种生产活动,市场工作带来"间接效用"(工作收入用来购买各种商品),家庭生产带来"直接效

---

[1] 张樾樾,李聪聪."全面二孩"背景下城镇已婚女性就业模式新趋向——基于时间配置决策理论的检验[J]. 河南师范大学学报(哲学社会科学版),2017,44(05):31-38.

用"（如照顾孩子、做家务等），两种生产活动带来的效用某种程度上可相互替代①。

（1）家庭劳动供给曲线。家庭成员工资率变动会产生替代效应和收入效应，对家庭劳动供给决策具有不同影响。当工资率 W 上升时，替代效应（A→B）会使得家庭成员更偏好于参与市场工作，从而市场工作时间增加，家庭生产时间减少；收入效应（B→C）使得家庭成员更偏好于家庭生产，从而市场工作时间减少，家庭生产时间增加。工资率变动对家庭劳动供给的影响视替代效应和收入效应的总和（总效应）而定（见图 3-6）。

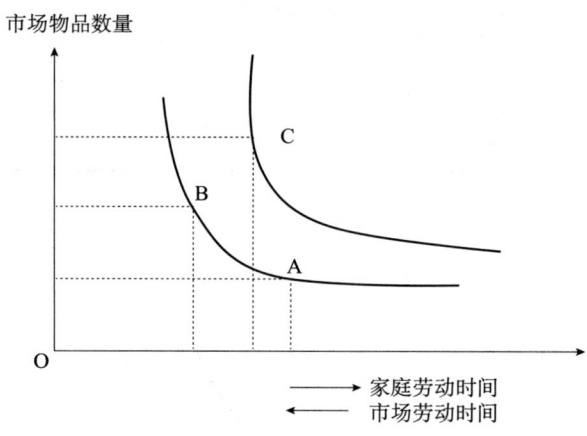

图 3-6 家庭劳动供给曲线

（2）家庭成员工资水平对其他成员劳动供给决策的影响。某个家庭成员工资水平变化对其他家庭成员市场工作时间的交叉替代弹性：

$$E_{j,i} = \frac{\Delta H_j}{\Delta W_i} \times 100\%$$

ΔW_i 代表家庭成员 i 的工资率变动程度，ΔH_j 代表家庭成员 j 的市场工作时间的变动程度。

某个家庭成员工资率变动对其他家庭成员劳动供给决策的影响同样包括替代效应和收入效应两部分：个人工资上升时，负的替代效应会使得其他家庭成员的家庭生产时间增加，市场工作时间减少；正的收入效应会使得其他家庭成员向其看齐，导致市场工作时间增加，家庭生产时间减少。

---

① 郭丰. 贝克尔"家庭生产理论"在劳动供给模型中的应用与启示 [J]. 产业与科技论坛, 2020, 19 (01): 128-130.

三、劳动力需求分析

（一）劳动力需求及其分类

1. 概念

劳动力需求是指企业在某一特定时期内，在某种工资率下愿意并能够雇用的劳动力的量，它的前提是企业雇用意愿和支付能力的统一，两者缺一不可①。

2. 劳动力需求的性质

（1）劳动力需求是派生需求。在要素市场上，劳动力的需求来自厂商，厂商购买劳动力并不是为了自身的直接需要，而是为了生产产品，出售以获得收益，这是一种满足利润的需求，故劳动力需求是由产品需求派生而来，是一种派生需求，即间接需求。在其他条件不变时，劳动力需求水平随市场产品需求的变动而变化。

（2）劳动力需求是联合需求。厂商生产商品不仅需要劳动力一种要素，还需要生产资料、技术、资本等多种生产要素的匹配，因此这些生产要素相互依赖，所以企业对劳动力需求的数量受到其他生产要素存量的制约，影响着企业短期和长期对劳动力需求的变化。

（3）劳动力需求和工资率反向联系。工资对劳动者而言，是其劳动收入，对企业而言，是生产成本。当劳动力消费的结果，即生产的产品价值小于成本时，劳动力消费不能产生剩余，企业不会有雇佣劳动力的需求，只有生产的产品价值大于或等于生产成本时，才能使劳动力消费存在或增加。

3. 劳动力需求的分类

（1）按照需求主体分类，劳动力需求可以分为企业需求、行业需求和市场需求②。企业劳动力需求是指劳动力需求的主体是企业。企业作为产品的生产者，其经济目标是利润最大化，因此企业家会关注劳动力数量变化而引起的总成本变化以及对总收入的影响。如果雇佣劳动力能使总收入的增加大于总成本的增加，那么企业的劳动力需求将会提高，从而追求更高利润，反之劳动力需求将会减少，

---

① 吕军书. 进城农村劳动力生存状态分析 [J]. 改革与战略, 2006 (08): 75-78.
② 杨河清. 劳动经济学（第五版）[M]. 北京: 中国人民大学出版社, 2018: 5.

以此降低企业损失。企业劳动力需求揭示了不同工资率水平下企业愿意雇佣的劳动力数量。

行业劳动力需求是本行业企业劳动力需求之和。市场劳动力需求是劳动力市场上所有行业的劳动力需求之和。行业劳动力需求和市场劳动力需求表示在不同工资率水平下，某一行业、市场劳动力需求的总和。

根据中国人力资源社会保障部信息中心和中国就业培训技术指导中心对近百个城市的公共就业服务机构市场供求信息进行的持续统计分析，2015—2021年中国劳动力市场需求始终大于供给。对供求进行对比后发现，2017年第四季度以来，中国劳动力市场求人倍率连续保持在1.2以上的高位，呈现持续上升趋势。2020年第一季度受疫情影响，进场求职人员减少，求人倍率上升至1.62的高位[①]；2021年第二季度以来求人倍率环比持续回落，但仍处于较高水平。劳动力市场求人倍率的居高不下为人力资源服务行业提供了大量需求，尤其是在人才招聘、劳务派遣等领域。从不同地区来看，2021年第三季度东、中、西三大区域市场需求均大于供给，东、中、西部市场求人倍率分别为1.47、1.43、1.76。西部市场劳动力供需不平衡的情况较为明显。从行业需求来看，2021年第三季度，中国87.5%的用人需求集中在制造业（38.7%）、批发和零售业（9.7%）、居民服务修理和其他服务业（9.2%）、住宿和餐饮业（8.1%）、建筑业（5.4%）、信息传输软件和信息技术服务业（4.8%）、租赁和商务服务业（4.6%）、交通运输仓储和邮政业（3.9%）、房地产业（3.1%）等行业。其中制造业用人需求远高于其他行业，人力资源服务需求最大[②]。

（2）按照时间长短划分，劳动力需求可以分为长期劳动力需求和短期劳动力需求。经济学中关于长期和短期的划分并没有一个确切的时间界限。所谓短期，是指资本存量不变，唯一可变的因素是劳动投入量，即把在资本投入量不会变化，技术条件也不变的条件下对劳动力的需求称为短期需求；长期则是指企业的一切生产要素，无论资本、技术还是劳动力要素都是可变的，即任何条件都可能变化[③]。因此，工资、资本价格或产品需求等因素对长期劳动力需求所产生的影响比对短期劳动力需求更大、更复杂。

[①] 中华人民共和国中央人民政府. http：//www.mohrss.gov.cn. https：//www.gov.cn/xinwen/2020-08/11/content_5533804.htm.

[②] 任社宣. 2021年第三季度部分城市公共就业服务机构市场供求状况分析[J]. 中国人力资源社会保障，2021（12）：27-29.

[③] 杨河清. 劳动经济学（第五版）[M]. 北京：中国人民大学出版社，2018：5.

4. 影响劳动力需求的因素

劳动力需求包括两个主体，一是以国家或社会为主体的宏观需求，二是以企业为主体的微观需求。这两个需求主体对劳动力的需求受经济发展中多种客观因素的影响和制约，大致分为宏观经济因素和微观经济因素两大类。

（1）宏观经济因素。宏观经济因素包括社会生产规模、经济结构状况、科学技术进步程度和社会制度安排。

①社会生产规模。一般来说，国民收入总体水平高、积累多、基本建设投资结构合理时，固定资产投资的规模就越大，社会劳动力的需求量就越大。

②经济结构状况。随着经济总量的增长，国民经济的快速发展，产业结构也会发生相应变化，产业结构的转变导致不同行业对劳动力的需求也随之变化，如"配第—克拉克定理"提出随着经济发展和人均国民收入水平的提高，劳动力将首先从第一产业转移到第二产业，然后转向第三产业[①]。产业结构转变及其对劳动力需求的影响分为三个阶段：第一阶段，随着农业技术和农业劳动生产率的提高，农业部门对劳动力的需求在全社会劳动力中所占比重不断下降；第二阶段，在工业化初期，技术变革下涌现大量新型行业，第二产业劳动力需求呈现上升趋势，当工业化达到一定程度后会经历一段平稳期，随后由于工业基础设施趋于完善、新行业兴起的技术瓶颈以及企业管理水平的提高，第二产业劳动力需求开始缓慢下降；第三阶段，当经济发展达到一定水平后，非物质生产需求迅速增长而物质生产需求减弱，从而第三产业劳动力需求开始增加。

③科学技术进步程度。科学技术水平的高低影响着国民经济增长方式，科技水平较低时，经济增长以粗放型为主，表现为单纯依靠生产要素投入和生产规模的扩张来实现经济增长，这一经济增长方式对劳动力需求较大，但不具备可持续发展能力。当科学技术进步达到一定程度后，经济增长方式由粗放型向集约型转型，表现为依靠生产要素质量和使用效率的提高，依靠技术进步和提高劳动者素质来拉动经济增长。在这种经济增长方式下，如果技术进步带动经济迅速增长，则劳动力需求尤其是高素质劳动力需求上升，如果经济增长速度缓慢，将会引起劳动力需求的普遍下降。例如，在1770年左右，英国出现了一种新的纺纱技术，这一技术可以生产出强度和质量更高的棉纱，而生产成本却大幅度降低。人们对物美价廉的棉纱产生了巨大的需求，这使得英格兰的兰开夏郡（英格兰棉织业基

---

① 林伯强. 碳中和进程中的中国经济高质量增长［J］. 经济研究, 2022, 57 (01): 56-71.

地）对手工织布工人的雇用量激增，从 1789 年的 4 万人增加到 1820 年的 20 万人。

近年来，随着社会经济发展水平的不断提高，我国劳动力市场对高级技术工人的需求不断增加。根据《2021 年第三季度百城市公共就业服务机构市场供求状况分析报告》数据显示，与 2020 年同期相比，2021 年第三季度中国劳动力市场对高级技师、技师、高级技能人员的用人需求增长幅度较大。从需求侧来看，39.1%的市场用人需求对技术等级或职称有明确要求，其中，25.5%对技术等级有要求，13.6%对职称有要求。从供给侧来看，41.8%的求职人员具有技术等级或职称，其中，27.2%具有技术等级，14.6%具有职称。对比供求来看，各技术等级的求人倍率均大于 1，市场需求大于供给。其中，高级技师、技师、高级技能人员求人倍率较高，分别为 3.05、2.7 和 2.51，为高端人才猎头服务带来市场需求[①]。

④社会制度安排。约束劳动需求的制度因素可分为两组：其一是正式制度，即一定的经济体制及其相应的就业制度、用人制度、工资制度、福利制度等各项制度安排；其二是非正式制度，即对人们的意识和行为有潜在规范作用的社会意识形态、伦理道德、习惯等[②]。在正式制度的约束下，企业对相应制度的变化作出应对，劳动力需求发生变化。例如，提高最低工资标准使得企业生产成本增加，从而减少劳动力需求。在非正式制度因素的影响下，企业对不同类型劳动力需求程度也会有所不同。例如，就业市场中的性别歧视问题，导致对女性劳动力的需求要低于男性。

（2）微观经济因素。微观经济因素包括企业目标、企业的生产规模、企业技术水平和管理水平和时间长短。

①企业目标。一般来说，企业以利润最大化为生产目标，即既定成本下的产量最大化或者既定产量下的成本最小化，但在不同生产阶段企业的目标有所不同，对劳动力的需求具有很大影响。例如，企业在生产经营初期以低价占领市场的销量最大化为目标，则会比以利润最大化为目标具有更大的劳动力需求。

②企业的生产规模。企业生产规模的扩张需要更多生产要素的投入，因此劳动力需求也随之增加。

③企业技术水平和管理水平。企业技术水平和管理水平的提高，使得对高素质劳动力的需求量增加，同时也会带来企业经济效益的提高，生产经营规模的扩

---

① 中华人民共和国人力资源和社会保障部．http：//www.mohrss.gov.cn/xxgk2020/fdzdgknr/jy_4208/jy-scgqfx/202111/t20211119_428225.html.

② 曾湘泉．劳动经济学（第三版）[M]．上海：复旦大学出版社，2017：95.

大，从而劳动力需求普遍增加。

④时间长短。时间长短对劳动力需求的影响是由劳动、资本和技术的变动周期导致的，资本的变动周期大于劳动，技术的变动周期大于资本和劳动，短期和长期内企业生产调整对劳动力需求的影响有所不同。

（二）企业短期劳动力需求决策

在完全竞争条件下，企业的短期和长期劳动力需求决策首先要满足以下七条假设：利润最大化、市场上只存在资本（K）和劳动力（L）两种要素、劳动力市场和产品市场为完全竞争市场、工资是劳动的唯一成本、劳动力无差异、信息是完全的、要素可以自由流动。

完全竞争企业短期劳动力需求原则：

（1）生产函数：$Q = f(L, \bar{K})$，短期内企业生产所需的劳动为可变要素，资本为不变要素。

（2）边际劳动产量：$MP_L = \frac{\Delta Q}{\Delta L}$，指其他条件不变时，每增加一单位劳动企业增加的产出量。

（3）边际收益：$MR = \frac{\Delta TR}{\Delta Q} = P$，指其他条件不变时，每增加一单位产品销售所获得的收益。

（4）劳动的边际产品价值：$VMP_L = \frac{\Delta TR}{\Delta L} = \frac{\Delta Q}{\Delta L} \times \frac{\Delta TR}{\Delta Q} = MP_L \times MR = MP_L \times P$，指增加一单位劳动投入所能带来的产品价值。

（5）劳动的边际成本：$MLC_L = \frac{\Delta C}{\Delta L} = w$，指每增加一单位产品生产带来的劳动要素成本的增量。

（6）厂商利润最大化的雇用条件：$VMP_L = MLC_L$，在短期内只有劳动要素可变的情况下，劳动的边际产品价值和劳动的边际成本相等时，厂商实现利润最大化目标，此时对应的劳动雇用量达到最优。

（三）企业长期劳动力需求决策

1. 完全竞争企业长期劳动力需求原则

长期内，企业使用的劳动和资本要素均会发生变化，资本和劳动投入的变化都会引起企业劳动力需求的变化。

（1）企业目标。一般情况下，企业以追求利润最大化为其目标。利润最大化的企业目标可以分解为既定产量下的成本最小化或既定成本下的产量最大化。

（2）等产量线。等产量线是指在技术水平不变条件下，生产同一产量的两种要素K、L投入量的组合点的轨迹（见图3-7）。等产量线的特征有：等产量线斜率为负且绝对值递减；等产量线位置越高产量越高；每一条等产量线连续；同一条等产量线上代表不同的要素组合。

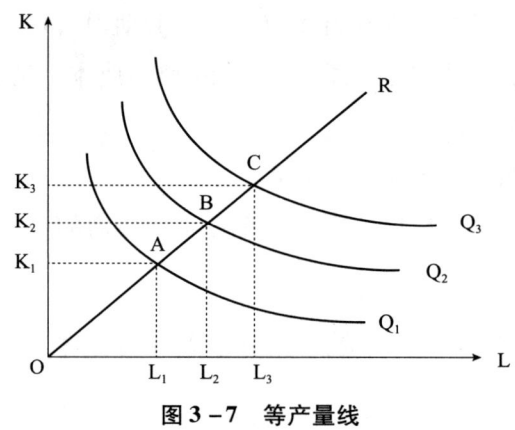

图3-7 等产量线

（3）等成本线。等成本线是指要素价格一定，企业预算一定的情况下，企业购置资本和劳动的不同组合的点轨迹（见图3-8）。成本公式可以表示为：

$$C = wL + rK$$

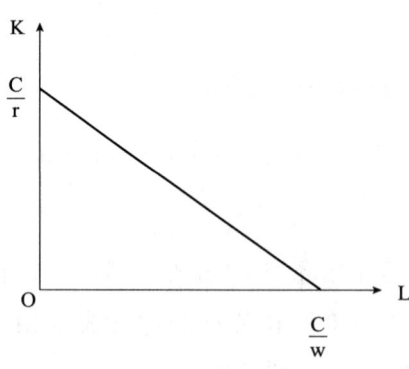

图3-8 等成本线

（4）最优雇用量。企业以既定产量下的成本最小化为生产目标时，产量线不变，且与其中一条等成本线相切，最佳组合点对应的劳动力雇用量为最优雇用量，如图3-9（a）所示；企业以既定成本下的产量最大化为生产目标时，成本线不变，且与其中一条等产量线相切，最佳组合点对应的劳动力雇用量为最优雇用量，如图 3-9（b）所示。

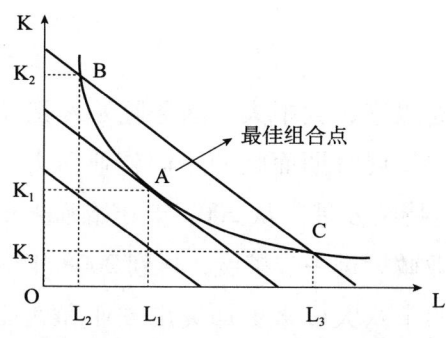

图 3-9（a） 既定产量下的成本最小化

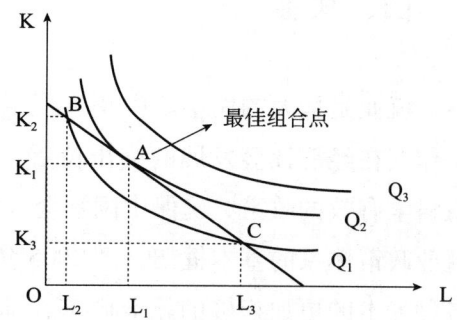

图 3-9（b） 既定成本下的产量最大化

2. 工资率变动与需求决策

（1）替代效应。如图 3-10 所示，在维持产量不变的条件下，当工资率上升时，等成本线由 BB_1 移动到 BB_2，资本对劳动进行替代，即资本需求量上升，劳动需求量下降，劳动需求变化量为 $\Delta L = L_1 - L_2$。

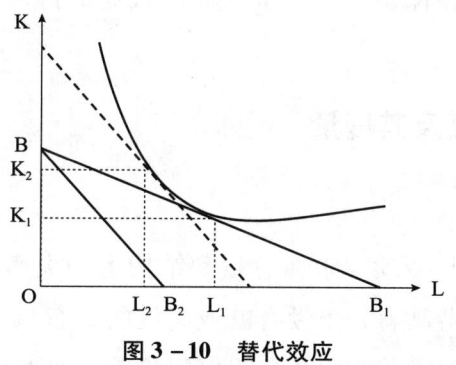

图 3-10 替代效应

（2）规模效应。如图 3-11 所示，在维持成本不变条件下，当工资率上升时，企业能够生产产品的产量下降，生产规模缩小，等成本线左移，企业利润最大化的均衡点由 E_1 变动到 E_3，由生产规模而导致的劳动需求减少量为 $\Delta L = L_2 - L_3$。

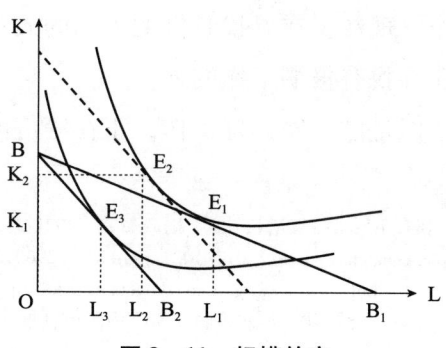

图 3-11 规模效应

四、失业

就业是最大的民生。中华人民共和国成立以来,党中央、国务院始终把就业工作摆在经济社会发展的突出位置,针对不同发展时期面临的不同就业压力,采取科学有效的政策,确保中国社会经济的稳定持续发展。从2002年开始确立积极就业政策体系的基本框架,到2005年积极就业政策进一步扩展,再到2008年应对各种冲击的更加积极的就业政策,演进到党的十八大以来更加突出创业和就业紧密结合、支持发展新就业形态,积极就业政策不断升级[1]。近年来,党中央、国务院坚持深入实施就业优先战略,把稳增长、保就业作为经济运行合理区间的下限。党的十九大报告中明确提出"提高就业质量和人民收入水平,要坚持就业优先战略和积极就业政策,实现更高质量和更充分就业"[2]。党的二十大报告中进一步明确实施就业优先战略,强化就业优先政策,健全就业促进机制,促进高质量充分就业,健全就业公共服务体系,完善重点群体就业支持体系,加强困难群体就业兜底帮扶[3]。

(一) 失业的含义及其度量

1. 含义

失业是劳动力供给与劳动需求在总量和结构上的失衡所造成的,是指具有劳动能力并有就业愿望的劳动者处于没有就业岗位的状态[4]。在通常情况下,在劳动年龄范围之内,有就业要求并在职业介绍部门或就业服务机构登记尚未工作的人,或在一定时期内劳动时间或收入水平低于某种标准的人均称为失业者。

具体来说,失业者包括:

(1) 因为工作合同已经终结或者暂时停止,目前正在寻找有报酬工作的人;

(2) 从未曾受雇工作,现在正在寻找有报酬工作的人;

(3) 已经退休,正在寻找有报酬工作的人;

(4) 目前尚无工作,但是已经安排好工作,正在等待就业的人;

---

[1] 刘春阳,马洪范. 人口红利有条件可持续增长 [J]. 财政研究, 2021 (06): 119 - 129.
[2] 人民网. http://cpc.people.com.cn/19th/n1/2017/1022/c414305 - 29601302.html.
[3] 中华人民共和国中央人民政府. https://www.gov.cn/zhuanti/zggcddescqgdbdh/sybgqw.htm.
[4] 王芳,苏明. 缓解失业压力 建立促进就业长效机制 [N]. 中国信息报, 2005/04/13.

(5) 暂时被解雇，而又没有工资收入的人。

1997年，劳动和社会保障部（现人力资源和社会保障部）颁发了"关于印发修改后的《就业和失业统计报表制度》的通知"（劳部发〔1997〕64号），其中失业人员是指城镇登记失业人员，即"在城镇常住人口中，在劳动年龄（16周年至退休年龄）内，具有劳动能力、在报告期内无业并按照劳动部《参加工作登记规定》在当地劳动部门进行登记的人员"。同时指出，以下人员不列入失业人员统计范围：（1）正在就读的学生和待学人员；（2）已达到国家规定退休年龄而无业的人员；（3）未达到退休年龄但已办理退休（含离休）、退职手续而无业的人员；（4）个体劳动者及帮工；（5）家务劳动者；（6）尚有劳动能力但需要特殊安排的残疾人；（7）志愿性失业人员及其他不符合失业定义的人员。

然而，2003年，劳动和社会保障部发布的《关于落实再就业政策考核指标几个具体问题的函》（劳社厅函〔2003〕227号）对失业人员的界定再次进行了补充："失业人员：在法定劳动年龄内，有工作能力，无业且要求就业而办公未能就业的人员。其中，虽然从事一定社会劳动，但劳动报酬低于当地城市居民最低生活保障标准的，视同失业。"将劳动报酬低于当地居民最低生活保障标准的纳入失业范畴。

2. 失业的测量

从失业的概念判断一个人是否失业是相对容易的，当一个想要工作的人没有工作，就可以认为失业发生了。然而，现实中准确判断一个人是否失业，需要综合考虑多种因素。中国目前采用的失业统计指标有城镇登记失业率和城镇调查失业率两种。

（1）城镇登记失业率。城市登记失业人员是指在就业服务机构登记的求职人员，通常用于衡量城镇失业情况。

$$城镇登记失业率 = 城镇登记失业人员 / (城镇从业人员 + 城镇登记失业人员) \times 100\%$$

（2）城镇调查失业率。城镇调查失业人员是指年龄在16周岁及以上，有劳动能力的城镇常住人口，在调查期内未从事有收入劳动，当前有就业可能，并以某种方式正在寻找工作的人员。

$$城镇调查失业率 = 城镇调查失业人员 / (城镇调查从业人员 + 城镇调查失业人员) \times 100\%$$

根据国家统计局数据，在2002—2021年间中国城镇登记失业率基本在4.0%

上下波动,最高值为 2009 年的 4.3%,最低值为 2019 年的 3.6%(见图 3-12)。

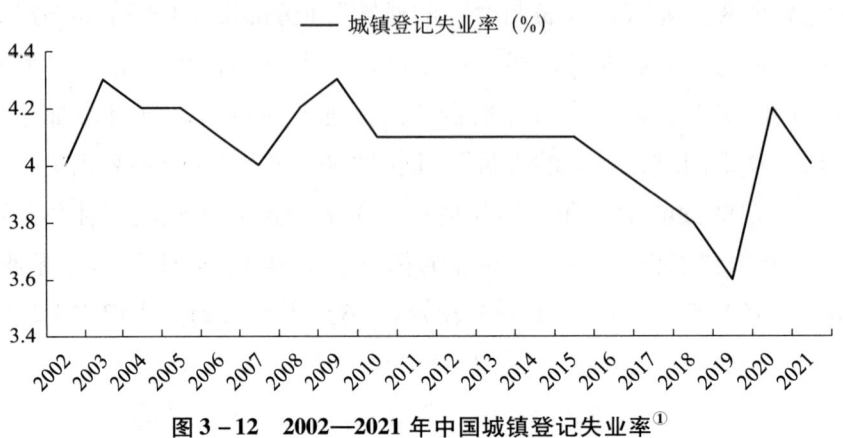

图 3-12 2002—2021 年中国城镇登记失业率[①]

(二) 失业的类型及其成因

1. 按照失业表现为依据,可以将失业划分为显性失业和隐性失业

(1) 显性失业:就是指根据劳动统计规定,纳入失业人员统计,由官方公布的失业。

(2) 隐性失业:就是指实际就业处在相关部门的统计之外,虽有工作岗位但未能充分发挥作用的失业[②]。

2. 按照失业成因为依据,可以将失业划分为摩擦性失业、技术性失业、结构性失业、季节性失业和周期性失业

(1) 摩擦性失业。摩擦性失业是指由于劳动者在要求就业与获得工作岗位之间存在的时间滞差而形成的失业,如学生毕业后不能及时找到工作,或工人从一工作岗位转移到另一工作岗位过程中的就业中断等[③]。摩擦性失业的特点是分布广且涉及人员较多,失业期限较短。

摩擦性失业产生的原因主要有:失业者缺乏有关就业岗位完整、准确的信息;企业缺乏求职者完整准确的信息;失业者缺乏迅速流动的条件;信息成本和流动

---

① 国家统计局网站. https://data.stats.gov.cn.
② 中华人民共和国国家发展和改革委员会. https://www.ndrc.gov.cn/fggz/jyysr/jysrsbxf/201507/t20150727_1124316.html.
③ 陈伯庚. 中国特色就业政策目标探析 [C]//. 上海市经济学会学术年刊,2008:327-337.

成本障碍等；现行制度的影响等。

针对摩擦性失业产生的原因，为了缓解摩擦性失业可采取以下措施：一是提高劳动力的流动性；二是改善劳动力市场的信息情报工作；三是提高劳动力市场效率；四是降低信息和流动成本；五是缩短寻找工作所花费的时间等。

（2）技术性失业。发展经济学认为，生产中广泛应用节省人力的技术必然会减少对劳动力的需求。技术性失业是指由于采用了新技术，让生产设备或机器人取代人类劳动，从而减少了对劳动力的需求而造成的失业现象[①]。技术性失业有以下几个特点：一是产品的需求弹性越大，对失业的影响越小；二是工资的弹性越大，对失业的影响越小；三是以新方法生产现有产品与生产新产品的技术比较，前者对失业的影响程度大；四是技术进步对非熟练工和半熟练工的影响大；五是技术进步所替代的工人的平均年龄越高，对失业的影响越严重。

针对技术性失业的特点，为了缓解技术性失业可采取的措施有：一是推行积极的劳动力市场政策；二是强化职业培训；三是普遍地实施职业技能开发等。

（3）结构性失业。结构性失业是指由于经济结构、产业结构变动而引起的劳动力供求在部门、职业和地区之间失衡所造成的失业。在现实经济中，产品市场和劳动力市场的需求都在不断变动，其结果是造成某些部门、行业就业增长，而另一些部门、行业则相对或绝对下降，劳动力必须在部门之间、地区之间进行重新配置[②]。结构性失业的特点是：失业者缺乏现有空缺职位所需要的技能，即技能性失调、文化结构失衡等。

结构性失业与技术性失业有一部分是重叠的。具体而言，技术性失业程度与产品需求的价格弹性、劳动力需求的工资弹性的关系较大。当产品的需求弹性小甚至无弹性，即使产品价格下降，需求亦不再增加，产品需求结构变化，导致技术性失业转化为结构性失业。此外，技术进步导致某些行业的永久性衰落，即便降低工资率也无法维持就业时，技术性失业等同于结构性失业。

针对结构性失业产生的原因，为了缓解结构性失业可以采取的措施主要有：一是加强劳动力市场的信息传递；二是由政府提供劳动者迁移及安置费用；三是制订各种培训计划，使失业者适应新职业的需求；四是提供更好的就业指导和供求预测等。因此，党的二十大报告中提出"健全终身职业技能培训制度，推动解

---

① 田思路，刘兆光. 人工智能失业：社会化挑战与法律应对[J]. 重庆社会科学，2020（10）：32-43.
② 苑茜，周冰，沈士仓等主编. 现代劳动关系辞典[M]. 北京：中国劳动社会保障出版社，2000：761-762.

决结构性就业矛盾"①。

需要明确的一点是,结构性失业与摩擦性失业的区别。首先,从持续时间来看,结构性失业的持续期较摩擦性失业的持续期要长;其次,结构性失业与摩擦性失业虽然都可能出现失业与职业空位并存,但后者并不是知识与技能上的原因所造成的。

(4) 季节性失业。季节性失业是指由于气候状况有规律的变化所引起的失业,如农业、林业和某些食品行业②。具有地理区域性、行业性、规律性以及失业持续期的有限性是季节性失业的主要特点。

季节性失业产生的主要原因有二:其一是气候状况对某些行业的生产发生影响;其二是气候状况对某些消费需求发生影响,进而影响其劳动力需求。

针对季节性失业产生的主要原因,为了缓解季节性失业可采取的措施主要有:一是政府通过加强对季节性失业的预测工作,帮助季节性雇员能够尽早做出就业淡季的安排;二是政府能规定一个合理的失业补助期限,以减少季节性雇员的生活困难。

(5) 周期性失业。周期性失业是指受经济周期的影响,岗位需求总量下降而出现的失业③,周期性失业又称需求不足型失业。周期性失业的主要表现为:在经济繁荣时,劳动力需求量大,大量的失业被迅速吸收,社会的失业率趋于正常失业状态;当经济不景气时,劳动力需求减少,失业率迅速上升。

由于周期性失业难以预测和防范,缺乏有效的手段控制周期性失业的规模。经济学家普遍认为,在经济处于低谷、消费需求和投资需求不足的情况下,应实施增加总需求的宏观经济政策,如提高政府支出水平、减少税收、增加货币供给等,以刺激有效需求,扩大就业。

3. 按照失业者的意愿为依据,可以将失业划分为自愿失业和非自愿失业两种

(1) 自愿失业是指能够胜任某项工作的人因为拒绝接受现有工资报酬而放弃工作,处于闲置状态的自愿失业者,这是由庇古最早提出的。自愿失业包括:为追求自身素质提高而失业;为追求更高收入而主动辞职;为寻求更好的发展机会

---

① 中华人民共和国人力资源和社会保障部. hhttp://www.mohrss.gov.cn/SYrlzyhshbzb/dongtaixinwen/buneiyaowen/201905/t20190524_ 318426.html.

② 温海燕. 浅谈劳动力市场分割条件下大学毕业生自愿性失业[C]//.2005年中国教育经济学年会会议论文集, 2005: 652-659.

③ 刘俊良. 综合施策促就业 筑牢底线保民生[N]. 中国劳动保障报, 2019-01-09 (003).

而主动离职;为闲暇而离职等。

(2) 非自愿失业是指能够胜任并且愿意接受工作但是无工作可做的失业。这是由凯恩斯提出的一个概念,认为在经济过程中,由于存在有效需求不足,因此,出现了一些人想工作却得不到工作的现象。

4. 按照失业程度以及对社会经济的危害,可以将失业划分为以下四类:

(1) 严重失业,即失业率超过20%;(2) 较严重失业,即失业率在10%~19%;(3) 一般失业,即失业率在6%~9%;(4) 轻微失业,即失业率在5%以下。

(三) 失业的影响

1. 积极影响

失业对社会以及劳动者个人都具有一定积极影响,具体而言:

(1) 失业对社会的积极影响主要表现在以下几方面:一是失业可以为经济周期发展提供劳动需求的"蓄水池";二是失业的强迫机制,会使劳动者不断提高自身素质,从而提高社会就业质量;三是失业有利于提高工作效率,失业的威胁必然使劳动者为获得或保持就业岗位而努力工作;四是失业是劳动力资源优化配置的过程。

(2) 失业对劳动者个人的积极影响主要表现在以下几方面:一是一定时间的失业是人尽其才所必需的,按照搜寻匹配理论,劳动者只有通过大量搜寻,才能找到与自己气质、性格、能力、知识、爱好等相适应的职业,因搜寻而导致的一段时间的失业,对劳动者个人而言是利大于弊的;二是劳动者为了适应社会经济的发展变化会不断提高自身的素质,这在某种程度上导致在一定时期内处于失业状态。

2. 消极影响

失业是劳动者与生产资料未能有效结合的状态,它使社会资源分配和使用处于无效或低效,因此失业对社会经济带来一定的消极影响。失业的消极影响主要包括以下几方面:(1) 经济总量的损失;(2) 扩大收入分配差距,加剧两极分化;(3) 失业直接影响劳动者精神需要的满足程度;(4) 失业将在一定程度上影响社会治安,甚至危及社会稳定。

（四）中国稳定就业的相关政策

失业是劳动力市场上最重要和最普遍的经济问题之一，是一国宏观经济运行好坏的晴雨表。因此，各国都将稳定就业视为调节宏观经济运行的重要措施之一。我国历年的政府工作报告均把就业放在最重要的位置，稳就业的政策工具越来越丰富，各部门实施就业政策时的协调性也进一步改善[1]。到2019年，在国际经济格局调整，外部环境不确定性增加，国内经济下行压力加大、经济转型向高质量发展阶段条件下，国务院印发了《关于做好当前和今后一个时期促进就业工作的若干意见》[2]。该《意见》的出台体现了党中央、国务院对就业这个"最大民生"工作的高度重视，是"就业优先战略"在政策层面的具体体现，也是对我国积极就业政策的进一步丰富拓展。从2019年至今，每年政府工作报告都把就业优先政策置于宏观政策层面[3]，列为稳增长的首要目标。2020年，突如其来的新冠疫情给世界各国劳动力市场带来了较大冲击。在较为严峻的疫情冲击下，2020年3月国务院办公厅印发《关于应对新冠肺炎疫情影响强化稳就业举措的实施意见》（以下简称《意见》），并指出要深入贯彻习近平总书记关于统筹推进疫情防控和经济社会发展工作的重要指示精神，加快恢复和稳定就业。《意见》提出五个方面政策措施：一是更好实施就业优先政策；二是引导农民工安全有序转移就业；三是拓宽高校毕业生就业渠道；四是加强困难人员兜底保障；五是完善职业培训和就业服务[4]。

第二节　人力资本投资

为了简化分析，在前面的劳动力市场概述中，假定所有劳动力都是同质的，在劳动力市场上劳动者可以相互替代。但现实中，劳动者的健康水平、能力、专业技术、受教育水平和职业技能等方面都存在着很大的差异，从而劳动者在劳动

---

[1] 王林. 就业优先　保民生的答卷这样写 [N]. 中国青年报，2022－06－07（003）.
[2] 莫荣. 完善积极的就业政策，确保就业形势稳定 [J]. 劳动保障世界，2019，（04）：12－13.
[3] 吴薇，梁宏亮，苏振兴. 做实做细高校就业指导服务的实践方略 [J]. 青年学报，2022（05）：94－100.
[4] 中华人民共和国国务院办公厅．https：//www.gov.cn/zhengce/content/2020－03/20/content_5493574.htm.

力市场上获得报酬也是差异化的。显然，实际上劳动力是异质的，也就是说，劳动力的人力资本是有差异的。

一、人力资本投资相关概念

（一）人力资本的含义及特征

1. 人力资本的含义

人力资本是一种非物质资本，它是体现在劳动者身上的、并能为其带来永久收入的能力、知识等，在一定时期内表现为劳动者所拥有的知识、技能、劳动熟练度和健康状况[1]。它体现在两方面：第一，人力资本是存在于人本身的一种生产能力，不可与劳动者本身割裂，是通过劳动者的知识、技能、工作经验和工作经验等的价值所体现；第二，人力资本只存在于劳动者本身，不可转让或继承。

2. 人力资本的特征

人力资本具有以下五个特征：（1）人力资本是一种无形资本；（2）人力资本具有时效性；（3）人力资本具有收益递增性；（4）人力资本具有积累性；（5）人力资本具有无限的潜在创造性[2]。

（二）人力资本投资的含义、特征和形式

1. 人力资本投资的含义

人力资本投资是指通过费用支出（投资）于人力资源，而形成和凝结于人力资源体中，并能带来价值增值的智力、知识、技能及体能，这种劳动能力的提高最终反映在劳动产出增加上的一种投资行为。

2. 人力资本投资的特征

人力资本投资具有五个特征：（1）连续性与动态性；（2）投资主体与客体同一性；（3）投资者与收益者不完全一致性；（4）投资收益多样性；（5）投资收益的迟延性与相对长期性。

---

[1] 曾湘泉. 劳动经济学（第三版）[M]. 上海：复旦大学出版社，2017：150.
[2] 坎贝尔·麦康奈尔. 劳动经济学 [M]. 北京：中国人民大学出版社，2018：71.

3. 人力资本投资的形式

人力资本的形成依靠于人力资本投资，人力资本水平的提高是人力资本投资的结果。劳动力的素质结构，如知识存量、技能状况、生理和心理健康状况构成人力资本实体，凡是有利于形成与增强劳动力素质结构的行为、费用和时间都是人力资本投资①。具体包括：

（1）各级正规教育。教育投资是人力资本投资中最重要的形式，这种投资增加了人力资本的知识存量，投资目的用于服务未来的人力资源。

（2）职业技术培训。职业技术培训投资是人们对从事某种职业所需的技能进行培训的投资支出，这种投资方式增加了人力资本的技能存量，投资用于服务于现实的人力资源。

（3）健康保健。对于保障自身健康、增强体质的投资，投资用于提高生理和心理状况，服务于现实和未来的人力资源。

（4）劳动力流动。劳动力流动并不会直接地提高人力资本存量，而是通过对劳动力资源的优化配置，进一步提高人力资本使用效率。

（三）人力资本投资的重要性

自人力资本理论诞生以来，人们对人才资源的地位和作用有了更加深刻、更加系统的认识。人力资本思想揭示了教育在经济和社会发展中的作用，使世界各国普遍认识到通过发展教育提高人力资本在促进经济增长中的决定性作用，增加人力资本投资的政策取向正在成为全球的高度共识②。在推进我国社会主义现代化事业的进程中，党和国家充分认识到人才资源的重要价值，做出了"人才资源是第一资源"的科学判断。

早在 2003 年，全国人才工作会议明确提出实施人才强国战略，到 2007 年党的十七大将人才强国战略与科教兴国战略、可持续发展战略确立为我国经济社会发展的三大国家战略，并写进了党章。从党的十八大以来，党中央把加快建设人才强国摆到更加突出的位置，2013 年习近平总书记《在欧美同学会成立一百周年庆祝大会上的讲话》上明确提出："'致天下之治者在人才.'人才是衡量一个国家综合国力的重要指标。没有一支宏大的高素质人才队伍，全面建成小康社会的奋斗

---

① 杨河清. 劳动经济学（第五版）[M]. 北京：中国人民大学出版社，2018：246.
② 闵维方. 人力资本理论的形成、发展及其现实意义 [J]. 北京大学教育评论，2020，18（01）：9 – 26，188.

目标和中华民族伟大复兴的中国梦就难以顺利实现。当今世界，综合国力竞争日趋激烈，新一轮科技革命和产业变革正在孕育兴起，变革突破的能量正在不断积累。综合国力竞争说到底是人才竞争。人才资源作为经济社会发展第一资源的特征和作用更加明显，人才竞争已经成为综合国力竞争的核心。谁能培养和吸引更多优秀人才，谁就能在竞争中占据优势。"① 2017年，党的十九大报告中进一步强调了人才的重要性，并明确指出人才是实现民族振兴、赢得国际竞争主动的战略资源，强调要加快建设人才强国。党的二十大报告中再次明确实施科教兴国战略，强化现代化建设人才支撑，提出"要坚持教育优先发展、科技自立自强、人才引领驱动，加快建设教育强国、科技强国、人才强国，坚持为党育人、为国育才，全面提高人才自主培养质量，着力造就拔尖创新人才，聚天下英才而用之。"②

根据世界银行的测算，世界上除了少数石油资源极其丰富的国家外，大多数国家60%以上的社会财富是由人力资本构成的，全球的资本投资重点不断地从物质资本转向人力资本③。在人才培养体系中，高等教育是培养高层次人才的关键环节。《中华人民共和国高等教育法》第五条规定：高等教育的任务是培养具有社会责任感、创新精神和实践能力的高级专门人才，发展科学技术文化，促进社会主义现代化建设。近年来，党中央、国务院高度重视高等教育事业，习近平总书记指出："我们对高等教育的需要比以往任何时候都更加迫切，对科学知识和卓越人才的渴求比以往任何时候都更加强烈。"深刻阐释了新时代高等教育的重要战略地位和作用④。根据教育部统计数据，我国高等教育已经进入世界公认的普及化阶段，在学总人数超过4 430万人。近十年来，习近平总书记先后20余次到高校视察并发表重要讲话，20余次给高教领域师生回信，彰显了习近平总书记对高等教育事业的关心、重视，更为高等教育改革发展指明了前进方向，提供了根本遵循⑤。

随着人力资本投资的不断提升，各国劳动力平均受教育水平不断提高。全球主要国家中，年龄在25～64岁的成年人中，拥有大学学历的比例如图3-13所示。与世界主要发达国家民众的学历水平对比，中国25～64岁成年人的学历在大学以

---

① 习近平. 在欧美同学会成立一百周年庆祝大会上的讲话[N]. 中国青年报，2013-10-22.
② 中华人民共和国中央人民政府. https://www.gov.cn/zhuanti/zggcddescqgbdbh/sybgqw.htm.
③ The World Bank. Expanding the measure of wealth[EB/OL]. https://elibrary.worldbank.org/doi/abs/10.1596/0-8213-3956-7.
④ 吴岩. 历史性成就 格局性变化——高等教育十年改革发展成效[J]. 中国高等教育，2022（11）：8-10.
⑤ 光明网. https://edu.gmw.cn/2022-05/17/content_35741556.htm.

上的比例还相对较低[①]，而各级正规教育是人力资本投资最重要的方式，因此，仍需要大力发展高等教育。

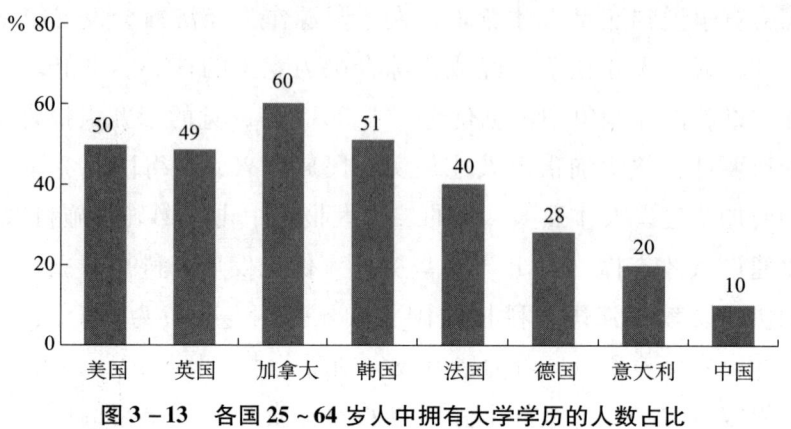

图 3-13　各国 25~64 岁人中拥有大学学历的人数占比

二、教育投资分析

教育投资是人力资本投资的主要形式之一，也是人力资本投资的核心，是决定人力资本未来收益的重要变量。根据投资主体的不同，教育投资可分为宏观教育投资和微观教育投资。宏观教育投资是指国家或政府组织并花费在国民教育上的支出；微观教育投资是家庭及个人花费在教育上的支出。

（一）教育投资的成本分析

当前，人们在接受完义务教育后，面临着是否继续进行教育投资的决策选择。在教育投资决策中，经济因素即投资成本是影响其决策选择的重要因素之一。只有当教育投资的预期总收益大于其成本时，人们才会继续进行教育投资。

教育投资的成本可分为两种，即货币成本和非货币成本。其中，货币成本又由直接成本和间接成本组成，间接成本也可称之为机会成本。以上大学为例，上大学的直接成本包括学杂费、书本费等，但不包括住宿或伙食费用，因为即使选择不上大学，以上费用仍然会存在；而上大学的间接成本主要是指因为上学无法参加工作而放弃的收入，即机会成本。上大学的非货币成本主要是指上大学所承受的心理成本。另外，由于非货币成本是一种主观感受，所以很难进行量化研究，

[①] OECD．Education at a Glance 2021：OECD Indicators［EB/OL］．https：//doi.org/10.1787/b35a14e5-en.

因此现实中，非货币成本很难被量化计入教育投资的成本中。

（二）教育投资的收益分析

教育投资作为一种投资行为，必然有其收益。教育投资的收益包括两方面，即经济收益和非经济收益。教育投资的经济收益是指从个人终生收入来看，受教育程度高的人一生获得的总收益多于受教育程度低的人一生获得总收益的那一部分。但这部分收益是一个预期值，因为没有人能知道大学毕业以后或者未读大学在未来的收益会如何。教育投资的非经济收益是指由于受教育程度高，给个体带来的社会地位的提升、掌握更多知识带来更广泛的兴趣爱好以及取得成果的成就感等。由于非经济收益也属于主观感受，现实中难以量化分析，因此在教育投资的成本收益分析中，一般忽略非经济收益。图3-14清晰地展示了两种不同选择带来的收入差异。图3-14中，曲线HH为未接受大学教育者的终生收入曲线，即这部分人在18岁上完高中之后直接进入劳动力市场参加工作；曲线CC代表了18岁选择上大学者的终生收入曲线。由图可知，上大学的成本包括直接成本（学杂费、书本费等）和间接成本，即高中毕业后未参加工作放弃的收入。经过折现后，只有当未来增加的收入大于上大学的总成本时，人们才会选择继续深造，接受大学教育。

综上所述，通过分析教育投资的成本收益可以得出以下结论：

（1）在其他条件不变的情况下，上大学的总成本降低，人们对上大学的需求会增加，更多人选择继续深造；反之需求会下降，上大学的人数减少；

（2）在其他条件不变的情况下，上大学的预期收益显著高于不上大学的预期收益，人们对上大学的需求会增加，上大学的人越多；反之需求会下降。

从近几年我国高校毕业生就业数据可以看出，高校毕业生平均月收入明显高于城镇居民月均可支配收入，且本科毕业生收入显著高于高职。根据《2022年中国大学生就业报告》数据显示，2021届本科、高职毕业生平均月收入为5 833元和4 505元，明显高于城镇居民2021年月均可支配收入3 951元[1]。另外，2021届本科毕业生中选择国内外读研比例达到19.2%，大学毕业后选择继续深造的学生数量在不断上升。根据教育部统计数据，2017年我国考研人数为201万人，到2022年提高到457万人[2]。

---

[1] 麦可思研究院. 2022年中国大学生就业报告［EB/OL］. http：//www.199it.com.
[2] 中华人民共和国教育部. http：//www.moe.gov.cn/fbh/live/2021/53908/mtbd/202112/t20211222_589437.html.

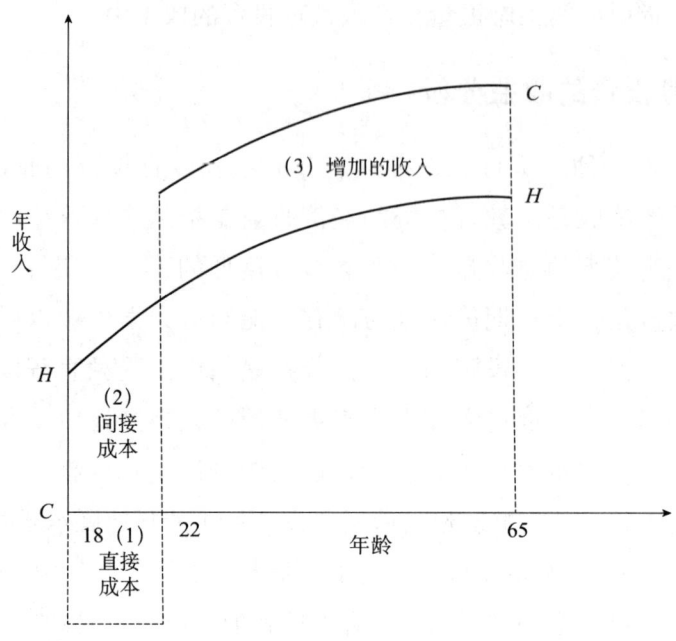

图 3-14 受过大学教育与未受过大学教育的成本—收益曲线

（三）教育的功能

受教育水平如何在劳动力市场中发挥作用？关于教育的作用，学术界存在一定的争议，一种观点认为，教育的功能是接受高等教育可以提高人们的生产效率，因此可以以此来解释高学历的人能够获得较高报酬。然而，有些研究人员却认为，接受高等教育不是提高人们生产效率的手段，或者说接受高等教育能提高生产效率并不是高学历与高报酬之间存在正向关系的唯一解释，他们认为学历只是一种发现哪些员工具有高生产效率的手段。这就是教育的第二种功能，即信号功能[①]。通常，那些能被用来发现员工属于高生产率群体还是低生产率群体的可靠信息，被称为"信号"，即将学校教育看成是发现和甄别那些较高生产率的员工的一种手段，而不是一种提高劳动者生产率的手段。在招聘员工时，企业和员工之间存在一定的信息不对称，即企业很难完全掌握求职人员的实际生产效率。企业所能获得的信息主要是与雇员的生产率相关的一些特征，如年龄、性别、工作经验和受教育水平等。因此，在实际中往往通过求职者的受教育水平这个重要的信号来甄别劳动者的生产效率。

---

① 曾湘泉. 劳动经济学（第三版）[M]. 上海：复旦大学出版社，2017：157.

教育需要付出成本，对于不同的个人而言，存在较为显著的心理成本差异，并且个人的劳动生产率往往与个人付出的心理成本有密切关系。如果善于学习，接受教育的成本相对较低的群体在工作中也能够表现得更有效率，那么，教育的信号功能就可以在劳动力市场上发挥其作用。

当然这种方法也有缺点，因为有些高学历人的受教育水平与其能力并不成正比；而有能力的人也有学历较低的，这些都会使劳动力市场双方遭受损失。但目前来看，使用这种方法筛选雇员使企业降低了雇佣成本。

中国联通智慧足迹团队基于2019—2021年全国2 456家高等院校毕业生数据，区分重点院校（双一流院校）与非重点院校，对全国毕业生的分布与流动情况进行跟踪调查分析。据数据显示，2021年中国高等院校毕业生数量已达到909.4万人，较2020年的874万人增长了4.1%。双一流院校毕业生规模为90.3万人，占毕业生总规模的10%。分地区来看，东、中、西、东北地区毕业生规模占比大约为39%、27%、26%和8%。东部地区的毕业生人数为356万人，规模最大；东北地区的毕业生规模最小，为72万人。从毕业生数量增速来看，值得注意的是东北地区院校毕业生规模同比减少3.5%，西部院校毕业生规模同比增加8%。从城市群来看，中国高等院校毕业生在五大城市群高度集中，五大城市群总毕业生规模占到总量的48.6%，经济总量也占到全国的60%以上。京津冀和长三角人才集中度最高，重点院校毕业生规模占到区域内总规模的19.7%和15.2%，远高于7.1%的平均值。教育资源一直面临分布不均的问题，经济发展水平更高的城市在人才争夺大战中拥有绝对的主导优势，而吸引到城市的高端人才又为城市的创新与繁荣发展添砖加瓦，进一步提升城市的竞争力，形成良性循环[①]。

我国正在从教育大国向着教育强国不断迈进。党的二十大报告对教育提出了"加快建设高质量教育体系"的要求[②]，并明确指出"坚持以人民为中心发展教育，加快建设高质量教育体系，发展素质教育，促进教育公平，办好人民满意的教育"[③]。

三、劳动力流动

劳动力的自由流动是为了提高自身的效用，因此人力资本模型将劳动力的自愿

---

① 中国就业研究所. 2021中国大学生就业报告［EB/OL］. http：//www. cier. org. cn/index. asp.
② 中华人民共和国教育部. http：//www. moe. gov. cn/jyb_xwfb/s5147/202303/t20230307_1049593. html.
③ 中华人民共和国中央人民政府. https：//www. gov. cn/zhuanti/zggcddesicqgdbdh/sybgqw. htm.

流动视为一种投资。当然，劳动力流动也是需要成本的。劳动者必须花费一定的时间来四处搜寻关于其他工作的信息，并且至少对一部分劳动者来说，如果首先辞去现有的工作，然后再去寻找其他工作，可能是最有效率的。换句话说，劳动力流动是劳动者为了在未来获得长期收益而在当下承担部分成本的投资决策行为。

（一）基本概念

1. 劳动力流动的含义

劳动力流动（或劳动力迁移）指劳动力以工作为目的，从一份工作转换到另外一份工作，或者从一个区域转换到另外一个区域的行为①。劳动力的流动从本质上讲是劳动力自主寻优行为，劳动力流动会发生相应的直接或间接流动成本，还要付出心理上的代价。

2. 劳动力流动的形式

劳动力流动的形式具有多个维度，包括劳动力地域之间的流动、行业之间的流动、职业之间的流动和岗位之间的流动。

（1）劳动力地域之间的流动。它是指劳动力的职业没变，但可能是在地区之间或国家之间进行流动。比如一位在跨国公司工作的部门经理，因为工作需要，从一个国家或地区流动到另一国家或地区。

（2）劳动力行业之间的流动。它是指劳动力从一个行业换到另一个行业，这种情况相对较少。因为劳动力从一个行业换到另一个行业，会经历较大的改变，必须承担更多的心理成本和信息成本。

（3）劳动力职业之间的流动。它是指劳动力的居住地并未发生变动，但是职业发生了变化。如当劳动力发现了更适合自己的工作或职业时，会最终流向自己更加喜爱的职业，这种职业变动多发生在年轻人身上。

（4）劳动力岗位之间的流动。它是指劳动力依然从事以前所从事的职业，而且居住地没有发生变动，只是从一个单位换到另一个单位，或是从原单位的一个岗位换到另一个岗位。

（二）劳动力流动决策

劳动力流动是一种人力资本投资形式。那么，借鉴人力资本投资的成本收益

---

① 曾湘泉. 劳动经济学（第三版）[M]. 上海：复旦大学出版社，2017：206.

分析思路，个人劳动力流动决策受到劳动力流动的成本和收益的影响。

1. 劳动力流动的成本与收益

劳动力流动所涉及的成本主要有：交通费，搬家费，流动过程中放弃的收入，离开亲友的心理成本，人脉损失等。如果劳动者是在信息对称的环境下，自愿流动的结果，那么一般来说这种流动都能够提高劳动者对工作的整体满意程度。劳动力流动的收益是指流动行为产生之后，新的工作给劳动者带来的各方面效用的增长，它主要包括丰厚的收入、更优质的福利、更满意的工作条件、更高的职业声望和更有前景的发展机会等①。其中，经济收益的提高是劳动者效用提高的一个重要方面。

2. 劳动力流动的成因

劳动力流动的成因主要有以下三方面：

（1）科技水平的提高。科技进步一方面创造了许多新的就业岗位和就业机会，另一方面又淘汰了部分旧的工作岗位。工作岗位的淘汰与更新，客观上要求劳动力必须流动，否则就会出现职位空缺和失业并存的现象。

（2）区域经济发展不平衡。经济增长速度较快的地区，人口自然增长率跟不上经济增长对劳动力需求增加的速度，而经济增长缓慢的地区受经济发展水平限制，就业机会很少，劳动力供给常常大于需求，促使不发达地区的剩余劳动力向发达地区流动。

（3）经济周期引起的波动。经济繁荣时，市场对劳动力需求较大，劳动力流动可以获得更多高薪工作机会；经济衰退时，劳动力市场萎缩，对劳动力的需求降低，失业率大幅上升，受失业的威胁，劳动者流动减少，甚至被迫在原岗位接受较低水平的工资。

3. 影响劳动力流动的因素

劳动力资源流动会受到多种因素的影响，概括来说主要有以下几种：（1）年龄，由于年轻人具有较高的人力资本潜在收益和较低的心理成本，因此年轻人是劳动力流动的高峰群体；（2）家庭，考虑到流动成本，相比来说未婚比已婚更易流动，有孩子的家庭更加不易流动；（3）教育，受教育水平高的人具有较高的流动率，由于其人力资本积累丰富，学习能力强，为使自身人力资源得到更充分的应用和获取更多的报酬，这部分人群更倾向流动；（4）迁移距离，劳动力的流动

---

① 曾湘泉. 劳动经济学（第三版）[M]. 上海：复旦大学出版社，2017：211.

始终伴随着成本，各类成本随着距离的增加而增加，因此劳动力流动会减少；（5）失业率；（6）国家和地方的人才政策。

劳动力在城乡之间流动是我国劳动力流动的重要表现形式之一。根据《2021年农民工监测调查报告》数据显示，2021年全国农民工总量29 251万人，比上年增加691万人，增长2.4%。农民工平均年龄41.7岁，虽然农民工平均年龄在不断上升，但是40岁及以下农民工所占比重仍占到接近一半，为48.2%。从受教育水平来看，初中及以上受教育水平的农民工占比达到85.6%，其中大专及以上学历农民工占比在不断提高[①]。今后，我国将继续推进以人为核心的新型城镇化，加快农业转移人口市民化，统筹城乡就业政策体系，破除妨碍劳动力、人才流动的体制和政策弊端，消除影响平等就业的不合理限制和就业歧视，使人人都有通过勤奋劳动实现自身发展的机会[②]。

第三节 工资与收入分配

工资是劳动力市场的价格，具有劳动力市场运行的重要信号功能。一方面工资的确定会受到劳动力市场的供给和需求的影响，另一方面工资也会对劳动力资源的优化配置以及人力资本投资等行为产生引导作用。

一、工资的本质

（一）工资的发展历史

以农业生产为主的人类社会早期，人们通过交换或劳动获取生活必需品，实物作为劳动报酬存在，如食品、住宿和其他基本生活物品。随着人类社会的发展，到18世纪工业革命后出现了货币，但为了免受通货膨胀的危害，部分工资仍为实物。之后，随着经济的发展和社会的不断进步，在发达的市场经济国家普遍使用

---

① 国家统计局. 2021年农民工监测调查报告. http://www.stats.gov.cn/xxgk/sjfb/zxfb2020/202204/t20220429_1830139.html.
② 中华人民共和国中央人民政府. https://www.gov.cn/zhuanti/zggcddescqgbdbh/sybgqw.htm.

货币工资支付劳动报酬,因为货币工资具有交易方便的显著特征。随着社会分工的不断细化,脑力劳动与体力劳动不断分化,出现了白领阶层与蓝领阶层,从而劳动力市场上出现了薪水的概念。第二次世界大战后,劳动力市场的工资构成中附加福利作为重要补充受到广泛关注,逐步形成了目前广泛使用的"薪酬"制度。其中,带薪休假和延期支付是现代货币工资的重要补充形式。

这样从工资概念的历史演变来看,经历了一个逐渐演变的过程:从实物工资(truck system),到货币工资(money wage);从货币工资,再演化为工资(wage)和薪水(salary)的区分;从纯粹意义上工资制度(paymentsystem),直至发展到包含非货币福利和延期支付的薪酬(compensation)或报酬(reward)概念①。

(二)工资的含义及类型

1. 工资的含义

工资是指用人单位依据国家有关规定或劳动合同的约定,以货币形式直接支付给本单位劳动者的劳动报酬,一般包括计时工资、计件工资、奖金、津贴和补贴、延长工作时间的工资报酬以及特殊情况下支付的工资等②。

工资是劳动力市场运行的价格信号,它取决于劳动力市场供给与需求等诸多因素,同时工资也指引着整个社会劳动力资源的配置,引导改变着企业的生产、交换和分配行为。工资构成了劳动者物质利益动力机制的核心内容,是劳动者获得基本生活保障的来源。

2. 工资的类型

(1)计时工资。计时工资是根据劳动者所耗费的工作时间,按照工资标准、等级计算所支付的工资。一般来说,计时工资的适用范围主要是:产品质量重于产品数量的工作;工作不便以件数计算的工作;生产规模较小,上级对于下级可进行严密监督的情况③。

(2)计件工资。计件工资制是以完成工作数量或产品件数为计算报酬标准的一种制度。其工资数随其产品增减而高低不同,员工自身掌握劳动时间的长短。其计算是某人生产数量乘以每一单位应得的工资。计件工资制适用范围包括:工

---

① 郝玉明. 总报酬经济学分析的内涵与外延 [J]. 北京行政学院学报,2014(04):96-101.
② 贾志峰. 国有企业破产清算员工安置法律问题 [C] //. 第十二届"中部崛起法治论坛"论文汇编集,2019:580-584.
③ 曾湘泉. 劳动经济学(第三版)[M]. 上海:复旦大学出版社,2018:263.

作性质重复而便于以件数计算的情况；工作监督困难不便采用计时工资制者；有必要鼓励提高生产速度及数量的情况等①。

二、工资的决定

（一）市场性因素

决定工资的市场性因素有如下几点：

1. 生活费用或物价水平

企业在制定工资时必须考虑员工是否能满足最基本的生活需求，由于生活费用是当地的物价水平决定的，因此企业制定工资时需考虑当地的物价水平。

2. 企业的经济效益状况或企业的负担能力

企业经济效益的好坏与员工的工资息息相关，经济效益越好的企业负担工资的能力越强，员工的工资才有可能更高。

3. 地区或行业的工资水平

在制定工资时还需调查了解当地和同行业企业的工资水平以确保制定的工资是有竞争力，了解竞争对手的工资水平有利于吸引人才、激励人才、留住人才。

4. 劳动力市场的供求关系

劳动力市场的供求与商品市场类似，以稀为贵。劳动者掌握的技能越稀缺、技能水平越高，工资越高。

5. 劳动力的潜在替代物

随着科技的进步和社会的发展，机器的成本降低，部分职业有被机器替代的风险，这可能导致劳动需求减少，劳动力供大于求，工资水平会下降。

6. 产品需求弹性

消费者的消费需求会影响企业的生产，从而最终影响员工的工资水平。具体来说，产品需求弹性越大，企业产量受需求影响的程度就越大，进而对企业工资水平的影响也就越强烈。

---

① 曾湘泉. 劳动经济学（第三版）[M]. 上海：复旦大学出版社，2018：264.

（二）非市场性因素

决定工资的非市场性因素主要有：

1. 员工的劳动和工作努力程度

劳动是劳动者的一种有目的的活动。因此，个人的努力程度是工资水平调整的基本原因。一般来说，同一职位，员工个人努力程度越高，工资水平越高。

2. 职务高低与权力大小

职务高低与权力大小是直接跟劳动责任挂钩的。职务越高、权力越大，其承担的责任越重，工资水平越高。

3. 技术和训练水平

技术水平是决定工资的关键因素，学习掌握技术的成本在工资中要有体现，技术稀缺性越强，总成本越高，工资越高。

4. 劳动条件

特别是工作的危险性，危险性越高，工资水平越高，对于可能导致职业病的岗位，还有相应的补偿。

5. 附加福利

附加福利是除工资以外的员工乐意接受的补偿，包括带薪休假、良好的工作环境、各种保险、住房补贴等，有这些条件的企业更具吸引力。

6. 风俗习惯

无论在发达国家还是在发展中国家，劳动力市场上的工资水平总会受一些风俗习惯的影响。例如，学徒或实习过程中工资相对较低。

7. 年龄和工龄

年龄和工龄越高的员工在生产过程中"干中学"，不断完善自身技能，因此工资较高。此外，企业为留住员工，工资会随着工龄的提高而提高。

三、收入分配差距及测量

（一）收入分配差距变化趋势

阿瑟·奥肯曾说，公平和效率是最需要加以慎重权衡的社会经济问题，它在很多的社会政策领域一直困扰着我们,我们无法按市场效率生产出馅饼之后又完全公平地进行分享①。那么,如何处理公平与效率的关系呢?

从全世界范围来看,发达国家的收入分配差距呈现出不断扩大的趋势。美国人口普查局2018年9月26日公布的调查数据显示,2018年美国家庭收入中位数增加到61 937美元,是1967年有记录以来的最高水平。不过,同比增长幅度仅0.8%,远低于前三年的增长水平。数据还显示,2018年美国居民收入差距较往年显著加大。2018年美国基尼系数上升至0.485,2017年该系数为0.482,基尼系数创50年来新高②。

美国以外的多数OECD国家基尼系数也随着收入的提高而呈现出小幅上升的趋势。例如,2012—2019年,保加利亚基尼系数从0.354提高到0.402,英国的基尼系数从0.358提高到0.366,挪威则从0.252提高到0.261(见表3-2)。

表3-2　　　　　　　　　部分OECD国家基尼系数变化情况

国家	基尼系数	
	2012年	2019年
英国	0.358	0.366
丹麦	0.254	0.263
意大利	0.325	0.33
新西兰	0.287	0.296
挪威	0.252	0.261
保加利亚	0.354	0.402

数据来源:https://www.oecd-ilibrary.org 其中,丹麦和意大利的2019年数据缺失,采用2018年数据。

(二)收入分配差距测量

衡量收入分配差距最直观的方法便是由美国统计学家M·洛伦兹提出来的衡量社会收入分配(或财产分配)平均程度的曲线,即洛伦兹曲线。如图3-15所示,图中横轴表示劳动人口按收入由低到高的累计百分比,纵轴则表示累积的收入百分比,L曲线即为洛伦兹曲线。洛伦兹曲线的弯曲程度越大,收入分配就越不平均,当收入绝对不平均时,洛伦兹曲线为OHL,也称绝对不平均曲线;当收入绝对平均时,即每个劳动者的收入都是相等的,洛伦兹曲线是连接OL两点的直

---

① 保罗·萨缪尔森,威廉·诺德豪斯著.萧琛主译.经济学(第十七版)[M].北京:人民邮电出版社,2004:311.

② 中国新闻网.https://www.chinanews.com.cn/gj/2019/09-27/8966781.shtml.

线,也称绝对平均线。

为了用指数来更好地反映社会收入分配的平等状况,1912 年意大利经济学家基尼根据洛伦兹曲线计算出一个反映收入分配平均程度的指标,称为基尼系数 G[①]。基尼系数的定义是指图 3 – 15 中平均线 OL 和洛伦兹曲线 L 之间的面积(图 3 – 15 中 A 部分)与三角形 OHL 的面积之比,可以用下面公式表示:

$$G = \frac{A}{A + B}$$

其中,当基尼系数 G = 0 时,表示收入分配处于绝对平均状态;当基尼系数 G = 1 时,表示收入分配处于绝对不平均状态。

基尼系数在一般情况下总是在 0 与 1 之间,国际上一般以 0.4 为警戒线,通常基尼系数小于 0.2 表示收入分配高度平均,0.2 ~ 0.3 之间为比较平均,0.3 ~ 0.4 之间表示基本合理,0.4 ~ 0.5 之间表示收入差距较大,0.5 以上则表示收入差距悬殊[②]。

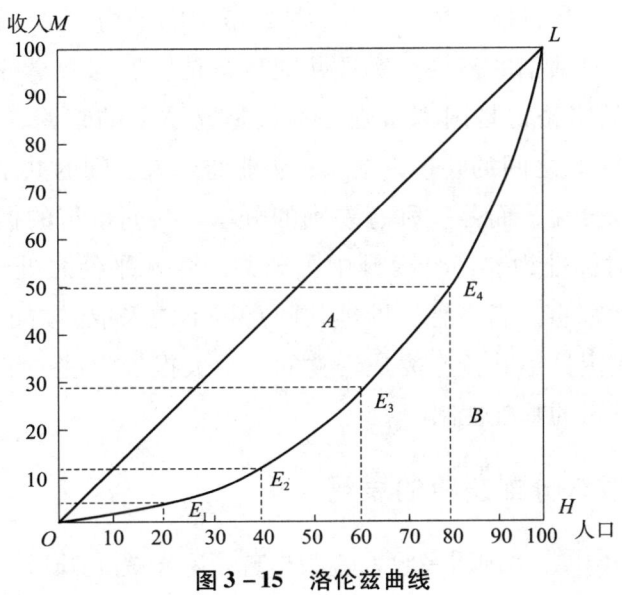

图 3 – 15 洛伦兹曲线

(三)收入分配差距与共同富裕

共同富裕是社会主义的本质要求,是中国式现代化的重要特征[③]。党的十九届

[①] 杨伟国. 劳动经济学(第二版)[M]. 大连:东北财经大学出版社,2013:241.
[②] 洪兴建. 基尼系数理论研究[M]. 北京:经济科学出版社,2008:122.
[③] 黄群慧. 共同富裕是中国式现代化的重要特征[N]. 光明日报,2021 年 09 月 07 日.

五中全会明确将"全体人民共同富裕取得更为明显的实质性进展"作为到 2035 年的社会主义现代化远景目标之一。2021 年的《政府工作报告》也将"持续增进民生福祉，扎实推动共同富裕"列为重点任务。同年 8 月，中央财经委员会第十次会议强调，共同富裕是全体人民的富裕，是人民群众物质生活和精神生活都富裕，不是少数人的富裕，也不是整齐划一的平均主义，要分阶段促进共同富裕。在本次会议中进一步明确了要正确处理效率和公平的关系，构建初次分配、再分配、三次分配协调配套的基础性制度安排，加大税收、社保、转移支付等调节力度并提高精准性，扩大中等收入群体比重，增加低收入群体收入，合理调节高收入，取缔非法收入，形成中间大、两头小的橄榄形分配结构，促进社会公平正义，促进人的全面发展，使全体人民朝着共同富裕目标扎实迈进。换句话说，缩小收入差距需要强化政府再分配政策调节力度。在完善社会保障制度的同时，再分配政策的重点应放在税收上，通过对税收结构的调整促进收入差距的缩小。

党的十九届六中全会提出"全面深化改革开放，促进共同富裕"，共同富裕是新发展阶段的一个远景目标。共同富裕不是经济上的平均主义，而是富裕和共享，是富裕的共享，也是共享的富裕。实现共同富裕是发展与共享的有机统一，共同富裕是全体人民的富裕，是国家富强，不仅是物质上的富裕，还有精神上的富裕[①]；共享是全体人民之间的共享，国家、企业与个人之间的共享，这种共享既非平均主义也非两极分化，而是一种有差别的分享。共同富裕的标准是相对的，是以全球人民的相对标准为参考，提升中国公共服务水平使之处于世界各国前列，提升中国居民的幸福感、满足感。推进共同富裕不能采取激进的方式，应脚踏实地、实事求是地制定目标并依次完成。党的二十大报告中进一步明确了完善分配制度是促进共同富裕的基础性制度。

（四）中国收入分配差距的表现

在过去 40 多年中，中国居民收入差距出现了一个先上升后下降到高位波动的过程。前 30 年居民收入差距基本是一个不断上升的过程，基尼系数从 20 世纪 80 年代初期的 0.3 左右升高到 2008 年的 0.491，在近 10 年中基尼系数出现小幅下降，但仍处于高位状态[②]。具体来说，中国收入差距的主要表现形式有以下几方面：

---

① 鲁品越. 习近平关于实现人民共同富裕的方法论[J]. 马克思主义研究，2022（01）：48-58，163-164.
② 罗楚亮，李实，岳希明. 中国居民收入差距变动分析（2013—2018）[J]. 中国社会科学，2021（01）：33-54，204-205.

1. 城乡之间收入差距

长期以来，城乡收入差距是我国收入差距的主要表现形式之一①。国家统计数据，目前中国城乡居民收入差距呈现缩小趋势。2021 年城镇居民人均可支配收入 47 412 元，比 2012 年增长 96.5%；农村居民人均可支配收入 18 931 元，比 2012 年增长 125.7%，城乡居民人均可支配收入之比为 2.50∶1，比 2012 年下降 0.38②。可见，我国农村居民收入增长速度快于城镇居民，城乡居民收入相对差距在不断缩小。

2. 地区之间收入差距

中国经济发展呈现较为显著的地区差异，东、中、西部地区经济发展水平差距较大，收入差距较为明显。国家统计局数据显示，2021 年我国东、中、西部和东北地区居民人均可支配收入及增速如表 3-3 所示。

表 3-3　　　　　　　　我国 2021 年地区收入相对差距概况

地区	居民人均可支配收入（元）	增长率（%）		与西部地区收入之比	
		与 2012 年相比，累计增长率	与 2012 年相比，年均增长率	2012 年	2021 年
东部	44 980	110.1%	8.6%	1.72	1.62
中部	29 650	116.2%	8.9%	1.10	1.07
西部	27 798	123.5%	9.3%		
东北地区	30 518	89.5%	7.4%	1.30	1.10

数据来源：国家统计局. 居民收入水平较快增长，生活质量取得显著提高——党的十八大以来经济社会发展成就系列报告之十九.

从表 3-3 中可以看出，我国东部地区居民收入最高，2021 年达到 44 980 元，比中部、西部和东北地区分别高出 15 330 元、17 182 元和 14 462 元。从增速来看，西部地区居民可支配收入年均增速最快，与东部、中部和东北地区居民收入差距在不断缩小。由此可见，我国地区间收入相对差距呈现出持续缩小的趋势。

3. 行业之间收入差距

近年来，随着经济发展转向高质量发展，产业结构升级优化等多种因素的影响下，行业之间收入差距开始显现。根据国家统计数据可知，金融业、信息传输、

---

① 汝绪华. 包容性增长：内涵、结构及功能 [J]. 学术界，2011（01）：13-20.
② 国家统计局. http://www.stats.gov.cn/xxgk/jd/sjjd2020/202210/t20221011_1889192.html? eqid = b246a0600000095600000003642e7d74.

软件和信息技术服务业等行业工资水平相对较高，2020年金融业平均工资水平为133 390元，信息传输、软件和信息技术服务业为177 544元，而农、林、牧、渔业平均收入偏低，只有48 540元，与前两个行业比较，收入比分别为2.75∶1和3.66∶1。可见，行业之间收入差距较城乡收入差距更显著。

4. 群体之间的收入差距

群体之间收入差距主要表现为高收入群体和低收入群体、男性和女性、不同业态群体之间等。根据国家统计数据，2022年全国居民按收入五等份分组的人均可支配收入20%高收入组家庭人均可支配收入为90 116元，而20%低收入组家庭人均可支配收入仅为8 601元，可支配收入比为10.48∶1[①]，群体之间收入差距相对较大。

另外，男性和女性收入差距也是存在的。根据《2019中国职场性别差异报告》数据显示，2018年中国女性平均薪酬为6 497元，薪酬均值为男性的78.3%，男性薪酬优势同比2017年上升8.7个百分点，高收入区间男女薪资分化程度的提高，带动男女整体薪酬差异上升。影响性别薪酬差异的因素中排在前三位的分别是职位、行业和工作年限，而教育对减少性别差异具有正向影响作用。该报告还指出，在2018全年薪酬排行前10的岗位中女性占比较低，均处于30%以下。其中，导致男女薪酬分化的最主要的影响因素是职位选择。从不同性别人群的求职特点来看，男性更偏向技术、销售等工作强度大、薪酬回报高的岗位，而女性则更倾向于行政、运营、市场等工作强度一般、薪资中等的均衡型岗位。

针对性别收入差距，各地政府也在积极采取有效措施，扩展女性就业领域。2022年6月10日，云南省发布《云南妇女发展规划（2021—2030年）》（下称《规划》），提出未来数年内将促进平等就业扩展妇女就业领域，消除就业性别歧视，保障妇女获得公平的劳动报酬，男女收入差距明显缩小。为促进妇女全面发展、实现男女平等，《规划》提出多项举措。其中之一是加大消除就业性别歧视工作力度，需要落实消除就业性别歧视的法律法规政策，创造性别平等的就业机制和市场环境。禁止用人单位在招聘、录用、晋升、解聘等环节性别歧视。要求党政机关、国有企事业单位在招录（聘）人员、晋职晋级、评定专业技术职称等方

[①] 中华人民共和国2022年国民经济和社会发展统计公报. https://www.gov.cn/xinwen/2023-02/28/content_5743623.htm.

面发挥男女平等的示范引领作用①。此外，云南省还将通过加大帮扶力度，多举措并举，支持和促进女性就业、创业。在缩小男女两性收入差距方面，《规划》提出落实男女同工同酬，保障收入公平；促进女性对知识、技术、管理、数据等生产要素的掌握和应用，提高女性职业竞争力；督促用人单位制定实施男女平等的人力资源战略，畅通女性职业发展和职务职级晋升通道；探索开展薪酬调查，加强对收入的分性别统计，动态掌握男女两性收入状况等措施②。

> **思考题**
>
> 1. 根据所学内容，思考我国技术工人短缺和高校毕业生就业难现象并存的原因有哪些？
> 2. 结合本章内容，谈一谈个体的劳动参与决策受到哪些因素影响？
> 3. 影响劳动力流动的因素有哪些？
> 4. 中国最低工资标准的确定需要考虑哪些因素？
> 5. 如何正确理解共同富裕？如何深化收入分配制度改革？

---

① 云南妇女发展规划（2021—2030 年）［EB/OL］. 云南省人民政府，https：//www.yn.gov.cn/zwgk/zfxxgkpt/fdzdgknr/zcwj/zdgkwjyzf/202206/t20220610_243046.html.
② 中国新闻网. http：//www.chinanews.com.cn/sh/2022/06-11/9777417.shtml.

第四章 劳动与法律

劳动法是从民法中分离出来的法律部门,是一门独立的法律部门。劳动法律法规是一国法律体系的重要组成部分。《中华人民共和国劳动法》的立法宗旨就是保护劳动者的合法权益,建立和维护适应社会主义市场经济的劳动制度,促进经济发展和社会进步。① 本章内容主要包括劳动法、劳动合同的基本知识和劳动基准法律方面的内容。

第一节 劳动法概述

劳动法的独特功能,决定了它在中国法律体系中,具有无可替代的地位,其重要性不亚于民法、刑法、行政法、经济法、诉讼法等任何法律部门。在市场经济体制成熟的国家,劳动法被视为最重要的法律部门之一。

一、劳动法概念

1802 年《学徒健康与道德法》是英国议会为保护工厂学徒、改善工厂条件而通过的一部法案。该法案的保护对象主要是在棉纺织厂和毛纺织厂中的贫苦学徒,关于学徒的工作时间、工厂环境和卫生状况做了详细的规定。它因第一次确立了政府监督工厂的原则而成为英国历史上一部具有开创性意义的法案。1802 年,英国通过的《学徒健康和道德法》,代表着劳动法的产生。

1922 年 8 月,中国劳动组合书记部发布《劳动法大纲》,并动员全国工人开展

---

① 杨猛宗,杨婷婷. 劳动法学课程思政建设探究 [J]. 天津电大学报,2023 (02):12-13.

劳动立法运动。《劳动法大纲》规定了："劳动立法的四项原则，即保障政治自由、改良经济生活、参加劳动管理、劳动补习教育"。劳动立法运动对推动工人运动的继续高涨起到了重要作用。1931年土地革命时期，颁布《中华苏维埃共和国劳动法》。抗日战争时期，各革命根据地都制定了劳动法。解放战争时期，1948年在哈尔滨召开的第六次全国劳动大会，确定了劳动立法的原则和内容。中华人民共和国建立后，根据《共同纲领》《宪法》确定的原则，在不同的发展阶段制定了一系列劳动法规。随着劳动制度的改革和社会主义市场经济体制的确立，中国于1994年7月5日颁布了《中华人民共和国劳动法》。

作为调整对象的社会关系的独特性是该法律成为独立法律部门的重要依据。为此，劳动法概念的界定也是围绕着其调整对象——工业劳动关系——展开。法学界对劳动法的解释是："劳动法为关系劳动之法。即劳动法为规范劳动关系及其附随一切关系之法律制度之全体。"当下中国劳动法学关于干劳动法概念的解释为："劳动法是调整劳动关系以及与劳动关系密切联系的一切社会关系的法律。"①

国外学者对劳动法概念的界定突出了劳动关系或者劳动者的从属性，而这也是劳动关系区别于其他法律关系，尤其是平等主体之间的民事法律关系的本质特征。英国《牛津法律大词典》对劳动法的界定为："与雇佣劳动相关的全部法律原则和规则，大致和工业法相同。它规定的是雇佣合同和劳动或工业关系法律方面的问题"②；W·杜茨（德）认为："劳动法是关于劳动生活中处于从属地有者（雇员）的雇化关系的法律规则（从属地位劳动者的特别法）的总和"；③本多淳亮（日）认为："劳动法乃是以从属劳动关系所产生的一切法律关系为对象的法律。"④

二、劳动法的基本特点

劳动法的基本特点是揭示劳动法本质属性的核心要素。为此，可以将劳动法的基本特征，从自身的立法特点和社会法属性两方面归纳。

---

① 邱妮斐，宋秉宏. 劳动法与社会保障法 [M]. 成都：电子科技大学出版社，2017：3.
② 沃克，李双元译. 牛津法律大辞典 [M]. 北京：法律出版社，2003.
③ [德] W·杜茨，张国文译. 劳动法 [M]. 北京：法律出版社，2003：442.
④ [日] 本多淳亮. 劳动契约－就业规则论 [M]. 日本东京：一粒社，1981：9.

(一) 劳动法自身的立法特点

劳动法中所指的:"劳动"指职工为谋生而从事的,履行劳动法规、集体合同和劳动合同所规定义务的集体劳动。所以,劳动法中所指的"劳动"具有以下特征:

从主体层面看,是劳动者以职工身份从事的劳动,不具有这种特点的劳动不是劳动法中所指的劳动。

从目的层面看,是作为谋生手段的职业劳动。在劳动关系中,劳动者以付出劳动力的方式获得劳动报酬,以维持其生活。所以,将劳动作为一种谋生的手段,而这种劳动又是职业劳动。

从性质层面看,是履行劳动法律义务的劳动,不具有这种特征的劳动不属于劳动法所调整协调的劳动。

从形式层面看,是用人单位的集体劳动。劳动者在被单位雇佣之后,需要在用人单位的安排下进行集体劳动,以完成劳动过程。

(二) 从劳动法具有的社会法属性,归纳的劳动法的特征

1. 劳动法的基本价值取向是侧重保护劳动者

劳动关系是一种不平等的关系,资本的巨大支配力将劳动者变成它的附属。所以,要保护劳动者,使其获得有尊严的劳动,就必须通过法律的强制手段来弥补劳动者的弱势地位。为此,保护劳动者是劳动法与生俱来的使命。但这并不意味着不保护拥有资本者或经营者利益。①

2. 以强制性为主,并与任意性相结合

劳动法多数属于强制性规范,尤其是劳动基准法,是国家对用人单位设定的义务,用人单位必须严格遵守,不能降低标准,在最低标准之上给予劳动者更好的劳动条件和工资福利待遇。虽然调整劳动合同关系的任意性规范,与调整一般民事合同关系的任意性规范不同。譬如:在劳动合同关系中,合同自由原则既要受法定劳动基准的限制,还要受集体合同的限制。凡是与法律相冲突或低于集体合同标准的条款都无效。从这一特征可看出,劳动法属于典型的社会法。②

---

① 梁甜甜,梁玉莲. 劳动法新论 [M]. 北京:北京理工大学出版社,2016:15.
② 梁甜甜,梁玉莲. 劳动法新论 [M]. 北京:北京理工大学出版社,2016:15-16.

3. 实体法和程序法相统一

一般来说，实体法和程序法是互为依赖的关系，有一定的实体法，就有与之对应的程序法。如：民法与民事诉讼法、刑法与刑事诉讼法。劳动法本身不仅是实体性法律规范，也有程序性法律规范。这是由劳动法的特殊属性所决定的。由于劳动争议具有复杂和特殊性，所以，解决劳动争议的程序与普通民事纠纷和商事仲裁具有一定的差异性，因此，有必要做出专门的规定，要求劳动法既有实体法的内容，也有程序法的内容。

三、劳动法的基本原则

劳动法的基本原则，指贯穿于劳动法律规范，集中体现劳动法的本质和基本精神的，为劳动法调整劳动领域的社会关系所应遵循的基本准则。

根据基本原则的本质属性和确立标准，将《中华人民共和国劳动法》的基本原则可归纳为劳动自由、劳动者权益保障和劳动协调三项。三项原则具有内在的逻辑联系，共同构成了劳动法的原则体系。

（一）劳动自由原则

劳动自由原则是指劳动者按照本人意愿决定是否参加社会劳动以及根据社会需要和本人特长、兴趣爱好自由选择职业的权利。

禁止任何形式的强迫或强制劳动，保障劳动者不违背本人意愿，并屈从于被迫的社会分工或职业，是国际劳工组织分别在1930年第29号《强迫劳动公约》和1957年第105号《废除强迫劳动公约》确立的原则，也是马克思揭示的社会化劳动产生的基本条件。

劳动自由作为劳动法的基本原则，其理论依据在于：

一是劳动法诞生的基础。劳动力成为商品既是货币转化为资本的前提，也是资本主义生产方式的特征。劳动法作为资本主义社会化生产方式的产物，自然与劳动力成为商品产生了内在逻辑联系。劳动者只有获得人身自由，才能在市场上与货币占有者"彼此作为身份平等的商品占有者发生关系，所不同的只是一个是买者，一个是卖者，因此双方是在法律上平等的人"[①]。劳动法以劳动自由为其制

---

① 马克思，恩格斯. 马克思恩格斯文集第5卷 [M]. 北京：人民出版社，2009：195.

度基石,劳动自由的前提是劳动者的人身自由。

二是劳动法律制度体系的逻辑起点。劳动者将自己的劳动力作为商品付出,只是将一定时间阶段上的劳动力使用权的暂时让渡,并非把劳动力全部出售完毕。

劳动自由原则不仅要求劳动就业过程中的自愿、平等和协商一致,而且整个劳动法律规范体系,都是以劳动者的劳动自由为前提设计的。

坚持劳动自由原则,以劳动力市场为基础设计的劳动保护法律规范体系才具备了发挥作用的前提条件;只有坚持劳动自由原则,劳动法作为劳动者权益保护法的价值目标才会有坚实的基础。

三是劳动关系是劳动过程中形成的社会关系,以劳动力使用权的有条件让渡为核心。劳动力依附活的人的个体而存在,并通过人的活动才能使用。在人类法律拟制的全部权利中,人权是一项被优先保护的权利,而自由又是人权的基石。

四是人自身发展的需要。人的自由全面发展是社会发展与进步的基本标志,也是马克思主义对理想社会的追求。社会发展的实质是人的发展。人的发展只能建立在劳动实践活动的基础之上,而能够促进人的发展的劳动,又只能是人的自由劳动。因此,劳动自由是人的自由发展的基础,只有赋予劳动者的劳动自由权,才能实现劳动者所从事的劳动与其特长、兴趣、爱好耦合度高,才能激发劳动者的劳动热情、激情和创造力,营造活力竞相迸发的劳动环境,才能使劳动成为一种快乐生活的精神境界。

劳动自由原则,在劳动法律规范内容体系中主要体现在三个方面:

一是劳动法律制度设计以劳动者的劳动意愿为前提。无论是劳动法关于"就业"的法律定义还是劳动关系中"劳动者"的法律定义,都将"具有劳动意愿"作为其核心构成要素。在《中华人民共和国劳动法》《中华人民共和国劳动合同法》《中华人民共和国就业促进法》三大法中规定赋予了劳动者"选择职业""平等自愿""自主择业"的法律权利。

二是劳动合同法直接以劳动自由作为其制度基础,并坚持"平等自愿、协商一致"的劳动合同订立原则。

三是劳动自由原则贯穿于整个劳动法律规范内容体系。除劳动就业和劳动合同法律制度直接以劳动自由原则为基础建立之外,劳动自由原则还体现在加班等延长劳动时间时,必须得到劳动者的同意为前提;劳动者单方解除劳动合同只需提前30日告知,且无须征得用人单位同意;用人单位以暴力、威胁或者非法限制人身自由的手段,强迫劳动者劳动,或者用人单位违规指挥、强令从事冒险作业,危害劳动者人身安全的,劳动者可立即解除合同。

(二) 劳动者权益保障原则

劳动者权益保障原则是指对劳动者合法权益的特别保护或者倾斜性保护。保护劳动者合法权益是劳动法的基本目标,也是《中华人民共和国劳动法》立法的宗旨。

《中华人民共和国劳动法》第一条和《中华人民共和国劳动合同法》第一条均明确地指出:"为了'保护劳动者的合法权益'制定本法。"这是中国劳动法立场观点的集中体现。

(1) 要求国家在劳动立法中对劳动者权利实行倾斜配置,以实现劳动权利实质平等的价值目标。

(2) 要求在劳动法实施过程中对劳动者合法权益给予特别性保护,即当运用具体法律规范,难以做出维护劳动者或用人单位利益判断时,应当倾向于重点保护劳动者权益。

将劳动者权益保障作为劳动法的基本原则,其基本依据在于:

一是劳动法的本质要求。依据马克思分析劳资关系的立场观点,劳动法在本质上就是劳动者权利保护法。保护劳动者合法权益,是现代劳动法的价值目标和基本任务。

二是劳动关系从属性。劳动关系是一种非常特殊的社会关系,劳资双方地位不平等贯穿于劳动关系的全过程,即使在适用民法"自愿、平等原则"的劳动力市场,也存在"强资本弱劳工"态势。而劳资双方在劳动过程中的从属性,更是劳动关系的典型特征。因此,对劳动者实行特殊保护,纠正劳资双方实质上的不平等,符合劳动立法的指导思想和基本精神。

三是劳动者权利的人权性质。人权作为人依其本质所应当享有的权利,劳动关系以劳动力为基础。劳动力的生产、维持与使用,都与人的基本权利具有直接关系。人的生存、尊严和自由,属于基本人权的核心和基础。劳动关系的成立,虽然要求劳动者应当根据劳动合同约定将劳动力的使用在一定期限和条件下让渡给用人单位,但劳动力的使用是与人身无法分割的。在劳动者将劳动力的使用权交给用人单位的同时,也就让渡了自己部分的人身控制权。这是一个极易使劳动者的人身权利受到侵害的合约履行过程。因此,通过劳动立法设立一项对劳动者人身权利优先保护的使用规则,是人权的特殊性质决定的。

劳动者权益保障原则是贯穿于劳动立法和执法过程的基本准则。其主要体现在：

一是构建了保护劳动者的权利体系。《中华人民共和国劳动法》第三条不仅明确了劳动者从就业到劳动争议处理等劳动关系全过程享有的 7 项基本权利，还通过劳动法律规范，对劳动者的各种基本权利和其他劳动权利进行了更具体、系统的规定，形成了对劳动者合法权益有效保护的完整体系。这个权利体系，就是保障劳动者合法权益的基础。

二是形成了劳动者权利特殊保护规范体系。依据权益保障原则，劳动法在两个方面建立了对劳动者权利的特殊保护规范体系：一方面是以劳动关系从属性为基础的倾斜保护规范，如限制对普通劳动者约定违约金，劳动者解除合同无须征得用人单位的同意，用人单位单方解除劳动合同受到法律限制与惩罚，职业损害实行无过错归责原则等；另一方面是以人权为基础的"底线"保护规范，即劳动基准规范，如最低工资标准、最长劳动时间、最低工作环境与劳动保护条件、恶意欠薪入刑等。这类特殊保护规范，最充分地体现了劳动法的劳动者权益保障原则。

三是特殊的劳动者权益保障程序规范体系。劳动者特殊的法律权利，需特殊的法律程序给予保障。依据劳动者权益保障原则，劳动法以切实保障劳动者合法权益实现为目的，围绕劳动者各种具体权利，在程序上建立了一整套程序性法律规范体系。如就业环节坚持"面向社会、公开招收、择优录用、就业平等、禁止歧视"原则；用人单位规章制度制定的民主参与和公示，劳动报酬诉讼请求的先行支付令，诉讼中举证责任倒置等。

（三）劳动协调原则

劳动协调原则，是劳动法调整劳动关系的基本准则。劳动协调作为劳动法基本原则的客观基础，源于劳动关系的特殊性。劳动关系是劳资双方利益相互依存的社会关系。信赖是劳动关系存续的基础，合作是劳动关系存在的基本形式。

马克思对资本主义生产方式的分析，不仅以协作劳动形式为基础，而且揭示了协作劳动在创造生产力、提高个人工作效率等方面的特殊作用。[1]

劳资双方协调与配合程度，客观上决定了双方利益可能实现的程度。劳动关

---

[1] 马克思，恩克斯. 马克思恩格斯文集第 5 卷 [M]. 北京：人民出版社，2009：378-379.

系,也是劳资双方利益相冲突的社会关系。用人单位获取超过合理限度的利益,必然以劳动者合理利益的减损为条件。资本的逐利性和劳动关系的从属性,使劳动者合法权益常常处于易受侵害的境况之中。因此,劳资冲突与依存同时存在是劳动关系的基本特征。通过劳资双方沟通、协商、谈判等自治性协调机制,增进劳资双方合作与信赖,促进和谐劳动关系社会目标的实现;通过建立劳动者、资本、政府三方协调机制,实现劳动关系在不同主体之间的利益平衡。

作为劳动法的基本准则,劳动协调贯穿于劳动法立法、执法及劳动争议处理全过程,主要包括:

1. 职工民主管理法律规范

民主管理是现代劳动法的主要标志,也是劳资自治的重要形式。劳动者通过职工大会、职工代表大会,或者依法参加董事会、监事会等法律形式,参与企业决策,与用人单位平等协商制定企业内部规章制度和涉及劳动者重大利益的其他事项。对此,《中华人民共和国劳动法》《中华人民共和国工会法》《中华人民共和国公司法》等都作了明确规定。

2. 集体协商法律规范

集体协商是劳动法调整劳动关系的重要组成部分,《中华人民共和国劳动法》《中华人民共和国工会法》《中华人民共和国劳动合同法》不仅对此进行了系统的立法规定,而且原劳动和社会保障部还颁布了《集体合同规定》《工资集体协商试行办法》等专门规章。

3. 三方协商法律规范

建立政府、用人单位和劳动者三方协商机制,是劳动法调整劳动关系的有效措施之一。三方协商机制,不仅可以充分发挥政府在协调劳资双方利益冲突时的地位优势,而且可以在劳动法或劳动标准制定过程中发挥独特作用,实现从法律规范源头促进劳资双方以及社会利益关系的平衡。为此,中国在1990年批准了国际劳工组织《三方协商促进实施国际劳工标准公约》(第144号),并于2001年制定了国家协调劳动关系三方合议制度,建立起国家、产业、地方、企业四级纵向协商机制,形成了专门的三方协调规范体系。

4. 劳动争议处理调处法律规范

劳动关系的合作形式和信赖基础,使协调方法在劳动争议处理中具有特别重要的法律意义。为此,中国制定了《中华人民共和国劳动争议调解仲裁法》,建立了专门的劳动争议调解仲裁机构，制定了系统的劳动争议处理程序和具体规则。

总之，劳动自由、劳动者权益保障、劳动协调三项基本原则，有其内在的逻辑联系。劳动自由原则是劳动法律制度的基础，不仅直接支撑了劳动合同法律制度，而且也是其他劳动法律规范的基础；劳动保护原则是劳动法的实质和核心，他充分反映了劳动关系特殊的人身属性和劳资双方的地位差别，体现了劳动法对劳动者权益保护的制度目标；劳动协调原则是劳动法调整劳动关系的基本方法，他既是以合作、信赖为基础的劳动过程的本质要求，也是构建稳定、和谐劳动关系的有效路径。三项原则作为一个整体，共同服务于劳动法律制度目标和任务。

四、劳动法的调整对象

（一）劳动关系

劳动关系是指人们在劳动过程中发生的社会关系。并非所有在劳动过程中发生的社会关系都属于劳动法的调整对象。作为劳动法调整对象的劳动关系，是指劳动力所有者（劳动者）与劳动力使用者（用人单位）之间，在劳动过程中发生的。一方提供劳动力，另一方提供劳动报酬的社会关系。[①] 所以，劳动关系，是指劳动者与用人单位之间，在实现社会化劳动过程中产生的从属性社会关系。

为规范用人单位用工行为，保护劳动者合法权益，促进社会稳定，2005年12月原劳动部发布《关于确立劳动关系有关事项的通知》中规定："用人单位招用劳动者未订立书面劳动合同，但具备以下情形的，视同劳动关系成立。"

1. 主体资格

劳动关系主体资格特定，双方当事人，一方是劳动者，另一方是用人单位。一是用工主体资格。包括：各类企业、个体经济组织、民办非企业单位、行政事业单位、社会团体、会计师事务所、律师事务所等；二是劳动者主体资格，即具备法律规定的劳动年龄阶段、劳动能力的劳动者。

2. 从属性

一是经济从属性。用人单位在获得劳动者的劳动后，支付给劳动者劳动报酬、津贴等；二是组织从属性。劳动关系的一方即劳动者要成为另一方即用人单位的

---

① 邱妮斐，宋秉宏. 劳动法与社会保障法 [M]. 成都：电子科技大学出版社，2017：4.

成员，并遵守用人单位的内部劳动制度，用人单位对劳动者具有管理权。

3. 劳动的关联性

劳动者付出的劳动是用人单位主体业务的组成部分。即"劳动者是在为用工方做事；劳动者所做的事情，也是用工方的事情。"

实际生活中，常见的劳动关系可分为下列两种：

一是以劳动合同的形式确立的劳动关系。《中华人民共和国劳动法》第十六条明确规定："劳动合同是劳动者与用人单位确立劳动关系、明确双方权利和义务的协议。建立劳动关系应当订立劳动合同。"

二是非以劳动合同形式确立的劳动关系，即事实劳动关系。所谓的事实劳动关系，指用人单位在用工期间与劳动者，虽然未订立书面劳动合同，但劳动者为用人单位付出了劳动，所以，用人单位支付劳动报酬和工资。这就是双方之间形成的事实上的劳动关系。因此，无论双方之间，是否订立书面劳动合同，都不会影响双方之间形成的事实劳动关系的成立和存在。

（二）与劳动关系密切关联的其他社会关系

与劳动关系密切关联的其他社会关系，虽然不是劳动关系，但与劳动关系有着关联性。如：属于劳动关系产生的前提性社会关系、属于劳动关系运行必然结果的社会关系和与劳动关系产生、变更、解除具有一定牵连的社会关系。

五、劳动法适用范围

劳动法的适用范围是指《中华人民共和国劳动法》效力所及的对象和领域。《中华人民共和国劳动法》第二条规定："在中华人民共和国境内的企业、个体经济组织和与之形成劳动关系的劳动者，以及国家行政事业单位、社会团体和与之建立劳动合同关系的劳动者，依照本法执行"。为此，《中华人民共和国劳动法》的适用范围包括两个方面。

（一）主体的适用范围

《中华人民共和国劳动法》的适用范围以法定用工主体为标准确定，具体适用范围主要有六类：一是企业。指经依法核准登记设立的各种不同类型的法人和企业非法人。其中，企业非法人，是指《中华人民共和国民法总则》第四章规定的：

"个人独资企业、合伙企业等。"企业因用工形成的劳动关系,由《中华人民共和国劳动法》调整;二是个体经济组织。《民法总则》第五十四条规定:"自然人从事工商业经营,经依法登记,为个体工商户……"依据《中华人民共和国劳动法》第二条规定:"个体工商户作为个体经济组织的重要形式,因招用劳动者形成的劳动关系,由劳动法调整";三是民办非企业单位。随着中国市场经济体制与机制的不断完善,《中华人民共和国劳动合同法》将民办非企业单位产生的劳动关系纳入劳动法专门适用范围。根据《民办非企业单位登记管理暂行条例》的规定:"民办非企业单位主要有各种民办的学校、医院、科研院所、文艺团体等组织;"四是事业单位。中国事业单位在实行聘用制用工制度改革之后,聘用制工作人员与事业单位产生的聘用劳动关系,依据《中华人民共和国劳动合同法》第九十六条规定:"属于劳动法的适用范围;"五是国家机关和社会团体。国家机关和社会团体在《中华人民共和国公务员法》适用范围之外,采取劳动合同制方式招聘工勤人员或非公务员岗位劳动者所建立的劳动关系,属于劳动法适用范围;六是会计师事务所等合伙组织和基金会。根据《中华人民共和国劳动合同法实施条例》第三条的规定:"依法成立的会计师事务所、律师事务所等合伙组织和基金会,属于劳动合同法规定的用人单位。"

(二)地域的适用范围

凡是在中华人民共和国境内,与《中华人民共和国劳动法》确认的用工主体之间产生的劳动关系,均适用《中华人民共和国劳动法》,包括外国企业在中国境内设立的外商投资企业和中国企业派往外国的劳动者。

六、劳动法的体系

劳动法的体系,是指劳动法的各组成部分之间,所构成的相互联系的有机整体。按照不同的逻辑标准,劳动法律体系可以分为渊源体系和内容体系。

(一)劳动法的渊源体系

劳动法的渊源,是指法律规范首次出现的地方,因此,首创法律规范的文件就是法律的源;作为法律渊源的文件是法律规范的表现形式。所以,也称"法源"或"法律规范的渊源"。

劳动法的渊源体系，就是协调劳动关系，以及与劳动关系密切关联的其他社会关系的规范的总和。

中国劳动法渊源体系，由不同层次的劳动法律规范构成。具体如下：

1. 宪法

宪法是国家的根本大法，是任何一项具体法律制度的基本渊源。中国宪法确立了劳动法的基本目标、任务和原则，是《中华人民共和国劳动法》的立法依据和基础。如《中华人民共和国宪法》第四十二、第四十五条分别确立劳动者劳动权、休息权、社会保障权以及物质帮助权等项基本权利。

2. 法律

法律是指由全国人民代表大会及其常务委员会通过的基本法或者专门法，其法律效力仅次于宪法。全国人民代表大会及其常务委员会制定的劳动法律法规，包括《中华人民共和国劳动法》《中华人民共和国劳动合同法》《中华人民共和国社会保险法》《中华人民共和国就业促进法》《中华人民共和国劳动争议调解仲裁法》《中华人民共和国职业病防治法》《中华人民共和国安全生产法》《中华人民共和国矿山安全法》《中华人民共和国工会法》等。这些法律法规中，《中华人民共和国劳动法》属于基本法，其他法律属于专门法。

劳动基本法，是调整劳动关系法律的基本的制度设计，既有其内在的制度逻辑体系，也具有其内容全面性和劳动法律规范的综合性。劳动专门法（单行法）是针对劳动法特定问题，所做的专门的制度设计，具有专门制度的内容体系和逻辑结构体系。

3. 行政法规

行政法规是指由国务院依据宪法和法律制定的法律规范。国务院制定的劳动法律规范数量较多，如《劳动合同法实施条例》《女职工劳动保护特别规定》《工伤保险条例》《对外劳务合作管理条例》《军人抚恤优待条例》《自然灾害救助条例》等。

劳动行政法规，通常是为更好地实施劳动法律而制定的配套性细则，或者是在劳动法律立法条件尚未成熟时，由国务院制定的试行或者暂行性质的法律规范，如《社会救助暂行办法》。劳动行政法规应当依据宪法和法律制定，其内容不得与宪法和法律规定相冲突。

4. 地方性法规

是省、自治区、直辖市人民代表大会及其常委会制定的地方性劳动法规以及地方政府制定的地方性规章制度。地方性劳动法律法规，通常是为了法律和行政法规实施而制定的配套性、具体化的劳动法律法规规范。

5. 规章

劳动法领域的规章包括部门规章和地方性规章。劳动法部门规章，是指由国务院有关部委制定的劳动法律规范，如《就业服务与就业管理规定》《工伤职工劳动能力鉴定管理办法》《劳务派遣暂行规定》等。

6. 国际劳工公约

国际劳工组织通过的劳工公约属于国际劳动法的范畴，其主要是就某项劳动权或某劳动权某方面做出保护规定。中国政府批准的国际劳工公约在中国具有法律效力，因此也是中国劳动法的渊源之一。中国作为国际劳工组织的成员国批准了二十多项公约。

7. 司法解释

司法解释，指最高人民法院对人民法院在审判过程中，对具体法律问题所作出的解释。20 世纪 90 年代以来，中国最高人民法院颁布了诸多有关问题的司法解释，这些司法解释也是劳动法的重要渊源。

（二）劳动法的内容体系

劳动法的内容体系，指按照劳动法律规范内容构成，具有内在逻辑联系的内容结构。劳动法的内容体系由就业促进法律制度、个别劳动关系法律制度、集体劳动关系法律制度、劳动基准法律制度、劳动行政监察法律制度和劳动争议处理法律制度构成。

1. 劳动就业法

主要功能在于促进和保障劳动者劳动权利的实现。具体包括就业促进法、就业服务法、就业管理法、职业培训法等等。

2. 劳动关系协调法

功能主要在于在劳动关系运行过程，围绕劳动者和用人单位之间的关系，保护劳动者的相关权益。具体包括劳动合同法、集体合同法、工会法等。

3. 劳动标准法

也称为劳动基准，是国家为保护劳动者的利益而制定的有关劳动条件与劳动待遇的最低标准。劳动标准主要包括：工作时间与休息休假、工资、劳动安全与卫生和特殊劳动保护等等。

4. 社会保险法

他是劳动者生活保障权的体现，是保障劳动者在丧失劳动能力或有其他特殊情形需要得到扶助时的权益的法律。具体包括养老保险法、医疗保险法、失业保险法、工伤保险法和生育保险法等等。

5. 劳动保障法

功能主要是劳动关系当事人的权益实现和救济的法律规范，具体包括劳动争议处理法、劳动监察法等。

第二节 劳动合同

劳动合同作为用人单位和劳动者劳动关系的基本法律形式，是稳定劳动关系，保障劳动过程的平稳运行，维护劳动者和用人单位合法权益，促进社会经济社会发展的重要手段。

一、劳动合同的概述

（一）劳动合同的概念

劳动合同，又称为劳动契约、雇佣合同或雇佣契约。中国对劳动合同的定义可分为学理定义和立法定义。学理上的定义为：劳动合同是劳动双方当事人确立、变更、终止劳动权利与义务的协议。学理上的定义强调了劳动合同的劳动权利义务关系的广泛性，既包括以劳动合同形式产生权利义务关系，也包括对权利义务关系的变更和终止。立法上的定义为：《中华人民共和国劳动法》第十六条第一款规定："劳动合同是劳动者与用人单位确立劳动关系、明确双方权利和义务的协议。"法理上定义强调了劳动合同与权利义务之间的紧密关联性，通过立法引导双方当事人，要使其劳动关系产生预期的法律效力，必须签订劳动合同。[①]

---

① 邱妮斐，宋秉宏. 劳动法与社会保障法 [M]. 成都：电子科技大学出版社，2017：68.

劳动合同依法订立，就具备法律约束力，当事人必须履行劳动合同规定的义务。劳动合同运行过程包括：合同订立、履行、变更以及解除、终止等内容。

劳动合同既可以是书面劳动合同，也可以是口头或推定劳动合同，其法律意义主要在于：《中华人民共和国劳动合同法》虽然要求劳动合同应当以书面形式订立，但依旧确认口头或推定劳动合同的效力。如，关于劳动合同解除和终止的规定，对于未订立书面劳动合同的劳动关系而言，则是指口头或推定劳动合同。

《中华人民共和国劳动法》第十六条第一款规定："劳动合同是劳动者与用人单位之间确立劳动关系，明确双方权利和义务的协议。"根据这个协议，劳动者加入企业、个体经济组织、事业组织、国家机关、社会团体等用人单位，成为该单位的一员，承担一定的工种、岗位或职务工作，并遵守所在单位的内部劳动规则和其他规章制度；用人单位应及时安排被录用的劳动者工作，按照劳动者提供劳动的数量和质量支付劳动报酬，并且根据劳动法律法规规定和劳动合同的约定提供必要的劳动条件，保证劳动者享有劳动保护及社会保险、福利等权利和待遇。

（二）劳动合同的基本特点

劳动合同除具有一般合同的特征，还具有以下主要特征。

1. 主体的特定

一方具备法人资格的用人单位，或者独立承担民事责任的经济组织、个人；另一方具备劳动能力和劳动行为能力的劳动者。用人单位主要包括：各类企业、个体经济组织、行政事业单位以及社会团体、会计师事务所、律师事务所等合伙组织和基金会等。

2. 法定性

劳动合同是双方当事人在平等、自愿基础上缔结的协议，具体的劳动权利与劳动义务允许双方当事人协商议定。但由于劳动关系的人身从属性特征，使得劳动者签订劳动合同时，也可能成为附属性一方面丧失独立意志。所以，劳动合同双方当事人在缔结劳动合同、确定劳动权利义务时，不得违背国家法律和行政法规的规定。

劳动者和用人单位在履行劳动合同过程中，存在管理关系，即劳动者一方须加入到用人单位一方中去，成为该单位的职工，接受用人单位的管理并依法获取劳动报酬。

3. 诺成、有偿、双务合同的特征

劳动者与用人单位，对劳动合同的条款达成一致意见，劳动合同即成立。用人单位依据劳动者劳动的数量和质量，支付一定的劳动报酬。劳动者与用人单位均享有一定的权利，并履行相应的义务。

4. 具有劳动权利和义务的统一性和对应性

不存在只享受劳动权利，而不履行劳动义务的，也不存在只履行劳动义务，而不享受劳动权利的。一方的劳动权利，就是另一方的劳动义务，反之亦然。

5. 劳动合同性质决定了劳动合同内容

以法定为多、为主，以商定为少、为辅，即劳动合同的诸多内容必须遵守国家的法律规定，如工资、保险、保护、安全生产等，而当事人之间对合同内容的协商余地较小。

6. 在特定条件下，劳动合同法涉及第三方的物质利益，即劳动合同内容不仅限于当事人的权利和义务，有时涉及劳动者的直系亲属，在一定条件下享受的物质帮助权

（三）劳动合同种类

1. 以合同期限为标准划分

有固定期限的劳动合同、无固定期限的劳动合同和以完成一定工作为期限的合同。

（1）有固定期限的劳动合同，是合同双方当事人，约定合同有效起始日期和终止日期的合同。合同期限届满，劳动合同即终止。所以，双方当事人根据生产、工作实际需要，合理确定劳动合同的期限。

《中华人民共和国劳动法》第二十一条规定："从事矿山井下以及其他有害身体健康的工种、岗位工作的农民工，实行定期轮换制度，合同期限最长不得超过8年。有固定期限的劳动合同适用范围比较广泛，灵活性较强。"

（2）无固定期限的劳动合同。是合同双方当事人，只是约定合同起始日期，而不约定终止时期的合同。无固定期限的合同，如果产生法律、法规，或者合同变更、解除、终止情况，双方当事人，不得擅自变更、解除、终止劳动关系。

《中华人民共和国劳动法》规定：在下列情形中，应当签订无固定期限的劳动合同：一是劳动者在同一用人单位连续工作满10年以上，当事人双方同意续延劳动合同的；二是工作年限较长，且距法定退休年龄10年以内的；三是复员、转业军人初次就业的；法律、法规规定的其他情形。

(3)以完成一定工作为期限的劳动合同,是指合同双方当事人,将完成某项工作或者工程,作为合同有效期限的合同。合同中不明确约定合同的起止期,以某项工作或工程完工之日为合同终止时期。这种合同一般适用于建筑业、临时性、季节性的工作。

以上三种劳动合同期限作为劳动合同的必备条款,由当事人双方约定。究竟选择何种形式的期限,主要取决于用人单位与劳动者的合意。据《中华人民共和国劳动合同法》第十三条、第十四条、第十五条二款的规定,无论哪种期限形式的劳动合同,只要双方当事人协商一致,都可以无条件地选择。

2. 以就业形式为标准划分合同

(1)录用合同,是指用人单位在政府人力资源和社会保障部门下达的用人指标数量条件下,通过公开招聘、择优录用方式订立的劳动合同。

(2)聘用合同,是指用人单位,向特殊人员发聘书的方式,建立劳动关系的合同。这种合同适用于招聘有专业技术的特殊劳动者。如企业聘请特殊技术顾问、法律顾问人员。

(3)借调合同,是借调单位、被借调单位与借调职工之间,为从事某种工作,明确相互责任、权利和义务的合同。借调合同一般适用于借调单位急需借用的职工(工人)。当借调合同终止时,借调职工回原单位工作。

按就业形式的不同,也可以将劳动合同划分为:全日制用工合同和非全日制用工合同。全日制用工劳动合同,也叫典型用工劳动合同、全职劳动合同,是指劳动者依照国家法定工作时间,从事全日制劳动的劳动合同。全日制用工劳动合同是传统就业或者说正规就业的实现方式;非全日制用工劳动合同,也叫部分工时劳动合同、非典型用工劳动合同、弹性工作劳动合同,是指劳动者依照国家法律规定,每日工作时间或者一定期间内的工作时间少于类似全日制劳动者的劳动合同。《中华人民共和国劳动合同法》第六十八条至七十二条对非全日制用工的概念、合同形式、合同终止、工资支付等做了特别规定。

3. 以签订劳动合同主体为标准划分合同

(1)集体合同。《中华人民共和国劳动合同法》第五十一条规定:"企业职工一方与用人单位通过平等协商,可以就劳动报酬、工作时间、休息休假、劳动安全卫生、保险福利等事项订立集体合同。"

(2)劳务派遣。《中华人民共和国劳动合同法》第五十八条规定:"劳务派遣单位是本法所称用人单位,应当履行用人单位对劳动者的义务。劳务派遣单位与被派遣劳动者订立的劳动合同,除应当载明《中华人民共和国劳动合同法》第十七条规定的事项外,还应当载明被派遣劳动者的用工单位以及派遣期限、工作岗位等情况。"

《中华人民共和国劳动合同法》规定:"劳务派遣单位应当与被派遣劳动者订立二年以上的固定期限劳动合同,按月支付劳动报酬;被派遣劳动者在无工作期间,劳务派遣单位应当按照所在地人民政府规定的最低工资标准,向其按月支付报酬。"

(3) 非全日制用工。《中华人民共和国劳动合同法》第六十八条规定:"非全日制用工,是指以小时计酬为主,劳动者在同一用人单位一般平均每日工作时间不超过4小时,每周工作时间累计不超过24小时的用工形式。"《中华人民共和国劳动合同法》第六十九条规定:"非全日制用工双方当事人可以订立口头协议。从事非全日制用工的劳动者可以与一个或者一个以上用人单位订立劳动合同;但是,后订立的劳动合同不得影响先订立的劳动合同的履行。"

除上述分类以外,以用工形式的不同可划分为:典型劳动合同、非典型劳动合同。典型劳动合同就是依据劳动合同法的一般规定而订立的劳动合同;非典型劳动合同就是依照劳动合同法的特别规定而订立的劳动合同。

《中华人民共和国劳动合同法》规定:"非典型劳动合同之外的劳动合同均属典型劳动合同。非典型劳动合同主要有两种:即劳务派遣合同和非全日制劳动合同。劳务派遣合同是指劳务派遣单位(用人单位)与被派遣劳动者订立劳动合同后,再与接受以劳务派遣形式用工的单位(用工单位)订立劳务派遣协议,将被派遣劳动者派遣至用工单位,从而形成的非典型形式劳动合同。劳务派遣合同的法律关系涉及被派遣劳动者、用人单位、用工单位三方。"《中华人民共和国劳动合同法》第六十八条规定:"非全日制劳动合同是指劳动者和用人单位签订的,以小时计酬为主,劳动者在同一用人单位一般平均每日工作时间不超过4小时,每周工作时间累计不超过24小时的非典型形式的劳动合同。"

二、劳动合同内容

《中华人民共和国劳动法》规定:"劳动合同应当以书面形式订立,包括必备条款和约定条款两类。"

（一）劳动合同的必备条款

《中华人民共和国劳动法》第十九条规定："劳动合同的法定形式是书面形式，其必备条款有7项。"

1. 合同期限

《中华人民共和国劳动法》规定："合同期限分为3种：有固定期限，如1年期限、3年期限等均属这一种；无固定期限，合同期限没有具体时间约定，只约定终止合同的条件，无特殊情况，这种期限的合同应存续到劳动者到达退休年龄；以完成一定工作为期限，例如，劳务公司外派一员工去另外一公司工作，两个公司签订了劳务合同，劳务公司与外派员工签订的劳动合同期限是以劳务合同的解除或终止而终止，这种合同期限就属于以完成一定工作为期限的种类用人单位与劳动者在协商选择合同期限时，应根据双方的实际情况和需要来约定。"

2. 工作内容

《中华人民共和国劳动法》规定："双方可以约定工作数量、质量，劳动者的工作岗位等内容。在约定的工作岗位时可以约定较宽泛的岗位概念，也可以另外签一个短期的岗位协议作为劳动合同的附件，也可以约定在何种条件下可以变更岗位条款等。"

3. 劳动保护和劳动条件

《中华人民共和国劳动法》规定："可约定工作时间和休息休假的规定，各项劳动安全与卫生的措施，对女工和未成年工的劳动保护措施与制度，以及用人单位为不同岗位劳动者提供的劳动、工作的必要条件等。"

4. 劳动报酬

《中华人民共和国劳动法》规定："约定劳动者的标准工资、加班加点工资、奖金、津贴、补贴的数额及支付时间、支付方式等。"

5. 劳动纪律

《中华人民共和国劳动法》规定："单位制定的规章制度约定进来，可采取将内部规章制度印制成册，作为合同附件的形式加以简要约定。"

6. 劳动合同终止的条件

《中华人民共和国劳动法》规定："固定期限的劳动合同中约定，因这类合同没有终止的时限。但其他期限种类的合同也可以约定。需注意的是,双方当事人不得将法律规定的可以解除合同的条件约定为终止合同的条件,以避免出现用人单位应当在解除合同时支付经济补偿金而改为终止合同不予支付经济补偿金的情况。"

7. 违反劳动合同的责任

《中华人民共和国劳动法》规定:"一般约定两种违约责任形式:一是一方违约赔偿给对方造成经济损失,即赔偿损失的方式;二是定违约金的计算方法,采用违约金方式应当注意根据职工一方承受能力来约定具体金额,避免出现显失公平的情形。违约,不是指一般性的违约,而是指严重违约,致使劳动合同无法继续履行,如职工违约离职,单位违法解除劳动者合同等。"

(二) 劳动合同的约定条款

《中华人民共和国劳动法》规定:"用人单位与劳动者订立的劳动合同除上述7项必须具备的条款内容外,还可以协商约定其他的内容,一般简称为协商条款或约定条款,其实称为随机条款似乎更准确。"因为,必备条款的内容也是需要双方当事人协商、约定的。

约定条款的内容,是国家法律法规未不明确规定,或者国家尚无法律规定的情况下,用人单位与劳动者根据双方的实际情况,协商约定一些随机性条款。人力资源和社会保障、劳动行政部门规定印制的劳动合同(样本),一般将必备条款写得非常具体。同时,留出一定的空白,由双方随机约定一些内容。

1. 保守商业秘密条款

《中华人民共和国反不正当竞争法》第十条,《劳动部关于企业职工流动若干问题的通知》(原劳部发〔1996〕355号)第二条,《关于禁止侵犯商业秘密行为的若干规定(修正)》(原国家工商局公第41号),《国家工商局关于商业秘密构成要件问题的答复》(原工商公字〔1998〕109号),国家科委《关于加强科技人员流动中技术秘密管理的若干意见》(国科发政字〔1997〕317号)中规定了商业秘密的保护内容。

综上规定,商业秘密,是指无法利用正规渠道直接获取的,而是为权利人带来经济利益、具有实用性,并需权利人采取保密措施的信息。该信息必须同时具备上述三个特点,方可称之为商业秘密。

劳动合同就是用人单位与劳动者的之间的协议书,可以在其中约定商业秘密内容。按照规定，可以约定在劳动合同终止前，或者解除劳动合同之后的一定时间内（不超过 6 个月），调整其工作岗位，变更劳动合同的相关内容；也可以约定用人单位，对掌握商业秘密的职工，规定在终止，或者解除劳动合同之后的一定期限内（不超过 3 年），不准入职生产同类产品，或者同类业务，并且有竞争关系的其他用人单位，也不准本人生产，与原单位有竞争关系的同类产品，或者从事同类业务。

2. 试用期条款

试用期，是用人单位与劳动者建立劳动关系之后，为互相了解、选择，而约定的考察期。试用期一般情况下，适用于初次就业，或者再次就业时改变劳动岗位或工种的劳动者。为此，在试用期内，劳动者被认为不符合录用条件，用人单位可以随时解除合同。

《中华人民共和国劳动法》规定："签订劳动合同时，可以不约定试用期，也可以约定试用期。但约定的试用期最长不得超过 6 个月。劳动合同期限 3 个月以上不满 1 年的，试用期不得超过 1 个月；劳动合同期限 1 年以上不满 3 年的，试用期不得超过 2 个月；3 年以上的固定期限和无固定期限的劳动合同，试用期不得超过 6 个月。试用期包括在劳动合同期限内。非全日制劳动合同，不得约定试用期，以完成一定工作任务为期限的劳动合同或者合同期限不满 3 个月的，不得约定试用期限。"

三、订立劳动合同

（一）劳动合同订立的原则

《中华人民共和国劳动合同法》第三条规定："订立劳动合同应遵守原则包括：合法原则；协商一致原则；合同主体地位平等原则；等价有偿原则。"

（二）签订劳动合同的注意事项

1. 劳动合同签订的时间

自用工之日起一个月内订立书面劳动合同即可；自用工之日起超过一年未与劳动者签订书面劳动合同的，视同为双方已形成无固定期限劳动合同。

2. 劳动合同的期限

劳动合同的期限有三种：有固定期限的劳动合同、无固定期限的劳动合同和以完成一定工作为期限的劳动合同。

3. 对非全日制用工的注意事项

（1）非全日制劳动者，在同一用人单位从事劳动的，平均每日工作时间不超过4小时，每周累计不超过24小时；（2）对非全日制用工，不得约定试用期；（3）对非全日制用工，实施小时计酬标准，不准低于最低小时工资标准；（4）非全日制用工的劳动报酬的结算支付周期最长不准超过15个工作日；（5）用人单位依法缴纳工伤保险，否则发生工伤事故，承担相关责任。

4. 管理人员签订劳动合同注意事项

（1）聘任和解聘的问题。对于高级管理人员的聘任和解聘，不同于一般劳动者。按照《中华人民共和国公司法》规定："未经用人单位董事会的决议，用人单位，无权直接聘任或解聘高级管理人员，所以，在签订劳动合同，要规定明确，以便与普通员工订立的劳动合同区别。"

（2）加班费问题。对于高级管理人员来说，其工作性质是与普通劳动者有差别。在实际工作环节，公司（单位）的高级管理人员离职以后，要求公司（单位）支付加班费，但在司法实务中，高级管理人员索要加班费一般不会得到支持，所以，用人单位在签订劳动合同时应注意解决这个问题。

（3）保密条款。由于高级管理人员会直接接触用人单位（公司）的商业秘密，所以为了防止高级管理人员将商业秘密泄露给他人而损害用人单位（公司）的利益，就需要在劳动合同中增加保密条款，并且对违规保密条款所应承担的责任做出约定。

（4）竞业限制条款。竞业限制，是用人单位对劳动者在用工时或终止、解除劳动合同之后的一定期限内，不得经营同类业务或在与本单位有竞争关系的其他用人单位就职，也不得自己生产与原单位有竞争关系的同类产品或经营同类业务。为了更好地保护用人单位利益，在与高级管理人员签订的劳动合同时，根据实际情形，有必要增加竞业限制条款。

四、劳动合同的续订

（一）劳动合同续订的定义

劳动合同续订，指劳动合同期限届满后，劳动者和用人单位继续延长劳动合同有效期的法律行为，即原有劳动合同的有效期限截止之后，继续存续一段时期。在续存期限内，劳动者和用人单位，继续享受原劳动合同签订的相关权利和义务。劳动合同续订的要求和劳动合同订立一样，应遵守坚持平等自愿、协商一致的原则。

（二）劳动合同续订与劳动合同订立的区别

1. 劳动合同续订的情形不同

劳动合同续订是在合同双方当事人，经互相了解的情况下进行的，因而不需要约定试用期；而劳动合同订立，是在合同双方当事人互相不充分了解的情况下进行的，所以需要约定试用期。

2. 劳动合同续订的基础不同

劳动合同续订的基础是劳动者和用人单位订立的原劳动合同；劳动合同订立则无法按照已存在的劳动合同作为参照。

3. 劳动合同续订的权利与义务已确定

劳动合同续订时，双方当事人的权利和义务已确立，其权利与义务是原劳动合同的延续；劳动合同的订立是在双方当事人权利与义务未确立的情况下进行的。

（三）劳动合同续订的情形

1. 劳动合同续订的情形和规定

劳动合同续订可以有法定的情形，也可以有劳动合同约定的情形。

《中华人民共和国劳动合同法》规定："劳动合同续订的情形主要有：（1）劳动合同期限届满后，劳动者和用人单位经过协商，续订劳动合同的；（2）职工在规定的医疗期、孕期、产期或者哺乳期内，若劳动合同期限届满，则应顺延至医疗期、孕期、产期或者哺乳期届满。

2. 劳动合同不得续订的情形和规定

在特殊情况下，法律法规做出的不得续订劳动合同的规定。如，《中华人民共和国劳动合同法》对不得续订劳动合同的情形做出了规定。公安部、外交部等部门联合颁布的《关于外国人在中国就业管理的规定》中规定："已满5年的外国人劳动合同不得续订；以完成一定工作（工程）为期限的劳动合同，不存在续订的必要。"

（四）劳动合同续订的程序

1. 发出续订劳动合同意向书，征求劳动者的意见

用人单位需要续订劳动合同应当在劳动合同期限届满前的一定期限内通知劳动者，征求劳动者的意见。

2. 双方当事人协商确定

用人单位发出续订劳动合同意向书之后，如劳动者不愿意续订劳动合同，劳动合同就无法续订；如劳动者提出续订劳动合同的意向之后，用人单位不愿意续订劳动合同，劳动合同就无法续订。只有在双方当事人协商一致之后，才能续订。

3. 签订续订劳动合同的协议书

劳动者和用人单位协商一致之后，可续订劳动合同协议书。

4. 鉴证或备案

经过鉴证或备案的劳动合同续订后，需要到劳动行政主管部门办理劳动合同鉴证或备案的手续。

（五）劳动合同续订的条件

从广义上讲，劳动合同续订属于合同订立行为，所以原则上以合同订立的要件确定劳动合同续订条件。合同订立的核心要件，是双方当事人就合同内容达成合意，在程序上经过要约和承诺的过程。劳动合同的续订，最重要的条件也是当事人达成合意，即用人单位和劳动者都愿意按原合同约定的内容继续履行。[1]

1. 劳动合同的当然续订

在特定条件下，劳动合同当然续订，不需要用人单位和劳动者合意地存在。《中华人民共和国劳动合同法》第四十五条规定："劳动合同期满，《中华人民共和国劳动合同法》第四十二条规定情形之一的，劳动合同应当续延至相应的情形消失时终止。但是，《中华人民共和国劳动合同法》第四十二条第二款规定："丧失或者部分丧失劳动能力劳动者的劳动合同的终止，按照国家有关工伤保险的规定执行。"《中华人民共和国劳动合同法》第四十二条规定："劳动者有下列情形之一的，用人单位不得依照《中华人民共和国劳动合同法》第四十条、第四十一条的

---

[1] 梁甜甜，梁玉莲. 劳动法新论 [M]. 北京：北京理工大学出版社，2016：77-78.

规定解除劳动合同：(1) 从事接触职业病危害作业的劳动者未进行离岗前职业健康检查，或者疑似职业病病人在诊断或者医学观察期间的；(2) 在本单位患职业病或者因工负伤并被确认丧失或者部分丧失劳动能力的；(3) 患病或者非因工负伤，在规定的医疗期内的；(4) 女职工在孕期、产期、哺乳期的；(5) 在本单位连续工作满十五年，且距法定退休年龄不足五年的；(6) 法律、行政法规规定的其他情形。"根据上述条文的规定，当劳动者具有《中华人民共和国劳动合同法》第四十二条规定的情形之一时，即使劳动合同到期，劳动合同也并不终止，而是自动续期，不需要当事人达成续订合同的合意，合同自动续延到上述情形消失时终止。

《中华人民共和国劳动合同法》第四十二条规定："……是一些劳动者处于特殊困难时期的情形，在这些特殊时期，劳动者的处境比较艰难，如果其在这段时期丢掉工作，既是对其精神上的巨大打击，又给其带来了巨大的经济压力，生存可能都存在问题。"基于保护劳动者，劳动合同到期时劳动者陷于困境的，劳动合同自动延续，一直到劳动者走出困境为止，这无疑是一种充满人文关怀的合理的规定。此外，按照原劳动部颁布的《关于实行劳动合同制度若干问题的意见》规定："有固定期限的劳动合同期满后，因用人单位方面的原因未办理终止或续订手续而形成事实劳动关系的，视为续订劳动合同，用人单位应及时与劳动者协商办理续订劳动合同手续。"

2. 无固定期限劳动合同的续订

在特定条件下劳动者可以与用人单位续订无固定期限的劳动合同，并且用人单位有续订的义务。无固定期限劳动合同，是指用人单位与劳动者约定无合同终止时间的劳动合同。无固定期限的劳动合同有利于维护劳动者职业的稳定，防止失业，因此是劳动者最愿意接受的合同形式，是国家保护劳动者的重要手段之一。无固定期限劳动合同的签订需要符合一定的条件，其可以因用人单位和劳动者就无固定期限劳动合同的签订达成一致意见而成立，在一定条件下，劳动者也可以单方提出签订无固定期限劳动合同的请求，用人单位应当接受劳动者的请求。

《中华人民共和国劳动法》第二十条第二款规定："劳动者在同一用人单位连续工作满十年以上，当事人双方同意续延劳动合同的，如果劳动者提出订立无固定限期的劳动合同，应当订立无固定限期的劳动合同。"

根据上述规定，无固定期限劳动合同续订的条件主要有三个：一是劳动者在同一用人单位连续工作满十年以上；二是双方当事人一致同意续延劳动合同；三是劳动者提出订立无固定限期的劳动合同。

此外，最高人民法院颁布的《关于审理劳动争议案件适用法律若干问题的解释》第十六条第二款和《中华人民共和国劳动法》第二十条规定："用人单位应当与劳动者签订无固定期限劳动合同而未签订的，人民法院可以视为双方之间存在无固定期限劳动合同关系，并以原劳动合同确定双方的权利义务关系。"上述规定存在一定的问题，使得在实务操作中，劳动者要求订立无固定期限合同的主张遇到很大的阻碍。

根据《中华人民共和国劳动法》第二十条规定："必须事先有用人单位和劳动者同意续订合同的合意，之后劳动者单方提出续订无固定期限合同的要求，随后用人单位必须接受该请求。"

《中华人民共和国劳动合同法》的颁布在一定程度上，使上述问题得以解决，其中《中华人民共和国劳动合同法》第十四条规定："无固定期限劳动合同，是指用人单位与劳动者约定无确定终止时间的劳动合同。"用人单位与劳动者协商一致，可以订立无固定期限劳动合同。

有下列情形之一，劳动者提出或者同意续订、订立劳动合同的，除劳动者提出订立固定期限劳动合同外，应当订立无固定期限劳动合同：一是劳动者在用人单位连续工作满十年的；二是用人单位初次实行劳动合同制度，或者国有企业改制重新订立劳动合同时，劳动者在用人单位连续工作满十年，并且距法定退休年龄不足十年的；三是连续订立两次固定期限劳动合同，但劳动者无《中华人民共和国劳动合同法》第三十九条和第四十条第一项、第二项规定的情形，"用人单位自用工之日起满一年，与劳动者未订立书面劳动合同的，视为用人单位与劳动者已订立无固定期限劳动合同。"根据该条规定，无固定期限劳动合同，不但可以因双方当事人协商一致而成立，而且在具备上述三种情形之一、劳动者单方提出续订劳动合同时，用人单位必须与劳动者签订无固定期限的劳动合同。

《中华人民共和国劳动合同法》第十四条规定："用人单位自用工之日起满一年不与劳动者订立书面劳动合同的，视为用人单位与劳动者已订立无固定期限劳动合同。"这一条的立法目的很明显，即督促用人单位尽快同劳动者订立劳动合同。

（六）劳动合同的履行和变更

1. 劳动合同的履行

（1）劳动合同的履行，指劳动合同双方当事人按照劳动合同的约定履行各自义务、实现各自权益的行为。

（2）劳动合同履行的原则。一是全面履行原则；二是按照劳动合同履行原则。

2. 用人单位在劳动合同履行过程中的义务

（1）及时、足额支付劳动报酬。用人单位支付劳动者的全部报酬，包括三部分：一是货币工资；二是实物报酬；三是社会保险。

《中华人民共和国劳动合同法》第三十条第一款规定："用人单位应当按照劳动合同约定和国家规定向劳动者及时足额支付劳动报酬。"结合各类灵活就业形式，允许用人单位和劳动者双方在法律允许的范围内对劳动报酬的金额、支付时间、支付方式等进行平等协商，在劳动合同中约定一种对当事人而言更切合实际的劳动报酬制度。同时，用人单位向劳动者发放劳动报酬还要遵守国家有关规定。主要有：一是最低工资制度；二是工资应当以货币形式发放。根据《中华人民共和国劳动法》第五十条和《工资支付暂行规定》："工资应当以货币形式支付，应当以法定货币支付，经批准可以外币支付的除外，不得以发放实物或有价证券等形式代替货币支付；"三是劳动者的加班费。

《中华人民共和国劳动法》第三十条第一款规定："对用人单位拖欠或者未足额发放劳动报酬的，劳动者可以依法向当地人民法院申请支付令。对用人单位拖欠劳动者工资，尤其是拖欠农民工资问题，做了这样的规定。"

根据《中华人民共和国民事诉讼法》规定："劳动者与用人单位之间没有其他债务纠纷且支付令能够送达用人单位的，劳动者可以向有管辖权的基层人民法院申请支付令。劳动者在申请书中应当写明请求给付劳动报酬的金额和所根据的事实、证据；劳动者提出申请后，人民法院应当在五日内通知其是否受理；人民法院受理申请后，经审查劳动者提供的事实、证据，对工资债权债务关系明确、合法的，应当在受理之日起十五日内向用人单位发出支付令；人民法院经审查认为劳动者的申请不成立的，可以裁定予以驳回；用人单位应当自收到支付令之后十五日内清偿债务，或者向人民法院提出书面异议；用人单位在前款规定的期间不提出异议又不履行支付令的，劳动者可以向人民法院申请强制执行；人民法院收到用人单位提出的书面异议后，应当裁定终结支付令这一督促程序，支付令自行失效，劳动者可以依据有关法律的规定提出调解、仲裁或者起诉。"

（2）提供劳动安全卫生保护。《中华人民共和国劳动法》《中华人民共和国工会法》明确规定："劳动者对用人单位管理人员违章指挥、强令冒险作业有权拒绝执行，在危及生命安全时，劳动者有权紧急撤离现场。这是在劳动安全卫生权利受到侵害，生命健康权受到威胁时，法律赋予劳动者的紧急处置权。"

《中华人民共和国劳动法》第三十二条规定："劳动者拒绝用人单位管理人员违章指挥、强令冒险作业的，不视为违反劳动合同。劳动者对危害生命安全和身体健康的劳动条件，有权对用人单位提出批评、检举和控告。"用人单位违背《中华人民共和国劳动法》规定解除或者终止劳动合同，劳动者要求继续履行劳动合同的，用人单位应当继续履行；劳动者不要求继续履行劳动合同或者劳动合同已不能继续履行的，用人单位应当依照《中华人民共和国劳动法》第八十七条规定支付赔偿金。

3. 劳动合同的变更

（1）劳动合同变更的定义。

劳动合同的变更，是指劳动合同依法订立后，在合同尚未履行或者尚未履行完毕之前，经用人单位和劳动者双方当事人协商同意，对劳动合同内容作部分修改、补充或者删减的法律行为。劳动合同的变更是原劳动合同的派生，是双方已存在的劳动权利义务关系的发展。①

根据《中华人民共和国劳动合同法》第十六条规定："劳动合同由用人单位与劳动者协调一致，并经用人单位与劳动者在劳动合同文本上签字或者盖章生效。"因此，劳动合同一经依法订立，即具有法律约束力，受法律保护，双方当事人应当严格履行，任何一方不得随意变更劳动合同约定的内容。但是，当事人在订立合同时，有时不可能对涉及合同的全部问题都做出明确的规定；合同订立后，在履行劳动合同的过程中，由于社会生活和市场条件的不断变化，订立劳动合同所依据的客观情况发生变化，使得劳动合同难于履行或者难于全面履行，或者使合同的履行可能造成当事人之间权利义务的不平衡，就需要用人单位和劳动者双方对劳动合同的部分内容进行适当的调整。否则，在劳动合同与实际情况相脱节的情况下，若继续履行，可能会对当事人的正当利益造成损害。为此，《中华人民共和国劳动合同法》规定："允许当事人在一定条件下可以变更劳动合同。双方当事人可以依据有关法律法规的规定，经协商一致，就劳动合同的部分条款进行修改、补充或者删减，通过对双方权利义务关系重新进行调整和规定，使劳动合同适应变化发展了的新情况，从而保证劳动合同的继续履行。"

---

① 梁甜甜，梁玉莲. 劳动法新论［M］. 北京：北京理工大学出版社，2016：86-87.

（2）劳动合同变更条件。

第一，据《中华人民共和国劳动合同法》规定："在一般情况下，只要用人单位与劳动者协商一致，即可变更劳动合同约定的内容。"一是劳动合同是劳动关系双方协商达成的协议，可以对劳动合同约定的内容，经双方当事人协商一致予以变更；二是对变更劳动合同，用人单位和劳动者之间应当采取自愿协商的方式；三是劳动合同的变更只是对原劳动合同的部分内容作修改、补充或者删减；四是在变更过程中必须遵循与订立劳动合同时同样的原则。

第二，据《中华人民共和国劳动合同法》第四十条第三款规定："劳动合同订立时所依据的客观情况发生重大变化，致使劳动合同无法履行，经用人单位与劳动者协商，未能就变更劳动合同内容达成协议的，用人单位在提前三十日以书面形式通知劳动者本人或者额外支付劳动者一个月工资后，可以解除劳动合同。由此可以确定，劳动合同订立时所依据的客观情况发生重大变化，是劳动合同变更的一个重要事由。"

（3）劳动合同订立时所依据的客观情况发生重大变化。

第一，订立劳动合同所依据的法律、法规已经修改或者废止。因此，根据法律、法规的变化而变更劳动合同的相关内容是必要而且是必须的。

第二，用人单位方面的原因。用人单位经上级主管部门批准或者根据市场变化决定转产、调整生产任务或者生产经营项目等。在这种情况下，有些工种、产品生产岗位就可能因此而撤销，或者为其他新的工种、岗位所替代，原劳动合同就可能因签订条件的改变而发生变更。

第三，劳动者方面的原因。劳动者的身体健康状况发生变化、劳动能力部分丧失、所在岗位与其职业技能不相适应、职业技能提高了一定等级等，造成原劳动合同不能履行或者仍继续履行原合同规定的义务对劳动者明显不公平。

第四，客观方面的原因。这种客观原因的出现使得当事人原来在劳动合同中约定的权利义务的履行成为不必要或者不可能。这时应当允许当事人对劳动合同有关内容进行变更。主要有：①由于不可抗力的发生，如自然灾害、意外事故、战争等。②由于物价大幅度上升等客观经济情况变化致使劳动合同的履行会花费太大代价而失去经济上的价值。

（4）劳动合同变更应注意的问题。

第一，必须在劳动合同依法订立之后，在合同没有履行或者尚未履行完毕之前的有效时间内进行。

第二，必须坚持平等自愿、协商一致的原则。即劳动合同的变更必须经用人单位和劳动者双方当事人的同意。平等自愿、协商一致是劳动合同订立的原则，也是其变更应遵循的原则。

第三，必须合法，不得违反法律、法规的强制性规定。劳动合同变更也并非任意的，用人单位和劳动者约定的变更内容必须符合国家法律、法规的相关规定。

第四，变更劳动必须采用书面形式。劳动合同双方当事人经协商后对劳动合同中的约定内容的变更达成一致意见时，必须达成变更劳动合同的书面协议，任何口头形式达成的变更协议都是无效的。

第五，劳动合同的变更应及时进行。提出变更劳动合同的主体可以是用人单位，也可以是劳动者，无论是哪一方要求变更劳动合同的，都应当及时向对方提出变更劳动合同的要求，说明变更劳动合同的理由、内容和条件等。根据《中华人民共和国劳动法》第二十六条和第四十条规定："劳动合同订立时所依据的客观情况发生重大变化，致使劳动合同无法履行，如果用人单位经与劳动者协商，未能就变更劳动合同内容达成协议的，则可能导致用人单位可以单方解除劳动合同。"

（七）劳动合同解除和终止

1. 劳动合同解除的定义

劳动合同的解除包括双方解除和单方解除。双方解除是当事人双方为了消除原有合同而订立的新合同，即解除合同。单方解除是指当事人一方通过行使法定解除权或者约定解除权而使合同的效力消灭。

（1）劳动者与用人单位双方协商一致解除劳动合同的情形。《中华人民共和国劳动法》第二十四条规定，经劳动合同当事人协商一致，劳动合同可以解除。

（2）劳动者单方解除劳动合同的情形。根据《中华人民共和国劳动合同法实施条例》第十八条规定："具有下列情形之一的：①劳动者与用人单位协商一致的；②劳动者提前30日以书面形式通知用人单位的；③劳动者在试用期内提前3日通知用人单位的；④用人单位未按照劳动合同约定提供劳动保护或者劳动条件的；⑤用人单位未及时足额支付劳动报酬的；⑥用人单位未依法为劳动者缴纳社会保险费；⑦用人单位的规章制度违反法律、法规的规定，损害劳动者权益；⑧用人单位以欺诈、胁迫的手段或者乘人之危，使劳动者在违背真实意思的情况下订立或者变更劳动合同的；⑨用人单位在劳动合同中免除自己的法定责任、排除劳动者权利的；⑩用人单位违反法律、行政法规强制性规定的。"同时，用人单位以暴力、威胁或者非法限制人身自由的手段强迫劳动者劳动的；用人单位违章指挥、强令冒险作业危及劳动者人身安全的；法律、行政法规规定劳动者可以解除劳动合同的其他情形。

（3）用人单位可以单方解除劳动合同的情形。根据《中华人民共和国劳动合同法实施条例》第十九条规定："有下列情形之一的，依照劳动合同法规定的条件、程序，用人单位可以与劳动者解除固定期限劳动合同、无固定期限劳动合同或者以完成一定工作任务为期限的劳动合同：第一，用人单位与劳动者协商一致；第二，劳动者在试用期间被证明不符合录用条件的；第三，劳动者严重违反用人单位的规章制度的；第四，劳动者严重失职，徇私舞弊，给用人单位造成重大损害；第五，劳动者同时与其他用人单位建立劳动关系，给完成本单位的工作任务造成严重影响，或者经用人单位提出，拒不改正；第六，劳动者以欺诈、胁迫的手段或者乘人之危，使用人单位在违背真实意思的情况下订立或者变更劳动合同；第七，劳动者被依法追究刑事责任；第八，劳动者患病或者非因工负伤，在规定的医疗期满后不能从事原工作，也不能从事由用人单位另行安排的工作；第九，劳动者不能胜任工作，经过培训或者调整工作岗位，仍不能胜任工作；第十，劳动合同订立时所依据的客观情况发生重大变化，致使劳动合同无法履行，经用人单位与劳动者协商，未能就变更劳动合同内容达成协议；第十一，用人单位依照企业破产法规定进行重整；第十二，用人单位生产经营发生严重困难；第十三，企业转产、重大技术革新或者经营方式调整，经变更劳动合同后，仍需裁减人员；第十四，其他因劳动合同订立时所依据的客观经济情况发生重大变化，致使劳动合同无法履行的。"

为了充分保障劳动者的合法权益，按照《中华人民共和国劳动合同法》第四十二条规定："劳动者有下列情形之一的，用人单位不得依照《中华人民共和国劳动合同法》第四十一条、第四十一条的规定解除劳动合同：第一，从事接触职业病危害作业的劳动者未进行离岗前职业健康检查，或者疑似职业病病人在诊断或者医学观察期间；第二，在本单位患职业病或者因工负伤并被确认丧失或者部分丧失劳动能力；第三，患病或者非因工负伤，在规定的医疗期内；第四，女职工在孕期、产期、哺乳期；第五，在本单位连续工作满十五年，且距法定退休年龄不足五年；第六，法律、行政法规规定的其他情形。"

综上，解除劳动合同的程序如图4-1所示。

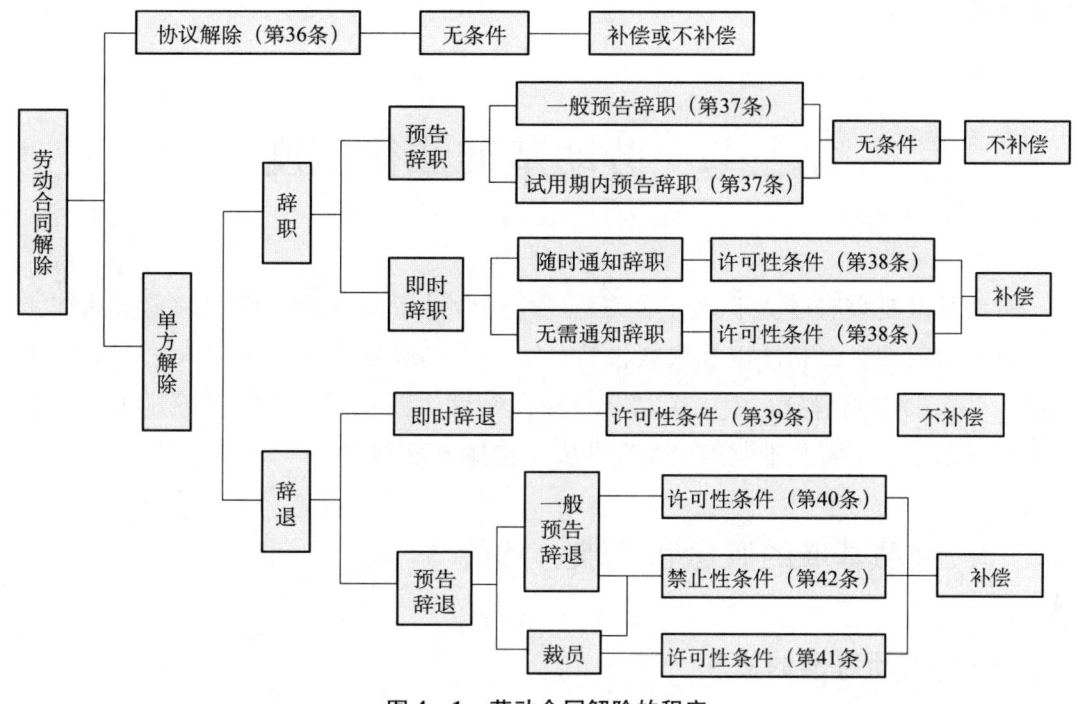

图 4-1 劳动合同解除的程序

2. 劳动合同终止

劳动合同的终止，指劳动合同双方当事人的权利义务因履行完毕而归于消灭，劳动合同关系不复存在，劳动合同对用人单位和劳动者双方不再具有法律约束力。

劳动合同终止的情形。第一，劳动合同期满；第二，劳动者开始依法享受基本养老保险待遇。一是已退休；二是个人缴费年限累计满15年或者个人缴费和视同缴费年限累计满15年；第三，劳动者死亡，或者被人民法院宣告死亡或者宣告失踪；第四，用人单位被依法宣告破产；第五，用人单位被吊销营业执照、责令关闭、撤销或者用人单位决定提前解散；第六，法律和行政法规规定的其他情形。

3. 劳动合同终止的例外情形

一般情况下，劳动合同期满就应终止，劳动关系就此结束，但为了保障某些特殊人群的权益，平衡劳动关系双方的权利义务关系，更大限度地体现法律的公平公正，在某种特定的情况下，虽然劳动合同已届满，但法律仍然禁止立即终止劳动合同，而应等到特殊情况消失时才可以终止劳动合同，这就是通常所说的例外情形。具有《中华人民共和国劳动合同法》第四十二条情形之一的，应当续延至相应的情形消失时终止。

第三节 劳动基准法律制度

劳动基准是政府适度干预劳动关系，并对劳动者实施倾斜保护的重要法律工具，具有法定性、强制性以及底线性特征。劳动基准规范是《中华人民共和国劳动法》的重要组成部分。中国劳动基准法律制度主要包括：工时基准制度、休息时间基准制度、工资基准制度以及职业安全健康基准制度。

一、劳动基准的概念和特点、功能

（一）劳动基准的概念

劳动基准也称劳动标准或劳工标准，是指国家法律规定的劳动者享有劳动条件与劳动待遇的最低标准。1802年英国议会通过的《学徒健康与道德法》，是世界第一部现代意义上的劳动立法，也是最早的劳动基准立法。但"劳动基准"一词的使用，是源于1938年美国《公平劳动标准法》中的"劳动标准"。同时，劳动基准也是国际劳工公约的主要内容。国际劳工组织的国际劳工公约通常被称为国际劳工标准。中国批准的26个国际劳工公约中，有18个是关于劳动基准内容的公约，这些均属于中国劳动基准法律规范的渊源。

当前各国和地区劳动基准的立法模式大致有两种。一种是单独制定劳动基准法，如美国的《公平劳动标准法》、日本的《劳动基准法》、韩国的《劳动基准法》以及中国台湾地区的"劳动基准法"。美国的劳动基准法调整的劳动条件范围仅限于最低工资、最长工时、未成年工、学徒、学生和残疾人特殊保护。日本、韩国以及中国台湾地区出台的"劳动基准法"主要包括：劳动契约、工资工时、休息休假、安全卫生、未成年工和女职工保护、职业技能培训与职业伤害赔偿、企业规章制度等内容。相对于美国《公平劳动标准法》而言，从内容到体系更加全面。另一种是多数国家和地区未单独制定劳动基准法，而是在综合立法中包括劳动基准的内容。

中国没有采用专门立法模式，劳动基准规范分散于《中华人民共和国劳动法》

及相关法律、法规和规章之中。《中华人民共和国劳动法》第四、五、六、七章中规定："工时、休息时间、工资、劳动安全卫生、女工与未成年工的保护等方面的内容作了规定；"《中华人民共和国劳动合同法》也对劳动基准及其效力作了相应的规定。其他涉及劳动基准的专门法律有《中华人民共和国矿山安全法》《中华人民共和国安全生产法》《中华人民共和国职业病防治法》《中华人民共和国妇女权益保障法》《中华人民共和国残疾人保障法》等。同时，相关行政法规、部门也分别制定、细化了劳动基准的各项具体制度，以便与国家法律配合实施。如《关于职工工作时间的规定》《职工带薪年休假条例》《女职工劳动保护特别规定》《工资支付暂行规定》《最低工资规定》等。

（二）劳动基准的特点

1. 底线性

劳动基准是基于保护劳动者生存权，并结合社会经济发展水平，由国家或者政府直接规定，或授权规定用人单位须向劳动者，提供劳动条件与待遇的最低标准。因此，劳动基准是具有底线性特点，为用人单位和职工（劳动者）提供订立劳动合同的基础，当事人双方即便协商一致，也不能突破劳动基准规定的"底线"，任何超越劳动基准底线有损劳动者（职工）利益的约定都是无效的。

2. 法定性

劳动基准由国家法律、法规或规章直接规定，如国务院颁布的《关于职工工作时间的规定》第三条规定"职工每日工作 8 小时、每周工作 40 小时"。

3. 强制性

劳动基准是政府利用公权干预劳动关系，并通过立法规定，保护劳动者（职工）的利益。劳动基准具有法律上的强制效力，凡是违反劳动基准，侵害劳动者权益的行为，都应追究法律责任。

（三）劳动基准的功能

1. 保障劳动者基本人权

劳动基准制度的内容事关劳动者（职工）生命安全、身体健康以及劳动者（职工）生存所依赖的劳动报酬收入和社会保险福利待遇等劳动者的基本生存权。在市场经济条件下，基于生产资料占有、市场中劳动力供求关系等诸多因素的影响，客观上形成了劳动关系双方主体地位之强弱差别，如果劳动关系的确立与运行完全遵循意思自治的市场准则，就会导致用人单位与劳动者在权利、义务设定及利益分配方面的严重失衡。基于维护广大劳动者的生存权进而维护社会安全的需要，国家通过立法对劳动关系进行适度干预，对劳动者应有的基本权益实施倾斜保护，这正是劳动基准法的宗旨，也是劳动基准法的基本价值功能。

2. 准据效能

劳动基准是法律法规规定的最低的劳动标准。用人单位与劳动者订立劳动合同、用人单位与工会签订集体合同、单位内部制定的规章制度，均不得低于劳动基准。因此，劳动基准不仅影响个别劳动关系中的劳动条件，也是集体劳动关系中确定劳动条件与劳动待遇的起点。

《中华人民共和国劳动合同法》第五十五条规定："集体合同中劳动报酬和劳动条件等标准不得低于当地人民政府规定的最低标准；用人单位与劳动者订立的劳动合同中劳动报酬和劳动条件等标准不得低于集体合同规定的标准。"

3. 补充与替代功能

劳动基准的规范对于劳动合同、集体合同具有内容上的补充作用，即在集体合同、劳动合同对劳动报酬和劳动条件等标准约定不明，或者约定低于劳动基准的情况下，劳动基准可作为双方主体遵行的标准，弥补当事人约定的短板，或者替代因约定违法，而导致劳动合同无效的内容。但是劳动基准不是对所有约定不明确或无效条款都直接替代，根据《中华人民共和国劳动合同法》第十八条规定："如果是劳动报酬条款约定不明的，优先适用同工同酬原则。"

二、工时制度

（一）工作时间概念

工作时间，是指劳动者在用人单位指挥，或者授意下，为其提供劳动的时间。相关法律法规规定，一昼夜之内工作时数的总和构成标准工作日；一周之内的工作时数总和构成标准工作周。基于行业、岗位特殊性及工作性质要求，相关法律法规也允许采用非标准工时制度。标准与非标准工时制度均是劳动基准法的重要内容。

相关法律法规所规定的工作时间，既包括劳动者实际工作时间，也包括与实际工作相关联的时间。与实际工作相关联的时间包括：一是生产，或者工作前从事必要的准备时间和工作结束时的整理时间；二是由于用人单位原因，导致等待工作任务的时间；三是参加与工作有直接关系，并有法定义务性质的职业培训教育时间；四是连续性有害于健康工作的间隙时间；五是女职工哺乳的往返途中时间、孕期检查时间以及未成年人工作过程中休息时间、定期进行健康体检时间；六是法律规定的其他属于工作时间的非实际工作时间。

（二）工作时间立法概况

工时标准是基于劳动力再生产限度、劳动者道德因素等要求产生的。1802年英国颁布的《学徒健康与道德法》，是一项限制童工工作时间规定重要内容的立法。继英国之后，其他发达的资本主义国家也先后颁布"工厂法"，并把限制工作时间作为其中的一项重要内容。1848年瑞士颁布了第一部限制成年人工作时间的法律。国际劳工组织制定了《工业工作时间每日限为8小时及每周限为48小时公约》，该公约是国际劳工组织制定的第一个国际劳工公约。

中华人民共和国成立以来较长时间内实行的是8小时工作日、48小时工作周制度。1994年2月3日国务院颁布了《关于职工工作时间的规定》，并在1994年7月5日通过的《中华人民共和国劳动法》中予以确认。

需要特别指出的是，《中华人民共和国劳动法》以"不超过"工时长度的措辞，使中国工作时间标准从一个固定标准走向了最低限度的基准标准。

（三）标准工时制

标准工时制度，是由立法确定的一昼夜工作时数、一周工作天数，以及每个工作周连续休息时间标准，并要求各用人单位和从业劳动者普遍实行的基本工作时间制度。《中华人民共和国劳动合同法》第三十六条和《关于职工工作时间的规定》通过三项标准共同构成了中国标准工时制基准，并且缺一不可。具体为：一是劳动者每日工作时间不超过8小时；二是每周工作时间不超过40小时；三是每周至少休息一日，即用人单位必须保证劳动者每周至少有一次24小时不间断的休息。

标准工时制度是国家工时基准的基础。一是标准工时作为最基本的劳动条件。在每一个国家均具有普适性与强制性特点。就中国而言，标准工时制适用于国家机关、社会团体、企事业单位、个体经济组织等用人单位，以及广大从业劳动者。

标准工时作为基本劳动基准，任何单位和个人不得违反；二是标准工时是其他非标准工作时间的计算基础和参照标准。基于工作性质与岗位特点，在我国还有缩短工作时、综合计算工作时、不定时工作时间等制度。这些非标准工时制都必须以标准工作时间为计算基础，并且要参照标准工作时间计算执行，以保障全体劳动者休息权得到充分公平、公正的保护。标准工时的制定，需要考虑当前社会生产力的发展水平与劳动生产率的高低，劳动力的总体数量与质量及人口的总体状况，以及劳动者生理、心理能够承受的限度等因素；三是标准工时制作为工作时间基准，也同时给用人单位的生产组织和具体工作时间制度留下了合理选择空间。一般情形下只要不突破三项标准，其工作时间制度均合法有效，如每周工作6天，每天工作6小时等。

（四）非标准工时制

非标准工时是相对于标准工时而言的，是立法针对特殊行业、特殊岗位上劳动者规定的工时制度。《中华人民共和国劳动合同法》第三十九条规定："企业因生产特点不能实行标准工时的，经劳动行政部门批准，可以实行其他工作和休息办法。"国务院《关于职工工作时间的规定的决定》的第四条、第五条有同样规定。非标准工时制包括缩短工作时制、不定时工作制综合计算工时制和计件工作制。采用非标准工时制，无论哪种形式，都必须以标准工时制确立的工作时间总量为限。

1. 缩短工时制

法律直接规定对特殊行业、特殊岗位上的劳动者实行少于标准工时的工时制度。缩短工时制主要基于对特殊条件下从事劳动和有特殊情况的劳动者身体健康考虑，强制要求劳动者的劳动时间必须低于标准工时。目前我国缩短工作时间的劳动有：一是从事矿山、井下、高山、高温、低温、有毒有害、特别繁重或过度紧张（如冶炼、森林采伐、装卸搬运等）的劳动的职工，实行每日工作少于8小时的工作时间。视具体情况每天工作时间为6~7小时；二是从事夜班工作的劳动者，一般应比日班工作时间少1小时；三是在哺乳期工作的女职工。国务院颁布的《女职工劳动保护特别规定》中指出："哺乳未满1周岁婴儿的女职工，用人单位不得延长劳动时间或者安排夜班劳动。用人单位应当在每天的劳动时间内为哺乳期女职工安排1小时哺乳时间。女职工生育多胞胎的，每多哺乳1个婴儿每天增加1小时哺乳时间；"四是未成年工和怀孕女工。未成年人应实行少于8小时的工作时间。怀孕7个月以上的女职工，在劳动时间内应当安排一定的休息时间；五是其他依法可以缩短工时的情况。除上述法定情形外，其他需要缩短工时的用人单位，在依法履行审批手续后，也可以实行缩短工作时制。

2. 不定时工作制

指因工作性质和工作职责所限，劳动者的工作时间不受固定工作时数限制的时间制度。原劳动部颁布的《关于企业实行不定时工作制和综合计算工时工作制的审批办法》规定："不定时工作时间一般适用于：一是企业中的高级管理人员、外勤人员、推销人员、部分值班人员和其他工作无法按标准工作时间衡量的职工；二是企业中的长途运输人员、出租汽车司机和铁路、港口、仓库的部分装卸人员及因工作性质特殊，需要机动作业的职工；三是其他因生产特点、工作特殊需要或职责范围的关系适合实行不定时工作制的劳动者。对于实行非固定工作制的职工，用人单位应参照标准工时制核定工作量并采用弹性工作时间等适当方式，保障劳动者休息休假的权利。"

3. 综合计算工作时间制

指针对因工作性质特殊、需连续作业，或者受季节及自然条件影响的企业部分职工，分别以周、月、季或年为周期，以标准工时制为基础，综合计算的工作时间制度。依据综合工时制，劳动者在特定周期的工作时间，不能超过按照标准工时计算的工作时间总量，如果超过总量，超过部分均应认定为加班并依法支付加班工资。根据原劳动部《关于企业实行不定时工作制和综合计算工时工作制的审批办法》的规定，职工可实行综合计算工时工作制。一是交通、铁路、邮电、水运、航空、渔业等行业中因工作性质特殊，需连续作业的职工；二是地质及资源勘探、建筑、制盐、制糖、旅游等受季节和自然条件限制的行业的部分职工；三是其他适合实行综合计算工时的职工。实行综合计算工作时间制度的单位，应按程序办理审批手续，同时应以适当方式保障职工休息休假的权利。

不定时工作制与综合计算工作时间制的实施都需要通过行政程序办理审批。然而，经济的发展、产业结构的调整、企业所有制的多元化，需要更为弹性灵活的工时制度，特殊工时需求明显增加。

4. 计件工时制

根据《中华人民共和国劳动合同法》第三十六、三十七条规定："对实行计件工作的劳动者，用人单位应当合理确定其劳动定额和计件报酬标准，即应当根据一般劳动者在一个标准工作日和一个标准工作周的工作时间内能够完成的计件数量为标准，确定劳动者日或周的劳动定额。"计件工时制实际上是标准工时制的特殊转化形式，实行计件工作时间的职工，在8小时工作时间内完成当日的劳动定额，可以将剩余时间作为休息时间，也可以多做定额以获取相应的劳动报酬。同时，计件工作时间，不得超过标准工时所规定的劳动基准。

三、延长工作时间的限制

延长工作时间是指超过法定工作时间的工作时间。延长工作时间在特殊情况下是法律许可的，但进行了严格限制。《中华人民共和国劳动合同法》第四十一、第四十四条规定："一是用人单位由于生产经营需要，经与工会和劳动者协商后可以延长工作时间，一般每日不得超过1小时；因特殊情况需要延长工作时间的，在保障劳动者身体健康的条件下延长工作时间每日不得超过3小时，但是每月不得超过36小时；二是用人单位须依法支付延长工作时间的劳动报酬。劳动者在法定标准工作时间以外工作时间的，按照不低于劳动合同规定的劳动者日工资或小时工资标准的150%支付劳动者工资；劳动者在休息日工作，而又不能安排补休的，按照不低于劳动合同规定的劳动者日工资或小时工资标准的200%支付劳动者工资；劳动者在法定休假日工作的，按照不低于劳动合同规定的劳动者本人日工资或小时工资标准的300%支付劳动者工资。"

根据《工资支付暂行规定》第十三条第二至四款规定："实行计件工资的劳动者，在完成计件定额任务后，由用人单位安排延长工作时间的，应根据上述规定的原则，分别按照不低于其本人法定工作时间计件单价的150%、200%、300%支付其工资；经人力资源和社会保障以及相关行政部门批准实行综合计算工时工作制的，其综合计算工作时间超过法定标准工作时间的部分，应视为延长工作时间，并应按本规定支付劳动者延长工作时间的工资；实行不定时工时制度的劳动者，不执行上述规定。"

《中华人民共和国劳动合同法》第四十二条规定："延长工作时间不受《中华人民共和国劳动合同法》第四十一条限制的情况：一是发生自然灾害、事故或者基于其他原因，威胁劳动者生命健康和财产安全，需要紧急处理的；二是生产设备、交通运输路线、交通运输线路、公共设施发生故障，影响生产和公众利益，必须及时抢修的；三是法律、行政法规规定的其他情形。"这些特殊情况下的加班加点，用人单位要依法向劳动者支付加班加点工资。

四、劳动者权利种类

（一）按照劳动者权利具体实现的逻辑顺序标准

划分为劳动关系建立之前的劳动者权利与劳动关系建立之后的劳动者权利。前者是保障劳动者就业权的实现而形成的各项具体权利。这类权利是劳动者在劳动力市场中具备法律上订立劳动合同的主体资格并围绕着保障其就业权的实现而展开的。譬如就业促进权、平等就业权、自由择业权、职业保障权等。这类权利具有宪法上基本权利的性质，其权利依据来源于法律的直接规定，义务主体是政府和用人单位，如创造公平就业的市场环境、扩大就业渠道、禁止就业歧视等。后者是在具体的劳动法律关系中依照法律的强制性规定和劳动合同的约定而享有的权利，其权利主要围绕着劳动者人身权利和经济权利而展开，如劳动安全卫生权、职业培训权、劳动报酬权、休息权、社会保险和福利权集体劳动权和法律救济权等。这些权利义务主体主要是用人单位，权利的依据为相关法律规定。

（二）按照权利是由单个人还是多个人组成的集体享有和行使标准

划分为劳动者的个别劳动权和劳动者的集体劳动权。前者主要包括就业权、休息休假权、劳动安全卫生权、职业培训权、劳动报酬权等。后者是劳动者集体享有并通过劳动者组织行使的权利，主要包括团结权、交涉权和争议权。个别劳动权和集体劳动权二者属于"目的性权利—工具性权利、第一性权利—第二性权利、原权利—救济性权利的关系。"

综上，劳动者拥有的权利，如图4－2所示。

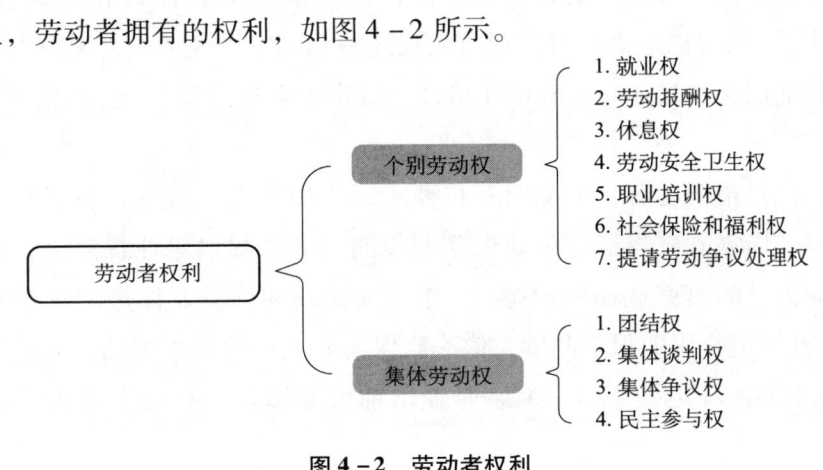

图4－2 劳动者权利

1. 个别劳动权

《中华人民共和国劳动法》第三条第一款规定："劳动者享有平等就业和选择职业权利、取得劳动报酬权利、休息休假权利、获得劳动安全卫生保护权利、接受职业技能培训权利、享受社会保险和福利权利、提请劳动争议处理权利以及法律规定的其他劳动权利。"个别劳动权主要包括以下内容：

（1）就业权。就业权亦称工作权，是指劳动者能够获得从事有报酬的职业性劳动机会的权利。就业权包括择业自由、平等就业、就业促进和职业保障四项权利内容。

择业自由是指劳动者按照本人意愿选择职业，包括是否从事职业劳动，从事何种职业劳动，何时从事职业劳动，在哪一类，或者哪个用人单位从事职业劳动等。自由择业权否定了就业上的行政安置和强迫劳动。

《中华人民共和国劳动法》第三条规定："劳动者享有平等就业和选择职业的权利平等就业是指劳动者平等地获得就业机会，反对任何形式的歧视。"

《中华人民共和国劳动法》第十二条、《中华人民共和国就业促进法》第三条规定分别规定："劳动者就业，不因民族、种族、性别、宗教信仰不同而受歧视。"

就业促进是指国家应当通过实施各种积极的就业政策为劳动者提供就业机会，以及应当为劳动者提供职业训练的条件、健全职业训练的体系。《中华人民共和国就业促进法》第二条规定，国家把扩大就业放在经济社会发展的突出位置，实施积极的就业政策，坚持劳动者自主择业、市场调节就业、政府促进就业的方针，多渠道扩大就业。《中华人民共和国就业促进法》第四条规定："县级以上人民政府把扩大就业作为经济和社会发展的重要目标，纳入国民经济和社会发展规划，并制定促进就业的中长期规划和年度工作计划。"《中华人民共和国就业促进法》第五条规定："县级以上人民政府通过发展经济和调整产业结构、规范人力资源市场、完善就业服务、加强职业教育和培训、提供就业援助等措施，创造就业条件，扩大就业。"

职业保障是指劳动者在失业时有权要求国家提供失业救济，免于因失业而丧失生存保障，国家既应当通过失业保险制度向失业者提供失业保险金，也应当积极地对失业人员的再就业加以扶持。《中华人民共和国就业促进法》第十六条规定："国家建立健全失业保险制度，依法确保失业人员的基本生活，并促进其实现就业"；第十七条规定："国家鼓励企业增加就业岗位，扶持失业人员和残疾人就业。"

(2) 劳动报酬权。劳动报酬权是劳动者通过劳动义务的履行，从用人单位处获得相对公平合理的物质报酬的权。劳动报酬权在个别劳动权中处于核心地位。劳动报酬权的核心内容是在劳动者建立劳动关系后，请求用人单位按时、足额支付劳动报酬。这里把劳动报酬权的前提放上"建立劳动关系后"，而不强调"劳动者付出劳动后"，除了考虑到劳动报酬先支付外，更重要的是需要明确劳动报酬支付并不是以实际劳动完成为必要条件。劳动报酬权被归属于债权，但它与一般的债权有所区别。这种区别来源于"工资优先原则"。尤其是在用人单位歇业、清算或者宣告破产时，劳动者的劳动报酬权得到法律的优先保护。根据《中华人民共和国企业破产法》第一百一十三条规定，破产财产清偿的第一顺位便是破产企业职工的工资和社会保险费用。

劳动者劳动报酬权的法律保障，主要体现在四个方面：一是遵循按劳分配原则，劳动者付出劳动就享有取得劳动报酬权。劳动报酬权既要求用人单位依法支付劳动者劳动报酬，而且确定劳动报酬数额和支付中坚持平等原则。同时，严格执行同工同酬规定；二是依据《中华人民共和国劳动法》的规定："支付给劳动者劳动报酬，且不得低于国家规定的最低工资水平；"三是劳动者以货币的形式取得劳动报酬权。这项权利决定了用人单位不得以任何理由将劳动者的工资以商品或其他物资折抵；四是劳动者在法律规定的时间内，领取劳动报酬的权。这一权利要求用人单位不得以任何理由拖欠劳动者工资，严禁非法扣除和延期支付劳动者的工资。

(3) 休息权。劳动者享有休息权，是为保证劳动者缓解身体和精神上的疲劳，恢复体力和精力，从而更加充沛地投入劳动。在这个意义上，休息是提高工作质量和效率的保证。同时，劳动者享有休息权也是为了在业余时间能够参加学习、文体娱乐和各种社会活动，不断提高自身素质，有利于身心健康，实现个人全面发展。

《中华人民共和国宪法》第四十三条规定："劳动者有休息的权利。"《中华人民共和国劳动法》中规定："休息权作为劳动者的一项具体权利加以确认。"

(4) 劳动安全卫生权。劳动安全卫生权是指劳动者享有的在劳动过程中保护其生命安全和身体健康的权利。劳动安全卫生权的出现，既是为维护劳动者生存权和健康权，同时也是促进生产发展，提高劳动生产率的重要手段。中国的劳动安全卫生立法主要体现在《中华人民共和国劳动法》《中华人民共和国安全生产法》《中华人民共和国矿山安全法》《中华人民共和国职业病防治法》以及其他相关法律法规中。

　　劳动安全卫生权的主要内容：一是获得安全卫生环境条件的权，即劳动者在安全和卫生条件优良的生产环境中从事劳动的权利。依据这项权利，用人单位严格执行国家安全卫生标准，建立健全安全卫生制度、安装安全卫生设施，使劳动工具、场所和环境，保持良好的安全卫生状态；二是知情权，即劳动者有知晓面临的任何潜在危险的权利，并有权接受必要的职业培训，以具备工作环境、生产过程以及危险物质等方面的安全卫生知识；三是获取劳保用品权利。对特殊工种、岗位的劳动者，用人单位必须提供必要的劳保用品；四是定期体检权。为了切实保护劳动者的身体健康，《中华人民共和国劳动法》第五十四条规定："对从事有职业性危害作业的劳动者，用人单位应当定期为劳动者提供健康检查；五是拒绝危险工作的权利。劳动者在确认自己或者其他人的安全健康受到威胁的情况下，有权拒绝劳动。"《中华人民共和国劳动法》第五十六条规定："劳动者对用人单位管理人员违章指挥、强令冒险作业，有权拒绝执行。"

　　（5）职业培训权。《中华人民共和国劳动法》中规定："职业培训权是指劳动者依照法律规定和劳动合同的约定，有权要求用人单位在劳动用工过程中根据工作需要提供职业培训，以提升工作效率。"《中华人民共和国劳动法》第六十八条规定："用人单位应当建立职业培训制度，按照国家规定提取和使用职业培训经费，根据本单位实际，有计划地对劳动者进行职业培训。"

　　《中华人民共和国就业促进法》第四十六条规定："用人单位依法开展就业前培训和在职培训。"本法中规定的职业培训权的内容主要包括：一是获得参加各种职业培训资格的权利。劳动者依法要求参加规定的各种技能职业培训，用人单位不得拒绝；二是在职业培训中，有权获得规定的学习时间的权利。对于按规定必须安排一定工作时间从事学习的，用人单位应当积极安排；三是在职业培训中，按规定由用人单位负担的费用，用人单位应当支付；四是进行特殊培训的权利。对从事技术工种的劳动者，用人单位必须对其进行岗前培训。[①]

　　（6）社会保障（社会福利）权。社会保障（社会福利）权是指劳动者因暂时或永久丧失劳动能力以及失业、工伤、疾病、年老时期，维持生存并获得其他各种补助。

　　劳动者的社会保障（社会福利）权从性质上讲，是劳动者劳动价值的另一种

---

① 中国人大网．http：//www.npc.gov.cn/npc/c30834/201901/ffad2d4ae4da4585a041abf66e74753c.shtml.

体现。劳动者的劳动一部分以劳动报酬的形式及时支付给了劳动者，另一部分则以社会保险和福利、救助的形式补充支付给劳动者。

社会保障（社会福利）主要包括：一是社会保险权；二是社会福利权；三是社会救助权；四是社会优抚权。

（7）劳动争议处理权。劳动争议处理权，是指劳动者因劳动权益与用人单位发生争议时享有的请求有关部门对争议进行处理的权利。劳动争议直接关系着劳动者的切身利益。为此，法律赋予劳动者提出劳动争议处理的权利，实质就是劳动者享有的请求保护的权利。

劳动争议处理权的具体内容为：一是选择争议处理方式权。即劳动者在劳动争议处理时，依法享有对争议处理途径和方式选择的权利。《中华人民共和国劳动法》第七十七条第一款规定："用人单位与劳动者发生劳动争议，当事人可以依法申请调解、仲裁、提起诉讼，也可以协商解决。"为此，劳动者在行使权利时，根据法律的规定和自己的意愿选择劳动争议处理方式，或处理途径；二是享有请求劳动争议处理机构依法受理争议的权利。要求劳动争议处理机构受理争议，是劳动者该项权利的实质和核心。因此，当争议处理机构不予受理时，劳动者有权要求受理机构说明不予受理的理由，受理机构务必作出答复；三是控告权。当劳动者的合法权益受到侵害时，劳动者有权向人力资源和社会保障、劳动仲裁部门提出检举和控告的诉求。《中华人民共和国劳动法》第八十八条第二款规定"任何组织和个人对于违反劳动法律、法规的行为有权检举和控告。"

2. 集体劳动权

集体劳动权包括参加或组织工会的权利（团结权）、与资方进行集体协商以改善劳动条件的权利（集体谈判权或团体交涉权）以及为实现正当的集体协商或其他权利而从事罢工等行为的权利（集体争议权、团体行动权）。在权利构成上，一般以团结权为基础或前提，以集体谈判权为核心，以集体争议权为保障，由此形成有机的权利统一体。

（1）团结权。团结权是劳动者为维持和改善劳动条件而参加和组织工会的权利。团结权属于特定的结社自由权，其不但具有自由权的性质，而且具有生存权的性质。团结权是集体劳动权利实施的前提和基础。《中华人民共和国工会法》第三条规定"在中国境内的企业、事业单位、机关中以工资收入为主要生活来源的体力劳动者和脑力劳动者，不分民族、种族、性别、职业、宗教信仰、教育程度，都有依法参加和组织工会的权利。任何组织和个人不得阻挠和限制。"

（2）集体谈判权。《中华人民共和国劳动法》第九章中指出："集体谈判权是劳动者集体通过工会，或职工代表与用人单位代表，就劳动就业条件进行集体协商谈判并签订集体合同的权利。"集体谈判是以签订集体合同为直接目的，是一项国际公认的劳动权。《组织权利和集体谈判权利公约》（第98号）第四条规定"对雇主或雇主组织同工人组织之间进行自愿谈判的机制，政府应当采取适合本国国情的措施激励，并促进其充分地发展和运用，以使双方通过签订集体协议来规定个人的就业条件。"1981年的《集体谈判公约》（第154号）第八条规定"为促进集体谈判而采取的措施的制定或适用不应妨碍享有集体谈判的自由。"中国的劳动立法使用"集体协商"，而不用"集体谈判"的提法。《中华人民共和国劳动法》第三十三条规定，企业职工一方与企业可以签订集体合同。《中华人民共和国劳动合同法》第五十一条规定，企业职工一方与用人单位通过平等协商，订立集体合同。

（3）集体争议权，即集体行动权、产业行动权。是指劳动者在劳动关系中实现自我的主张和诉求，并依法进行罢工等方式进行集体对抗的权利。劳动者集体行动最基本的手段是罢工。中国现行法律对罢工权没有明确规定，但对如何规范和处理罢工事件有相关规定。《中华人民共和国工会法》第二十七条规定："企业、事业单位发生停工、怠工事件，工会应当代表职工同企业、事业单位或者有关方面协商，反映职工的意见和要求并提出解决意见。对于职工的合理要求，企业、事业单位应当予以解决。工会协助企业、事业单位做好工作，尽快恢复生产、工作秩序。"

（4）民主参与权。民主参与权是指劳动者通过其组织和代表依法参与用人单位的管理和利益分配的权利。民主参与权是劳动者对用人单位管理权的分享。相对于传统劳动三权注重的是劳资双方的利益差别和劳资矛盾；民主参与权重视劳资双方的共同利益和劳资合作。[①] 民主参与源于产业民主理论。产业民主理论的分享经营管理权，主要表现在雇员对企业经营方针和管理制度的参与；分享利润主要表现为雇员参与企业分配方案的制定和实施，并分享工资以外的生产成果即劳动分红；尊重人格是指劳动过程的管理要以人性化为目标、体现人本主义管理原则。[②] 民主参与权的实现内容一般包括管理参与和利益分配的参与两大类。

[①] 常凯. 劳权论－当代中国劳动关系的法律调整研究［M］. 北京：中国劳动社会保障出版社，2004：307.

[②] 常凯. 劳动关系、劳动者、劳权－当代中国的劳动问题［M］. 北京：中国劳动社会保障出版社，1997：551.

民主参与权在中国现行法律规范中称为民主管理。《中华人民共和国劳动法》第八条规定:"劳动者有权通过职工大会、职工代表大会或者其他形式,参与民主管理或者就保护劳动者合法权益与用人单位进行平等协商。"

《中华人民共和国劳动合同法》第四条规定:"劳动者有权参与用人单位直接涉及其切身利益的规章制度或者重大事项的制定、修改或者决定。"此外,《中华人民共和国公司法》《中华人民共和国全民所有制工业企业法》等法律规定:"劳动者参与企业的民主管理。中国现行法律规范规定的民主参与权的主要实现形式是职工代表大会,同时包括职工董事和监事制度、职工持股制度、厂务公开制度等。"

> 思考题

1. 劳动法中如何界定劳动者的?
2. 什么条件下可以变更劳动合同?
3. 用人单位在什么情形下可以解除劳动合同?
4. 劳动基准法律制度的内涵是什么?
5. 劳动合同的订立需要遵守哪些原则?

第五章 劳动关系

劳动关系是人们为实现劳动过程而形成的一种社会关系，是人类社会最基本最重要的社会关系之一。劳动关系的研究是以劳动关系主体、劳动关系环境、劳动关系运行协调和矛盾处理为基本内容。构建和发展和谐劳动关系是促进社会和谐的重要组成部分，实现劳动关系的和谐发展是社会追求的目标。

第一节 劳动关系概述

一、大学生学习劳动关系的重要性

2018年9月10日（中国的第三十四个教师节）在北京召开全国教育大会上，中共中央总书记、国家主席、中央军委主席习近平出席会议并发表重要讲话。他强调，在党的坚强领导下，全面贯彻党的教育方针，坚持马克思主义指导地位，坚持中国特色社会主义教育发展道路，坚持社会主义办学方向，立足基本国情，遵循教育规律，坚持改革创新，以凝聚人心、完善人格、开发人力、培育人才、造福人民为工作目标，培养德智体美劳全面发展的社会主义建设者和接班人，加快推进教育现代化、建设教育强国、办好人民满意的教育①。全国教育大会凸显了劳动教育的重要性。

2020年3月20日，中共中央国务院颁布了《关于全面加强新时代大中小学劳

---

① https://www.gov.cn/xinwen/2018-09/10/content_5320752.htm，习近平出席全国教育大会并发表重要讲话．

动教育的意见》。在《意见》中要求将劳动教育纳入中小学国家课程方案和职业院校、普通高等学校人才培养方案，形成具有综合性、实践性、开放性、针对性的劳动教育课程体系[①]。劳动关系是劳动教育课程的重要组成部分，高校毕业生进入劳动力市场无论是雇佣就业还是自主创业，都将成为劳动关系的主体（或者是劳方或者是管理方，因此学习掌握劳动关系基本知识对于高校学生日后步入社会参与经济活动具有特殊的重要性。

二、劳动关系的概念

劳动关系是生产关系的重要组成部分，是现代社会最重要、最基本的社会关系之一，它不仅涉及广大劳动者的切身利益和企业的经济利益，也关系着整个国家的经济社会发展。

劳动关系是雇员（我国称"劳动者"）与雇主（我国称"用人单位"）以及相关组织在劳动过程中所形成的社会经济关系的统称。"雇员"是劳动力供给者，"雇主"是劳动力使用者或管理者，相关社会组织是指政府（生产过程的组织协调）、工会（劳动者的利益代表）和雇主组织（雇主利益代表）。

劳动关系的层级结构主要由个别劳动关系、集体劳动关系和社会劳动关系所构成。个别劳动关系也常常被称为狭义劳动关系，是指劳动者与雇主之间形成的社会经济关系。人们在日常生活中所直接感受和所指向的劳动关系通常就是指个别劳动关系，它是劳动关系的基本形态，通过劳动合同来规范雇员与雇主双方的权利与义务。个别劳动关系是劳动关系系统的基础构成。集体劳动关系是在个别劳动关系的基础上形成的，它是劳动者通过行使团结权——组成工会，与雇主抗衡进而实现自我保护。集体劳动关系的一方是工会，另一方是雇主或雇主组织，双方主要通过集体谈判的方式来运行。在市场经济条件下，集体劳动关系是劳动关系系统中的一种核心的劳动关系构成形态。企业劳动关系首先是一种个别劳动关系，一旦工人成立工会，企业的劳动关系便形成为一种集体劳动关系。集体劳动关系是劳动关系系统的核心构成。社会劳动关系是一种宏观层面的劳动关系，是劳动关系系统的总体构成。社会劳动关系在市场经济国家也常常被称为工业关系或产业关系，它以劳动力市场为基础，包括劳方、资方和政府。社会劳动关系

---

① http：//www.moe.gov.cn/jyb_xxgk/moe_1777/moe_1778/202003/t20200326_435127.html，中共中央国务院关于全面加强新时代大中小学劳动教育的意见.

是一种宏观层面的劳动关系，它不仅涉及劳资双方的具体利益，而且还涉及一个国家的社会关系和社会利益，它所要解决的问题也不仅仅局限于劳工问题，还会涉及到相关的经济政策和社会政策。

三、劳动关系主体

劳动关系主体是指劳动关系系统的参加者，也被称为劳动关系当事人、参与者或角色等。劳动关系的主体包括参与劳动关系的三方，即劳方（劳动者和工会组织）、资方（雇主和雇主组织）、政府[①]。

（一）劳动者

劳动者也称为雇员、员工，是指在就业组织中，本身不具有基本经营决策权力并从属于这种决策权力的工作者，包括所有从事体力或脑力劳动而以获取工资收入或薪酬为主要生活来源的劳动力。

在国际上，劳动者（雇员）的范围通常包括蓝领工人、医务人员、教师、警察、社会工作者、办公室工作人员，以及其他在西方被认为是中产阶级的从业者和低层管理者。雇员不包括自由职业者、自雇佣者。从产业部门来看，雇员的范围包括第二产业和第三产业，即工业与服务业中所有不具有基本经营决策权的劳动者。第一产业中的农业劳动力，尤其是从事种植业和畜牧业的农民，一般不属于雇员的范畴[②]。

劳动关系中的雇员指具有劳动权利能力和行为能力，由雇主雇佣并在其管理下从事劳动以获取工资收入的法定范围内的劳动者。一般具有以下含义：（1）雇员是被雇佣的人员；（2）雇员是在雇主管理下从事劳动的人员；（3）雇员是以工资为劳动收入的人员；（4）有些国家的劳动法规定某种或某几种人员不属于雇员，如公务员、军事人员、农业人员、家庭佣人、企业的高层管理者。

作为劳动者（雇员），在为社会提供劳动的同时，具有一定的权利。例如劳动就业权、劳动报酬权、劳动休息权、劳动保护权、社会保障权、参与权、教育与培训权、社会组织权等[③]。当然，雇员在享受权利的同时也得履行相应的义务，例

---

① 常凯. 劳动关系学 [M]. 北京：中国劳动社会保障出版社，2005：4.
② 常凯. 劳动关系学 [M]. 北京：中国劳动社会保障出版社，2005：6.
③ 吴国芳. 和谐劳动关系构建中政府作用研究 [D]. 复旦大学学位论文，2010：15.

如：完成劳动任务的义务（这是劳动者的基本义务，劳动者应当在约定的时间和地点，遵守劳动使者的指示完成约定的工作内容）、忠实的义务（这是基于劳动关系的身份性质而产生的，雇员应当遵守诚实信用、职业道德原则）。

根据劳动者权利内容以及实现方式的不同，分为个别劳权和集体劳权。个别劳权体现了个别劳动者与劳动力使用者之间的法律关系。集体劳权由劳动者集体享有并由工会来代表劳动者具体行使。集体劳权是个别劳权的程序保障，个别劳权是集体劳权的直接目标。

《中华人民共和国劳动法》第三条规定：劳动者享有平等就业和选择职业的权利、取得劳动报酬的权利、休息休假的权利、获得劳动安全卫生保护的权利、接受职业技能培训的权利、享受社会保险和福利的权利、提请劳动争议处理的权利以及法律规定的其他劳动权利，这些权利规定属于个别劳权的范畴。《中华人民共和国劳动法》第七条规定：劳动者有权依法参加和组织工会，工会代表和维护劳动者的合法权益、依法独立自主地开展活动。第八条规定：劳动者依照法律规定，通过职工大会、职工代表大会或者其他形式参与民主管理或者就保护劳动者合法权益与用人单位进行平等协商。第三十三条规定：企业职工一方与企业可以就劳动报酬、工作时间、休息休假、劳动安全卫生、保险福利等事项签订集体合同，集体合同草案应当提交职工代表大会或者全体职工讨论通过，集体合同由工会代表职工与企业签订（没有建立工会的企业由职工推举的代表与企业签订），这些权利规定属于集体劳权的范畴[①]。

（二）工会

工会是市场经济条件下，雇员为改善劳动和生活条件而在特定工作场所自主设立的组织[②]。以工会的组织结构形式为划分标准，工会分为职业工会、产业工会、企业工会、地方工会、总工会。

工会作用是由各种因素所构成的，并在特定的环境条件和工会的实际活动中得以不同程度的体现。总的来看，工会在市场经济体制中的作用可以归纳为如下几点：

1. 工会在总体上提高了工资福利水平

各国的经验数据显示，工会为其会员争取较非会员要高的相对工资优势。然

---

① http://www.npc.gov.cn/npc/c30834/201901/ffad2d4ae4da4585a041abf66e74753c.shtml，中华人民共和国劳动法．

② 国家法律法规数据库，https://flk.npc.gov.cn/detail2.html，中华人民共和国工会法．

而，工会在提高会员收入水平的同时，也在整体上促进了收入分配的公平性。除了提高工资，工会调整了整个报酬的构成，提高了福利在报酬中的比重，尤其是保障性的福利，这些调整促进了社会福利化程度的提高①。

2. 工会推动了产业民主的进步，同时也促进了企业管理水平的提高

工会可以促进工人被公正平等地对待，在工会化企业中，如果雇主要处分一个工人，他就必须遵循既定的程序并给出合理的理由。如果某个工人对雇主有不满情绪，他可以向工会倾诉并通过工会要求雇主作出相应调整；工会也成为工人参与工作场所决策的重要渠道，通过与雇主进行集体谈判签订集体合同，工人可以有机会在包括工资、工时、工作条件等广泛范围内参与工作场所政策的制定。工会组织本身作为雇员的心声表达机制提供了有效的冲突释放渠道②。

3. 工会为企业生产效率的提高提供了可能

工会为雇员设立了表达与沟通的机制，使雇员能够通过工会将自己的意见、建议传达给资方，这就可以避免单个雇员因为意见或建议沟通不畅而可能带来的不利局面。同时，在工会的作用下，工人的工作动机可能会因此得到强化，从而降低了员工的离职率，也使得企业的招聘和培训成本降低，这些都有助于提高企业的劳动生产效率。

4. 工会在维护社会公正方面发挥积极作用

团结在工会的旗帜下，劳动者所能够改变的不只是工作条件，还包括自己的整个生活。工会是一个压力集团，它所压迫的不只是所在工作场所的雇主，也包括那些没有建立工会并试图排斥工会的企业。由于工会的组织威慑作用，很多未参加工会的工人的工资和劳动条件也得到提高和改善。

中国工会是中国共产党领导的职工自愿结合的工人阶级群众组织，是党联系职工群众的桥梁和纽带，是国家政权的重要社会支柱，是会员和职工利益的代表③。中华人民共和国全国总工会成立于1925年，是各地方总工会和各产业工会全国组织的领导机关。2020年，中国基层工会组织数达到247.6万个，全国已建工会组织的基层单位的职工数为2 8291.1万人，全国已建工会组织的基层单位的会员人数为2 7189.8万人④。

---

① 杨爽. 我国工会的维权职能研究 [D]. 吉林大学学位论文，2010：56.
② 杨爽. 我国工会的维权职能研究 [D]. 吉林大学学位论文，2010：56.
③ https：//baike. baidu. com/item，中国工会章程.
④ 中国统计年鉴2021.

《中华人民共和国工会法》明确提出，中华全国总工会及其各级工会组织代表职工的利益，依法维护职工的合法权益；工会通过平等协商和集体合同制度，协调劳动关系、维护企业职工劳动权益[①]。

（三）雇主

雇主，也称为"管理方"或资方，是指雇用他人为其工作，并须支付工资或报酬的法人或自然人。

1. 雇主的权利

雇主的权利出自其对生产资料的占有权，也是为妥善处理与工会和工人的关系，维护自身利益和保证生产顺利进行所必需的权利，各国劳动法律都没有关于雇主权利的明确规定[②]，但在理论和实践上，雇主的权利可以理解并概括为以下几方面：

（1）组织权：组织权亦称团结权，是雇主为维护其自身利益在法律和实践中所享有的一项基本权利。雇主基于这一权利所成立的组织，一般是雇主协会或雇主联合会或工商联合会，其目的主要在于对抗劳动者的要求，以确保其在劳动关系中的利益[③]。

（2）劳动指挥权：劳动指挥权是雇主所拥有的核心权利。雇主是生产资料的所有者，为了保证企业生产经营正常运行，雇主享有生产过程的劳动指挥权。

（3）奖惩权：奖惩权可以理解为雇主实施劳动指挥权的延伸和补充，也是雇主为了谋求企业生存，提高生产率和维持企业秩序的重要手段。

（4）闭厂权：当劳动者持续罢工时，雇主有权利关闭工厂，这也是雇主对抗劳动者罢工的杀手锏。

2. 雇主的义务

雇主的义务即雇员所享有的权利，所以劳动者在履行劳动合同过程中所享有的一系列权利都构成雇主所应承担的义务的内容。概括起来主要有下列六项内容。

（1）平等雇佣劳动者的义务。劳动者具有平等就业权，那雇主就应该履行平等雇佣劳动者的义务。雇主作为劳动力市场中的劳动需求方，应根据企业生产经营特点，本着效益最大化的原则，在招聘劳动力或在对待劳动者职业晋升时应给

---

① 国家法律法规数据库，https://flk.npc.gov.cn/detail2.html，中华人民共和国工会法．
② 程多生．雇主在劳动法律关系中的权利和义务[N]．中国企业报，2005-12-8（3）．
③ 程多生．雇主在劳动法律关系中的权利和义务[N]．中国企业报，2005-12-8（3）．

予机会平等和待遇平等，不得因种族、肤色、性别、宗教、年龄、户籍等非经济因素而存在歧视。

（2）提供劳动报酬的义务。获得劳动报酬是劳动者与雇主缔结劳动关系的直接目的，也是劳动者在劳动关系中享有的基本权利。因此，雇主支付劳动报酬就成为了天经地义，这是劳动力市场中等价交换的直接体现。

（3）保证工人休息休假权的义务。休息休假是关系到劳动者本人以及生命延续——劳动力再生产的基本权利。《中华人民共和国劳动法》规定：雇主应按照法定的工作时间安排本企业的生产，保证劳动者有充分的时间休息和休假，不得随意延长工作时间，确需延长的，要依法办理，保障劳动者享有的休息休假权利。

（4）缴纳社会保险费的义务。社会保险是保障劳动者基本生活的制度安排，基本涵盖劳动者及其家庭成员的生、老、病、死、失业、伤残等方面，并且一般都由国家、雇主和劳动者合理分摊社会保险费用。对于雇主而言，为其职工缴纳社会保险费用是法律规定必须履行的义务。

（5）保证雇员安全和健康的义务。安全与健康是雇员的基本人权，也是雇主维持其正常生产经营和提高劳动生产率的必要前提。政府、雇主和劳动者个人都是安全与健康的共同责任人，但劳动者的安全与健康直接与工作场所有关，所以，保护雇员的安全与健康也是雇主的主要义务。

（6）提供职业培训的义务。职业培训，又称职业技能训练或就业训练，是劳动者提高劳动技能所必需的人力资本投资，也是提高社会生产率的客观要求。许多国家的法律都明确规定了雇主在提供职业培训方面的义务。例如，《中华人民共和国劳动法》规定：企业要建立健全本企业的职业培训制度，有计划、有目标地使全体劳动者接受职业技术培训，提高劳动者的职业技能。

（四）雇主组织

雇主组织的主要形式是雇主协会，它们以行业或贸易组织为纽带，一般不直接介入雇员与雇主的具体劳动关系事务。雇主组织的主要任务是与工会或工会代表进行集体谈判，在劳动争议处理程序中向其成员提供支持，通过参与同劳动关系有关的政治活动、选举和立法改革（比如修订劳动法）来间接影响劳动关系[①]。

1. 集体谈判

雇主组织同工会进行谈判，最终签订集体协议，以此来协调劳动关系。一般

---

① 程延园，王莆希. 劳动关系（第五版）[M]. 北京：中国人民大学出版社，2021：8-10.

做法是先由全国性雇主组织和全国性工会组织代表各自会员进行全国谈判,达成框架性协议,即基础协议,然后由各行业分会和地区分会与相对应的工会组织进行谈判,达成各行业、地区的具体协议,有的企业还进行各自谈判,达成企业协议。

2. 参与立法和政策制定

这主要体现在国家级雇主组织中,一般是通过在有关立法机构中吸收雇主组织代表参加来实现,也有的国家雇主组织是通过扮演游说角色来影响政府在立法和政策制定中的立场。

3. 提供法律服务

雇主组织的另外重要作用是在劳工法院或仲裁系统为会员提供法律服务,在某些国家雇主打官司是通过其雇主组织出庭或接受仲裁程序。

4. 培训服务

一般是通过雇主组织的培训机构为会员企业提供培训服务。

中国雇主组织主要是中国企业联合会和中国企业家协会(简称中国企联)。中国企联的宗旨是:以为企业、企业家服务为宗旨,遵守宪法、法律、法规和国家政策,维护企业、企业家的合法权益,促进企业、企业家守法、自律,发挥桥梁纽带作用,协调企业与政府、企业与企业、企业与社会、经营者与劳动者的关系[①]。

(五)政府

政府在劳动关系中有五种角色,包括:劳工基本权利的保护者、集体谈判与雇员参与的促进者、劳动争议的调停者、就业保障与人力资源的规划者、公共部门的雇佣者。政府在劳动关系中的作用主要通过以下途径得以实现。

(1)制定劳动政策。政府作为劳动关系的重要主体,主要通过立法介入、影响劳动关系的外部法律制度环境,这种环境机制具有相对的稳定性,成为影响劳动关系运作、发展的重要因素。劳动政策的制定,包括为实现法律规定的具体的权利、利益、制定政策、政策解释,以及组织实施和实施监督。

(2)完善劳动力市场。劳动行政在劳动力市场中的作用并不限于促进流动的劳动力市场的形成,从雇佣保障或就业促进的角度,对职业介绍、就业训练以及

---

① 中国企业联合会章程,第1章第3条.

失业保险的参与，也是劳动行政在完善劳动力市场中应负的责任。

（3）提高劳动条件。较为完善的劳动条件和较为公平的分配制度是协调劳动关系的重要手段。另外，为促进国家竞争力和扩大内需以维持和发展市场经济，政府有必要维持和提高劳动者的劳动条件，这也是劳动行政在劳动关系中的主要作用。

（4）协调劳动关系。劳动关系的协调除了劳资双方的合意，政府也是不可或缺的一方。因为劳动关系双方力量对比悬殊，强资弱劳是一种基本态势，这种状态下，劳资双方的合意往往很难实现，这就需要政府推动建立三方协商机制，并规范劳动合同等法律，并建立劳动争议处理机制来进一步协调劳动关系。

四、劳动关系特征

劳动关系具有以下六方面的特征。

（一）地位的平等性

劳资双方在法律地位上是平等的。一方是生产资料所有者，另一方是劳动力所有者。双方在法律地位、权利、利益等各方面均是独立、自主、平等的，在劳动关系存续期间，双方履行各自的义务并享有权利。双方都要遵循平等自愿、协商一致的原则订立劳动合同，缔结劳动关系。

（二）经济的依赖性

在劳动关系双方中，劳动者以付出劳动来获得企业的薪酬福利，企业则需要在劳动力市场上雇佣劳动力目的是通过产品市场提供服务或销售产品而获取利润，劳动者的工资福利是企业生产成本的主要构成，劳资双方在经济上相互依赖。但往往是劳动者对企业的依存度较高，而企业对劳动者的依存度较低。

（三）管理的从属性

劳动者与用人单位签订劳动合同后便进入劳动关系履行过程，劳动者让渡了劳动力的使用权，用人单位有使用、支配劳动者劳动力的权力，劳动者就成为了被使用者、被支配者，服从用人单位的管理和支配。劳动者在履行劳动合同的过程中，应该遵循企业的规章制度，服从企业的约束管理，形成管理与被管理的隶属关系。

(四) 权益的冲突性

本着利益最大化的经济人假设,绝大多数劳动者希望能以较少的劳动获得较高的薪酬福利,而企业管理方则想方设法通过降低生产成本(工资福利是生产成本的主要构成)来攫取最大利润。劳资双方为争取各自最大的权益,常常会引发冲突。

(五) 实力的差异性

劳资双方拥有和可行使的权力程度有相当大的差异,实力的差异受到工作性质、雇佣时间和雇佣关系有效期的影响,它也是劳动者在劳动力市场讨价还价能力的体现。在世界各国的劳动关系实践中,企业的经济实力是其在劳资冲突中最重要的筹码,通过经济力量的发挥,个别劳动者难以与其抗衡,唯一的策略是整合多数劳动者的力量(工会),但强资本弱劳工几乎是一个普遍现象。

(六) 冲突的影响性

劳资冲突不仅影响到本企业生产的正常进行,还会波及劳动者家属、企业的上下游、顾客以及社会大众权益,尤其是学校、航空公司、港口公司的劳资冲突影响面更为广泛,常常会衍生为社会重大问题。

五、劳动关系外部环境

劳动关系的外部环境,主要是指能够对劳动关系系统产生影响的各种因素。在全球化背景下,劳动关系环境的变化空前加快,组织对环境的依赖性与日俱增。影响劳动关系的外部环境主要包括:经济环境、政治法律环境、社会文化环境等。

(一) 经济环境

劳动关系本质上是一种经济利益关系。一个国家的经济,无论在总量上还是各个行业、各个部门,都是影响劳动关系的主要外部环境因素。经济环境因素主要包括社会经济结构、经济体制与产业结构、市场状况和技术进步等因素。例如,市场的发展、科学技术的进步、就业结构和就业方式的变化以及收入分配政策的改变，都会通过失业率、工资水平及就业结构来影响劳动关系，而劳动关系的变化又反过来影响市场、技术、就业结构等经济变量。

（二）政治法律环境

政治法律环境是影响劳动关系的另一个重要的外部环境。政治法律环境主要指总的政治形式及立法和司法现状，包括政治制度、党派关系、法律法规以及国家产业关系政策等。不同的国家有不同的社会政治环境，这些环境因素对组织来说是不可控的，带有强制性的约束力，组织必须适应这些环境才能生存和发展。一般来说，政治法律不同，劳动关系的性质和特点在一定程度上也就有所不同[①]。近现代各国劳动关系实践证明，法律制度环境是劳动关系存在和发展的基础条件。

（三）社会文化环境

社会文化环境也是影响劳动关系运行发展的重要因素。它可以分为宏观社会文化环境、中观社会文化环境和微观社会文化环境三个层次。宏观社会文化环境包括社会习俗、社会规范、社会制度与社会结构，它对劳动者的劳动活动设置了制度与结构上的约束。中观社会文化环境主要指具体的劳动组织或企业文化。微观社会文化环境是指工作场所中的社会文化环境，往往是与劳动者密切相关的技术、操作过程、同事及上下级关系，在这些因素的共同作用下，对劳动者的价值观、态度和积极性等有很大影响。

在劳资关系的演变过程中，社会和文化因素与经济和政治因素相互影响、互相作用，共同决定和影响着劳资关系的存在和发展。

六、劳动关系实质

劳动关系的实质是冲突与合作。由于企业与劳动者都追求自身利益的最大化，所以劳动关系中存在着根本性的冲突，而企业和劳动者为了各自的可持续发展，又必须选择合作共赢。因此，劳动关系的本质属性是在合作与冲突中寻求平衡。

---

① 黑启明. 政府规制的劳动关系理论与策略研究 [D]. 天津师范大学学位论文，2005：51-52.

劳动关系是一个寻求平衡的系统，它在雇佣关系中寻求效率、公平与话语权三大目标的平衡，寻求劳工方和管理方的权利平衡。

第二节　劳动关系调整

良好的劳动关系是社会和谐的体现，也是提升劳动者幸福感、获得感、安全感的基础。劳动关系调整需要遵循三方协商机制以及相关法律法规和惯例。

一、劳动关系调整原则

劳动关系调整原则是调整劳动关系所应遵循的基本准则，贯穿于劳动关系调整的全过程，决定着调整劳动关系的方向。市场经济条件下，调整劳动关系须遵循以下四个基本原则。

（一）劳动关系主体权利义务统一的原则

劳动关系中的劳资双方，一方是生产资料所有者，另一方是劳动力所有者，在履行劳动合同的过程中，他们都拥有追求自己利益的权利，一方的权利即为另一方的义务，而一方的义务即为另一方的权利，权利和义务是相对应的。《中华人民共和国劳动法》对劳动者的义务作了明确规定：劳动者应当完成劳动任务、提高职业技能、执行劳动安全卫生规程、遵守劳动纪律和职业道德。从各国劳动关系实践看，雇主在劳动关系中所应承担的义务要远远多于其所享有的权利。这主要是因为雇主是生产资料的所有者和就业机会的提供者，他们在劳动关系中占有优势，而雇员作为劳动力供给者，在劳动关系中处于相对弱势的地位。

（二）保护劳动关系主体权益的原则

劳动关系就其本质而言是一种权力和利益的关系。调整劳动关系就是要以保护劳动关系主体权益为基础原则，具体而言，要遵循全面保护、平等保护和优先保护。

1. 全面保护

全面保护一方面意味着对主体的全面保护，即要对劳动者和用人单位的权益都要实施保护，任何一方都不得随意侵犯对方的权益；另一方面意味着对内容的全面保护，即对于劳动劳动关系双方来说，无论是法定权益还是约定权益，无论是财产权还是人身权，在劳动关系运行中，都要置于保护范围内。

2. 平等保护

指对全体劳动者和各类用人单位的权益都应平等保护，不能偏袒一方而忽视另一方。

3. 优先保护和特殊保护

（1）优先保护是指在特定条件下，当对劳动者权益保护和对用人单位权益保护出现矛盾、发生冲突时，对劳动者实施优先保护。（2）特殊保护是指在劳动关系中，对于某些特殊群体（如女职工、未成年工、农民工等群体）的劳动权益给予特殊保护。

（三）以劳动关系双方自主协调为基础的原则

劳动关系的建立、存续和终止以及劳动关系双方的纠纷处理，主要是由劳动关系双方依法自主协商决定。自主协调具有成本低、及时、灵活的优点，可以促使双方当事人尽快取得谅解，减少双方的对立情绪，防止矛盾激化升级。

（四）促进经济发展和社会进步的原则

调整劳动关系，微观层面而言是保护劳动关系双方当事人的权利，督促他们履行自己的义务，尤其是保护劳动力市场的弱势群体。宏观层面则是促进了经济发展和社会进步。

二、劳动关系调整机制

劳动关系调整机制是促进劳动关系正常发展的重要保证。世界各国劳动关系调整机制包括法律调整机制、企业内部调整机制、劳动争议处理机制、三方协商机制和惯例调整等。

（一）法律调整机制

劳动立法是世界各国调整劳动关系的主要机制。劳动立法包括个别劳动关系法、集体劳动关系法和劳动市场法。个别劳动关系法主要是最低劳动标准方面的立法，例如《最低工资法》《劳动基准法》《劳动安全卫生法》《劳灾保险法》《育儿休业法》等。集体劳动关系法是关于劳资双方团体之间的法律，如《工会法》和《劳动关系法》等。劳动市场法是劳动者就业前、就业中对政府、社会、用人单位一些行为的规范立法，如《反劳动力市场歧视法》等。

（二）企业内部调整机制

企业内部调整劳动关系的机制主要有集体协商和谈判机制、雇员参与管理机制、建立合法完善的企业内部规章等。

1. 集体谈判机制

集体谈判和集体合同制度所涉及的是集体劳动关系。集体谈判是市场经济国家劳动关系制度的核心，它不仅规定了劳动者的工资福利水平，而且确立了以集体协议的方式调整劳动关系的正式规则。集体谈判也是解决冲突的一种重要途径，它能有效地促使双方互相让步，达成妥协，签订协议，从而大大减少冲突的产生。集体谈判使劳资冲突得以规范化，是市场经济国家规范和调整劳动关系十分有效的基本手段和主要方法。

2. 雇员参与管理机制

员工参与是企业或其他组织中的普通员工依据一定的规定与制度。参与权是对于管理权的一种分享，它又是一项更高层次的权利。企业的民主参与权，并不是一种直接的管理权，也不是替代管理权。同时，在权力的行使中，参与者始终处于一种被动的地位，员工参与是一种将法定权利转化为权利或者说是影响力的过程，通过一定的组织形式，直接或间接地参与管理与决策。

3. 建立合法完善的企业内部规章

企业应结合自身生产、经营特点，有针对性地建章立制，涉及职工切身利益的规章制度主要包括以下几个方面：工资分配制度、保险福利制度、考核或劳动定额管理制度、质量考核考绩制度、休息休假制度、安全生产制度、职工培训、保密制度、劳动纪律、奖罚制度、工时制度等。

严格执行规章制度。经过民主程序制定的各项规章制度，是企业的法律管理文书，企业在执行规章制度中主要抓好日常的检查、考核记录，要实行证据式管理。发现违规要记录在案，并经劳动者签名确认，或备案有该劳动者违规违纪的旁证材料；计件质量考核，要经劳动者签字确认等。

（三）劳动争议处理机制

劳动者与用人单位在履行劳动合同的过程中，不可避免会发生劳动争议。通过处理劳动争议案件和不当劳动行为案件来调整劳动关系，是各国普遍采用的一种比较成熟的劳动关系调整机制，具体包括协商、调解、仲裁、诉讼。

1. 协商

发生劳动争议，劳动者可以与用人单位协商，也可以请工会或者第三方共同与用人单位协商，达成和解协议。协商是基于当事人的自主选择，具有快捷、灵活的特点，同时也易于对症下药，影响面小。

2. 调解

当事人不愿协商或协商不成的，可以向调解组织申请调解。调解是第三方或者中间人介入争议处理过程，并提出具体方案或建议，供双方当事人参考。

3. 仲裁

劳资双方当事人不愿调解或调解不成或达成调解协议后不履行的，可以向劳动争议仲裁委员会申请仲裁。劳动仲裁是劳动争议处理机制的核心。生效的仲裁调解书、裁决书对当事人具有法律约束力，当事人应当依照规定的期限履行。一方当事人逾期不履行的，另一方当事人可以向人民法院申请执行，维护自身的合法权益。

4. 诉讼

劳动者或用人单位不服仲裁裁决，可以向人民法院提起诉讼；或者申请劳动仲裁但仲裁委员会不予受理，当事人可以向人民法院诉讼。劳动争议诉讼是解决劳动争议的最终程序，它通过司法程序保证了劳动争议的最终彻底解决。

（四）三方协商机制

三方协商机制是市场经济条件下劳动关系处理的基本格局和制度，是政府、雇主和工会共同参与、相互影响和制衡，是在调整劳动关系的实践中形成的有效机制。三方协商是国际通行的做法,也是国际劳工组织着重推行的基本原则。劳资政三方作为劳动关系的三大主体,其基本状况特别是三方之间的力量格局直接影响劳动关系的状况和整体格局。

政府、雇主组织和工人组织是参与三方协商的主体,他们在地位是独立的,权利是平等的,彼此不受其他方的制约,这是三方平等协商的基础和条件,也是三方机制的重要特征。同时,民主协商是三方机制产生的根源。只有在协商过程中充分发扬民主,充分听取各方、甚至每位代表的意见,才能形成比较科学和可行的方案和意见。同时,要定期协商。三方机制需要协商的事务都是涉及劳动关系中的重大问题,而且三方机制大多是一种议事制度,因此,一般都采取定期协商的方式,如每季度召开一次协商会议,或每半年召开一次协商会议等等。

中国三方协调机制形成始于20世纪90年代早期,2001年8月国家协调劳动关系三方会议举行标志着国家层面三方协调机制正式建立。当前,中国的三方协商机制在劳动关系实践中取得了较大进展。在三方协商机制的制度安排中,劳动行政部门是人力资源和社会保障部及其在地方的分支机构;雇主代表组织是以中国企业家联合会、中国企业家协会、全国工商联为主的各级地方分支机构;劳动者代表是中华全国总工会及各级地方分支机构。三方协商机制的基本法律依据和法律框架是以《中华人民共和国工会法》《中华人民共和国劳动合同法》《中华人民共和国劳动争议调解仲裁法》为主的法律体系。政府、雇主代表组织、劳动者通过三方协调机制进行对话和协商,协调劳动关系和实现劳动关系的和谐共赢。

(五) 惯例调整

惯例是在长期的实践中形成的调整劳动关系的重要机制,如日本的"春斗"工资、"秋斗"劳动条件、终身雇佣制和年功序列制,是企业界自然形成的惯例制度。

三、中国调整劳动关系的法律体系

(一) 宪法

宪法是劳动立法的最高法律依据,具有最高的适用效力。《中华人民共和国宪法》对我国劳动者的权利和义务做了规定。例如《中华人民共和国宪法》第四十二条规定了劳动的权利和义务;第四十三条规定了劳动者休息休假的权利,以及男女同工同酬的权利。同时,《中华人民共和国宪法》还明确,国有企业和城乡集体经济组织的劳动者都应当以国家主人翁的态度对待自己的劳动。

在中国共产党第二十次全国代表大会上,习近平总书记在报告中提出:"完善以宪法为核心的中国特色社会主义法律体系。坚持依法治国首先要坚持依宪治国,坚持依法执政首先要坚持依宪执政,坚持宪法确定的中国共产党领导地位不动摇,坚持宪法确定的人民民主专政的国体和人民代表大会制度的政体不动摇。加强宪法实施和监督,健全保证宪法全面实施的制度体系,更好发挥宪法在治国理政中的重要作用,维护宪法权威"。

(二)法律

法律是全国人民代表大会及其常务委员会制定或批准发布的规范性文件。我国调整劳动关系的法律有《中华人民共和国劳动法》《中华人民共和国工会法》《中华人民共和国劳动合同法》《中华人民共和国就业促进法》《中华人民共和国社会保险法》《中华人民共和国劳动争议调解仲裁法》等。

1. 《中华人民共和国劳动法》

1994年7月5日第八届全国人民代表大会常务委员会第八次会议通过,根据2009年8月27日第十一届全国人民代表大会常务委员会第十次会议《关于修改部分法律的决定》第一次修正,根据2018年12月29日第十三届全国人民代表大会常务委员会第七次会议《关于修改〈中华人民共和国劳动法〉等七部法律的决定》第二次修正。劳动法确立了我国社会主义市场经济条件下劳动力市场及劳动关系调整的基本法律原则。劳动法通过平衡雇员和雇主双方之间的权利、义务关系达到调整劳动关系的目的,通过规定雇员和雇主双方之间的权利、义务关系,将其行为纳入法制的轨道,是劳动关系双方所遵循的最低标准和条件。

2. 《中华人民共和国工会法》

《中华人民共和国工会法》是为保障工会在国家政治、经济和社会生活中的地位,确定工会的权利与义务,发挥工会在社会主义现代化建设事业中的作用,根据宪法而制定的法律。1992年4月3日,第七届全国人民代表大会第五次会议通过《中华人民共和国工会法》,经过2001年的第一次修正、2009年的第二次修正、2021年第三次修改。从2022年1月1日起,新修改的《中华人民共和国工会法》正式施行。《中华人民共和国工会法》规定了工会在调整劳动关系中的职权:代表职工与企业签订集体劳动合同;用人单位裁员,应听取工会意见;用人单位延长劳动时间要与工会协商。第三次修订的《中华人民共和国工会法》增加了新规定：工会适应企业组织形式、职工队伍结构、劳动关系、就业形态等方面的发展变化，依法维护劳动者参加和组织工会的权利。此外，完善工会基本职责，由"维护职工合法权益"扩展为"维护职工合法权益、竭诚服务职工群众"；扩大基层工会组织覆盖面，明确社会组织中的劳动者有依法参加和组织工会的权利；做好与相关法律的衔接，明确县级以上各级总工会可以依法为所属工会和职工提供法律援助等法律服务。

3.《中华人民共和国劳动合同法》

2007年6月29日中华人民共和国第十届全国人民代表大会常务委员会第二十八次会议通过了《中华人民共和国劳动合同法》，自2008年1月1日起施行，2012年进行了修正。《中华人民共和国劳动合同法》对劳动合同的订立、履行变更、解除终止以及劳务派遣都做了详细规定。劳动合同法实施后，劳动关系发生了四方面的变化：法律适用范围扩大、劳动合同期限总体结构的调整、用人单位不订立书面劳动合同的法律责任加大、对试用期劳动者的保护力度增大。通过对经济手段的应用，使用人单位的用工行为得到了明显的制约，促使其主动遵守相关规范，可操作性强。

4.《中华人民共和国就业促进法》

2007年8月30日第十届全国人民代表大会常务委员会第二十九次会议通过了《中华人民共和国就业促进法》，自2008年1月1日起施行。《中华人民共和国就业促进法》以扩大就业、市场就业、公平就业和统筹就业为指导，明确了促进就业的基本方针，明确了政府促进就业的职责，明确了劳动者权利义务、促进就业工作协调机制，并对政策支持、公平就业、就业服务和管理、职业教育和培训、就业援助、监督检查、法律责任等内容作了法律规范。

就业促进法规定劳动者依法享有平等就业和自主择业的权利。劳动者就业，不因民族、宗族、性别、宗教信仰等不同而受歧视。劳动者遭遇就业歧视可依法状告用人单位。就业促进法对企业建立良好诚信的用工渠道，保障企业的规范合法用工，起到了重要的推动作用。

5.《中华人民共和国社会保险法》

2010年10月28日第十一届全国人民代表大会常务委员会第十七次会议通过了《中华人民共和国社会保险法》，2018年做了修正。《中华人民共和国社会保险法》规定了用人单位应当按时足额缴纳社会保险费的义务，保障劳动者享有基本养老保险、基本医疗保险、工伤保险、失业保险、生育保险的权利，社会保险法律的规制在很大程度上降低了劳动者生老病死的后顾之忧，保障了广大劳动者的基本生活水平。

6.《中华人民共和国劳动争议调解仲裁法》

为了公正及时解决劳动争议，保护当事人合法权益，促进劳动关系和谐稳定，中华人民共和国第十届全国人民代表大会常务委员会第三十一次会议于2007年12月29日通过制定《中华人民共和国劳动争议调解仲裁法》，自2008年5月1日起施行。《中华人民共和国劳动争议调解仲裁法》明确规定了我国劳动争议调解、仲裁的适用范围和具体规定，操作性强，是解决劳资双方劳动争议的专门法律。

此外，《中华人民共和国刑法》修正案中增加了"拒不支付劳动报酬罪"，对于我国用人单位恶意拖欠农民工工资起到威慑作用，在较大程度上保护了农民工取得劳动报酬的权利。

（三）劳动行政法规

劳动行政法规是由国务院制定、国务院总理签署发布的，以条例、规定、办法命名的有关劳动方面的规范性文件，如《中华人民共和国劳动合同法实施条例》《中华人民共和国女职工劳动保护条例》《中华人民共和国企业劳动争议处理条例》《中华人民共和国劳动保障监察条例》等。

1.《中华人民共和国劳动合同法实施条例》

是《中华人民共和国劳动合同法》的重要配套行政法规，它的公布施行，对于进一步推进《中华人民共和国劳动合同法》的贯彻实施，具有十分重要的作用。条例坚持了《中华人民共和国劳动合同法》确定的基本原则和基本制度，对社会上存在误解的条款作出了明确规定，既进一步体现了维护劳动者合法权益的立法宗旨，又注重实现劳动关系双方权利与义务的平衡，有利于更好地帮助用人单位和劳动者全面准确理解和执行《中华人民共和国劳动合同法》。

2.《中华人民共和国女职工劳动保护条例》

女职工劳动保护条例是为维护女职工的合法权益，减少和解决女职工在劳动和工作中因生理特点造成的特殊困难，保护其健康，以利于社会主义现代化建设。

女职工劳动保护条例包括以下内容：禁止安排女职工从事矿山井下、国家规定的第四级体力劳动强度的劳动和其他禁忌从事的劳动;不得安排女职工在经期从事高处、低温、冷水作业和国家规定的第三级体力劳动强度的劳动。对怀孕七个月以上的女职工,不得安排其延长工作时间和夜班劳动;女职工生育享受不少于 90 天的产假;女职工在孕期、产期、哺乳期内,用人单位不得解除劳动合同;女职工依法享有生育保险①。

3. 《中华人民共和国企业劳动争议处理条例》

为了妥善处理企业劳动争议,保障企业和职工的合法权益,维护正常的生产经营秩序,发展良好的劳动关系,促进改革开放的顺利发展,制定了《中华人民共和国企业劳动争议处理条例》。本条例适用于中华人民共和国境内的企业与职工之间的下列劳动争议:因企业开除、除名、辞退职工和职工辞职、自动离职发生的争议;因执行国家有关工资、保险、福利、培训、劳动保护的规定发生的争议;因履行劳动合同发生的争议;法律、法规规定应当依照本条例处理的其他劳动争议②。

4. 《中华人民共和国劳动保障监察条例》

是为贯彻实施劳动和社会保障法律、法规和规章,规范劳动保障监察工作,维护劳动者的合法权益,根据劳动法和有关法律制定③。经 2004 年 10 月 26 日国务院第 68 次常务会议通过,由国务院于 2004 年 11 月 1 日发布,自 2004 年 12 月 1 日起施行。《中华人民共和国劳动保障监察条例》对各级工会依法维护劳动者的合法权益,对用人单位遵守劳动保障法律、法规和规章的情况进行监督④。

(四) 地方性法规

地方性法规,是指法定的地方国家权力机关依照法定的权限,在不同宪法、法律和行政法规相抵触的前提下,制定和颁布的在本行政区域范围内实施的规范性文件。例如《上海市集体合同条例》《内蒙古自治区工会劳动法律监督条例》《厦门市处理国有企业下岗分流职工劳动关系办法》等。

(五) 行政法规

国务院各部委及省、自治区、直辖市人民政府制定的规范性文件,如《中华

---

① 中国人大网,http://www.npc.gov.cn/npc/,中华人民共和国女职工保护条例.
② 中国人大网,http://www.npc.gov.cn/npc/,中华人民共和国企业劳动争议处理条例.
③ 中国人大网,http://www.npc.gov.cn/npc/,中华人民共和国劳动保障监察条例.
④ 中国人大网,http://www.npc.gov.cn/npc/,中华人民共和国劳动保障监察条例.

人民共和国劳动力市场管理规定》等。

(六) 法律解释

法律解释指由一定的国家机关、组织或个人，为适用和遵守法律，根据有关法律规定、政策、公平正义观念、法学理论和惯例对现行的法律规范、法律条文的含义、内容、概念、术语以及适用的条件等所做的说明。包括立法解释、司法解释、和行政解释。例如最高人民法院公布了《关于审理劳动争议案件适用法律若干问题的解释》等。

(七) 国际劳工公约和建议书

国际劳工公约和建议书虽然都属于国际劳动立法文件，但其法律效力不同。国际劳工公约经国际劳工大会通过后须由成员国批准，公约一经批准，成员国必须遵守和执行。而建议书则是提供给成员国在制定法律和采取其他措施时参考，没有必须遵守和执行的义务。

1. 核心劳工公约

核心劳工公约是指国际劳工标准中最重要的公约，公约规定的四个方面的权利是工人为了争取改善工作条件而采取的其他一切措施的前提条件，作为基本人权公约，已经得到了世界各国的普遍理解和认同。核心劳工公约在国际劳工组织的178个成员国中都有批准。

2. 优先性公约

优先性公约是指其内容对于各国劳动制度与政策的形成具有重要影响，因此成员国应当特别重视的公约，优先性公约的重要性可以与核心公约相提并论。

3. 建议书

1998年，通过了《在中小企业刺激创造就业一般条件建议书》（189号），强调这些企业在创造就业、吸纳弱势群体参与经济活动等方面的重要性。2004年6月，国际劳工大会又通过了《人力资源开发：教育、培训和终身学习建议书》（195号），该建议书引入了终身学习的新理念，提出应明确政府、企业、劳动者个人以及社会各方在人力资源开发与培训中的责任等。

法律调整劳动关系的基本方法是：确定主体的法律资格；确认可以获得的实体性权利和可能承担的实体性义务；确立相应的程序性权利和义务；建立专门性

的国家机关并确定其职权、职责；专门机关依职责主动处理有关法律问题或者受理案件、处理纠纷等。

法律调整劳动关系在方法上有两个比较显著的特征：(1) 对于劳动关系当事人的基本权利，特别是劳动权利、基本劳动条件，以强制性规范的方式建立劳动基准，当事人必须遵守，不得规避。(2) 在遵守法定的劳动基准的前提下，允许当事人平等、自由地协商，形成劳动关系的具体内容。

第三节　中国特色和谐劳动关系

劳动关系是现代社会最重要、最基本的经济关系，不仅涉及劳动者与企业的经济利益，也关系着整个国家的经济发展与社会稳定。构建和谐劳动关系，是转变经济发展方式和促进包容性增长的必要条件，是实现高质量发展的重要推动力，是建设和谐社会的重要基础。

一、中国特色社会主义和谐劳动关系思想脉络

在2006年党的十六届六中全会通过的《关于构建社会主义和谐社会若干重大问题的决定》中首次提出了"发展和谐劳动关系"的概念，随后在2007年颁布的《劳动合同法》进一步明确将"构建和发展和谐稳定的劳动关系"作为立法宗旨，2010年党的十七届五中全会进一步强调"构建和谐劳动关系"。从此以后，"构建和谐劳动关系"就作为一个比较固定的概念出现在相关政策性文件中。

2011年8月，中央举行了首次全国构建和谐劳动关系先进表彰暨经验交流会，会上习近平代表中央发表重要讲话。习近平指出："构建和谐劳动关系，是建设社会主义和谐社会的重要基础，是增强党的执政基础、巩固党的执政地位的必然要求，是坚持中国特色社会主义道路、贯彻中国特色社会主义理论体系、完善中国特色社会主义制度的重要组成部分。把构建和谐劳动关系作为一项重要而紧迫的政治任务抓实抓好"[①]。2012年11月，党的十八大报告强调"推行企业工资集体协

---

① 习近平在2011年全国构建和谐劳动关系先进表彰会上的讲话 [N]. 人民日报，2011 – 8 – 17 (01).

商制度,健全劳动标准体系和劳动关系协调机制,加强劳动保障监察和争议调解仲裁"。2013年10月23日,习近平总书记在中南海同中华全国总工会新一届领导班子成员集体谈话并发表重要讲话。习近平总书记指出:"保障职工群众经济、政治、文化、社会权益是我国社会主义制度的根本要求,是党和国家的神圣职责,也是发挥广大职工群众积极性、主动性、创造性最重要最基础的工作。工会作为劳动者的利益代表,工会工作的落脚点和关键点就是必须切实维护广大职工群众的切实利益,即职工群众最关心的利益和实际问题。在经济发展的基础上不断提高职工群众生活水平和质量,使他们不断享受到改革发展成果"①。

2015年,中共中央国务院印发了《关于构建和谐劳动关系的意见》(以下简称《意见》),该文件是新时期指引我国劳动关系发展的纲领性文件。在这个文件中,中央首次正式提出"构建中国特色和谐劳动关系"这一重要命题。在《意见》中提出了"各级党委和政府要建立健全构建和谐劳动关系的领导协调机制""各级党委要统揽全局,把握方向,及时研究和解决劳动关系中的重大问题""加强企业党组织建设"等,同时,《意见》还提出:"坚持以人为本,把解决广大职工最关心、最直接、最现实的利益问题,作为构建和谐劳动关系的根本出发点和落脚点,要坚持促进企业发展和维护企业职工权益相统一,同时调动劳动关系主体双方的积极性、主动性,推动企业与职工群众协商共事、机制共建、效益共创、利益共享;要从不同类型企业的实际出发,把构建和谐劳动关系必须遵循的共同要求与具体的具有差异性的措施结合起来,统筹兼顾、分类指导,既整体推进,又突出重点、突破难点。当前和今后一个时期,要着重抓好进一步完善劳动法律法规并保障其实施、合理调节企业工资收入分配、加强企业民主管理建设、努力化解劳动关系矛盾、加强企业党组织建设、支持和促进企业健康发展等工作,以构建和谐劳动关系的新进步更好地推进科学发展、促进社会和谐"②。并且从依法保障职工基本权益、健全劳动关系协调机制、加强企业民主管理制度建设、健全劳动关系矛盾调处机制、营造构建和谐劳动关系的良好环境、加强组织领导和统筹协调等方面,为构建和谐劳动关系提出了全面系统的措施。

党的十九大报告提出,要完善政府、工会、企业共同参与的协调协商机制,构建和谐劳动关系;要坚持就业优先战略和积极就业政策,实现更高质量和更充分的就业;新时代,我国社会主要矛盾已经转化为人民日益增长的美好生活需要

---

① https://news.12371.cn/2013/10/24/ARTI1382561298742718.shtml?from=groupmessage&isappinstalled=0.
② 中共中央国务院关于构建和谐劳动关系的意见[N].人民日报,2015-4-9(01).

和不平衡不充分的发展之间的矛盾①。当前，我国的经济发展已经走上一条追求高质量发展的道路，而构建和谐劳动关系无疑是实现高质量发展的重要推动力。

二、中国特色社会主义和谐劳动关系的内涵

习近平总书记指出，构建中国特色和谐劳动关系，"是坚持中国特色社会主义道路、贯彻中国特色社会主义理论体系、完善中国特色社会主义制度的重要组成部分"②。中国特色和谐劳动关系是中国特色社会主义生产关系在劳动关系领域的具体体现。

（一）中国特色和谐劳动关系是在中国共产党领导下的劳动关系

新中国70年劳动关系的发展历程表明，我国劳动关系是在中国共产党的领导下逐步建立发展起来的。在市场经济条件下，我国包括协调劳动关系在内的一切工作都是在中国共产党的领导下进行的。无论是宏观层面的劳动关系政策法规的制定、劳动关系决策部署的实施，都是在中国共产党的领导下进行的。在微观层面，比如企业劳动关系的协调处理，基层党组织也发挥着不可替代的重要作用③。坚持中国共产党的领导是中国特色和谐劳动关系的最本质特征，也是构建中国特色和谐劳动关系的根本保证。习近平总书记强调："中国最大的国情就是中国共产党的领导，明确中国特色社会主义最本质的特征是中国共产党领导"。

（二）中国特色和谐劳动关系是坚持根本利益一致基础上的劳动关系

无论是国企还是私企，也无论是大型企业还是小规模作坊，都是社会主义国家大家庭的组成成员，所有劳动者都是国家和社会的主人，大家的根本利益上是一致的。尽管在企业内部或企业之间会产生具体利益差别，但完全能够在协商协调的基础上得到妥善解决。从这个角度来说，强调根本利益的一致性，是构建中国特色和谐劳动关系的重要逻辑基础④。

---

① 中华人民共和国中央人民政府网，https：//www.gov.cn/zhuanti/19thcpc/baogao.htm，习近平：决胜全面建成小康社会 夺取新时代中国特色社会主义伟大胜利——在中国共产党第十九次全国代表大会上的报告．
② 习近平在中国共产党第十九次全国代表大会上的报告［N］．人民日报，2017-10-28（1）．
③ 杨成湘．关于构建中国特色和谐劳动关系的理论思考［J］．理论视野，2019（11）：43．
④ 杨成湘．关于构建中国特色和谐劳动关系的理论思考［J］．理论视野，2019（11）：45．

（三）中国特色和谐劳动关系是规范有序、公正合理、互利共赢、和谐稳定的劳动关系

在2011年全国构建和谐劳动关系大会上，习近平总书记提出："采取有力措施引导劳动关系朝着规范有序、公正合理、互利共赢、和谐稳定的方向健康发展。"这一要求作为目标任务写入了《关于构建和谐劳动关系的意见》。《意见》明确规定："加强调整劳动关系的法律、体制、制度、机制和能力建设，加快健全党委领导、政府负责、社会协同、企业和职工参与、法治保障的工作体制……有效预防和化解劳动关系矛盾，建立规范有序、公正合理、互利共赢、和谐稳定的劳动关系"。"规范有序"，就是劳动关系主体行为规范，劳动关系协调机制健全，劳动关系法律法规完善，整个劳动关系运行全过程都纳入法治化轨道；"公正合理"，就是企业利益分配建立在公平正义的基础上，劳动关系主体双方权利义务相对均衡，严格按照法律规定享有各种权利，承担各种义务，即使有劳动关系矛盾也能得到公正处理；"互利共赢"，就是劳动关系双方通过相互理解、相互信任、相互合作，共同应对风险和挑战，共同谋划经济利益，共同分享企业发展成果，把企业打造成事业、利益和命运共同体；"和谐稳定"，就是劳动关系双方和睦融洽、友好相处，劳动关系矛盾能得到有效预防和及时化解，劳动关系处于动态协调、平稳运行状态，最终形成企业得发展、职工得实惠的良好局面[①]。

三、建设中国特色和谐劳动关系的根本目标

劳动关系是劳资双方合作、冲突、力量和权力的相互交织，其核心是权益划分问题，劳动关系和谐稳定是生产资料与劳动力顺利结合并转化为现实生产力的重要保障。当前，我国经济向高质量发展迈进，劳资双方的利益诉求呈现多元态势，劳动力市场歧视现象屡禁不止，"996"工作制在互联网企业蔓延，农民工工资拖欠现象也时有发生，这些都在不同程度上侵害了劳动者的合法权益。我国政府提出建设中国特色和谐劳动关系，其根本目标就是为了维护和保障劳动者的合法权益。

---

① 中华人民共和国人力资源和社会保障部网 http：//www.mohrss.gov.cn/ldgxs/LDGXzhengcefagui/LDGXzyzc/201506/t20150625_212391.html?eqid=fd902f3100013e5600000003643e3ba4 中共中央 国务院关于构建和谐劳动关系的意见．

劳动者是实施生产活动的主体，在劳动关系中扮演着至关重要的角色，在构建和谐劳动关系过程中，需要关心劳动者、保护劳动者的合法权益。习近平总书记多次强调要"关注一线职工、农民工、困难职工等群体，完善制度，排除阻碍劳动者参与发展、分享成果的障碍，努力让劳动者实现体面劳动、全面发展""不能以牺牲职工利益而换取企业的一时发展"等。企业作为用人主体，要履行社会责任，发扬企业家精神，关注劳动者切身利益，为劳动者提供安全的工作环境、合理的工资待遇。

工会组织要切实为劳动者着想，树立正确工作理念，克服官僚主义、形式主义的作风，为广大劳动者办实事、办好事，保障职工民主权利，为职工维护个人权益提供畅通有效的渠道。习近平总书记强调"坚决履行维护职工合法权益的基本职责，把竭诚为职工群众服务作为工会一切工作的出发点和落脚点，帮助职工群众通过正常途径依法表达利益诉求"。

在政策制度方面，也要明确以人为本的根本原则。党中央在2015年发布的构建和谐劳动关系的文件中，提出要全心全意回应劳动者的利益关切，以此作为构建和谐劳动关系的根本，并且从依法保障职工基本权益、健全劳动关系协调机制、加强企业民主管理制度建设、健全劳动关系矛盾调处机制、营造构建和谐劳动关系的良好环境、加强组织领导和统筹协调等方面[①]，为构建和谐劳动关系提出了全面系统的措施。

四、发展中国特色和谐劳动关系坚持的原则

（一）三方协商原则

习近平总书记指出，努力构建中国特色和谐劳动关系，是坚持中国特色社会主义道路、贯彻中国特色社会主义理论体系、完善中国特色社会主义制度的重要组成部分，其经济、政治和社会意义重大而深远。党的十九大报告指出，要完善政府、工会、企业共同参与的协调协商机制，构建和谐劳动关系[②]。

三方合作体现了劳动关系的民主化，实质性表现是在劳动有关的社会活动中，

---

① 中华人民共和国人力资源和社会保障部网 http：//www.mohrss.gov.cn/ldgxs/LDGXzhengcefagui/LDGXzyzc/201506/t20150625_212391.html？eqid=fd902f3100013e5600000003643e3ba4，中共中央国务院关于构建和谐劳动关系的意见.

② 刘向兵. 和谐劳动关系理论的有益探索［J］. 中国劳动关系学院学报，2021（01）：28.

三方之间实行有差异的权利分享三方合作原则中,最重要的就是劳动者和用人单位之间的协商对话机制,只有通过双方之间的协商对话,才能实现劳资合作的双赢结果。政府作为劳动关系矛盾双方之外的主要参与主体,是劳动关系的方向导引者、规则制定者、矛盾协调者、制度实施和监管者,参与从就业、劳动报酬、收入分配到劳动关系矛盾调解等影响劳动关系和谐的各环节,决定一个国家的劳动关系性质、状态、稳定与和谐程度等[①]。在新时代,政府要建立健全更加科学系统的劳动关系法律和政策制度体系,进一步强化劳动关系政策制度执行,进一步推进就业优先战略,保障劳动者充分就业和体面劳动,优化劳动关系治理的政策环境。工会是协调劳动关系不可或缺的重要力量,如果没有工会的协调参与,就难以构建起中国特色的和谐劳动关系。社会主义市场经济条件下的工会具有多元角色,既是经济发展的促进者,又是劳动关系的参与者、协调者,既是企业的合作者,又是职工利益的代表和维护者。

同时,雇主的主动性和积极性也是构建和谐劳动关系不可或缺的重要组成部分。劳资合作将直接决定其劳动关系管理实践,进而决定了企业劳动关系和谐的程度以及企业的经营绩效。促进雇主履行社会责任是发展和谐劳动关系的关键。企业雇主与雇员之间存在着的权益冲突,企业承担对雇员的责任是企业社会责任的重要组成部分,在共同利益的基础上,企业员工才能实现自己的体面劳动。

市场经济条件下,劳动关系三方协商机制是协调劳动关系的较重要的机制。应通过立法明确劳动关系三方协商机制在市场经济和劳动关系协调中的法律地位、组织机构、运行程序和工作制度等。

(二)共建共享原则

当前,中国特色社会主义已经进入新时代,社会主要矛盾已经转化为人民日益增长的美好生活需要和不平衡不充分的发展之间的矛盾。社会主要矛盾的变化是创新协调劳动关系方式方法的现实依据。新时代党中央审时度势,提出要把构建和谐劳动关系摆在更加突出的位置,采取切实有力的政策措施推动企业和职工协商共事、机制共建、效益共创、利益共享,为建设社会主义和谐社会奠定基础,为促进经济持续健康发展提供保障,为不断增进职工群众福祉创造条件。

共建,即劳动关系双方共同参与企业经营发展。企业要生存和发展,必须创

---

① 刘向兵. 和谐劳动关系理论的有益探索 [J]. 中国劳动关系学院学报, 2021 (01): 30.

造效益和价值。因此，必须最大限度调动企业经营者和职工群众的积极性，激发不同群体职工的劳动热情和活力；着力加强企业文化和职工队伍建设，着力提升职工素质和技能，广泛组织开展岗位练兵、技能比武、劳动竞赛等活动，为职工成长成才搭建平台，激发职工工作热情和创业激情，促进企业健康可持续发展①。

共享，即企业经营者和职工群众共同享有发展成果。企业的发展，归根结底是为了不断满足职工群众日益增长的美好生活需要，不断提高职工幸福指数。让职工群众共同享有发展成果，必须在制度机制上给予保障。这就要求创新利益协调机制，完善利益保护机制，切实维护和保障职工群众的切身利益，形成协商对话、合作共建机制，从而不断协调关系，化解矛盾，增进认同，形成利益共享、风险共担、协同推进新型劳动关系治理机制②。

在共建共享中发展和谐劳动关系，是社会主义本质及尊重职工群众主体地位在新时代的重要体现。因此，要把解决广大职工最关心、最直接、最现实的利益问题，切实维护其根本权益，作为构建和谐劳动关系的根本出发点和落脚点；建立健全劳动关系风险预测预防预警机制、应急处理机制、矛盾调处机制、利益协调机制、责任追究机制等，提高劳动关系治理运行机制科学化、规范化、制度化水平；进一步健全劳动保障法律法规，增强企业依法用工意识，提高职工依法维权能力，加强劳动保障执法监督和劳动纠纷调处，依法处理劳动关系矛盾，把劳动关系的建立、运行、监督、调处的全过程纳入法治化轨道；不断探究和把握社会主义市场经济条件下劳动关系的运行规律，积极稳妥推进具有中国特色的劳动关系工作理论、体制、制度、机制和方法创新。

五、中国特色和谐劳动关系的时代氛围

习近平总书记提出"让劳动光荣、创造伟大成为铿锵的时代强音，让劳动最光荣、劳动最崇高、劳动最伟大、劳动最美丽蔚然成风"。在全社会形成尊重劳动、崇尚劳动的良好氛围。大力宣传劳动模范的先进事迹，弘扬劳模精神，促使人们用辛勤付出、诚信经营、创新创造为社会发展贡献力量。习近平总书记指出："劳动是人类的本质活动，劳动光荣、创造伟大是对人类文明进步规律的重要诠释。"当下，面对风云变幻的国际形势，必须以更为坚韧的奋斗精神，通过亿万人民的

---

① 宜冰. 在共建共享中发展和谐劳动关系［J］. 中国工运，2018（09）：22.
② 宜冰. 在共建共享中发展和谐劳动关系［J］. 中国工运，2018（09）：22.

创造性劳动，实现中华民族伟大复兴的目标。

> **思考题**
>
> 1. 劳动关系的调整机制有哪些？
> 2. 劳动关系主体包括哪些？
> 3. 中国调整劳动关系的法律体系内容是什么？
> 4. 中国特色和谐劳动关系的主要内容是什么？

第六章 劳动社会保障

本章对社会保障进行较为全面的科学的学习，对养老保险、医疗保险、失业保险和工伤保险的进行详细介绍，具有较强的实践指导意义，为今后在就业中更好地维护自身的社会保障权益、在创业中依法保护劳动者的社会保障权益，进行必要的知识储备。本章将包括六节的内容，分别是：现代社会保障制度发展沿革；中国的劳动社会保障制度；老年风险与养老保险制度；疾病风险与医疗保险制度；职业风险与职业保障制度；生存风险与社会救助制度。

第一节 现代社会保障制度的发展沿革

一、社会风险和社会保障的概念

社会风险是指对社会生产及人们生活造成损失的风险，包括导致社会冲突，危及社会稳定和社会秩序的可能性。社会风险无处不在，无时不有。社会风险具有不确定性、客观性、突发性、损害性等特征[1]。1952年，国际劳工组织通过的《社会保障最低标准公约》将社会风险界定为生育、疾病、伤残、失业、养老，后来又增加住有所居、灾有所救，形成七大风险，为了应对各种社会风险，有必要建立起社会保障制度。

社会保障源于英文"Social Security"，意译为"社会安全"。最早由美国罗斯福政府于20世纪30年代初提出，自建立伊始就承担防范社会风险的重要职能。社

---

[1] 邓大松. 社会保障概论 [M]. 北京：高等教育出版社，2019：19.

会保障是国家抵御社会风险和保障国民基本生活的制度安排和服务体系，是现代国家普遍采用的一种风险防范制度。在现代社会中，社会保障制度是国家依法通过强制手段对暂时或永久失去劳动能力或因各种原因导致生活困难的社会成员提供基本生活保障的制度体系。作为国民收入再分配的工具，社会保障有助于社会成员把社会风险进行分散，并有助于抵御各种社会风险。

社会保障制度本身就是作为现代国家应对社会风险的最有效工具之一而存在的，本质上就是一种风险分散机制。

二、现代社会保障制度产生的背景

现代社会保障制度是工业化的产物，它以19世纪80年代德国制定并实施有关社会保险法令为起始标志，20世纪40—50年代进入成熟期，20世纪70—80年代以后步入改革、发展与完善阶段。

1883年德国颁布的《疾病保险法》是现代社会保障制度产生的标志。1935年美国通过的《社会保障法》是由社会保险制度朝着综合性社会保障制度发展的重要标志。第二次世界大战后，英国工党政府宣布建立福利国家，标志着现代社会保障制度开始步入成熟阶段。20世纪70—80年代以后步入改革、发展与完善阶段。

第二次世界大战后，各工业化国家积极完善各国社会保险制度，普遍重视社会福利制度建设，如英国、瑞典等国家先后宣布建成福利国家，开始对国民"从摇篮到坟墓"全面的福利保障。其他工业化国家虽然未建成福利国家，但不断颁布社会福利方面的立法，如日本制定著名的"福利六法"，为日本健全的福利保障制度的建立与发展提供了具体的法律依据。因此，第二次世界大战后工业化国家的社会保障制度是包括了社会救助、社会保险与社会福利等各种现代保障措施在内的完整的社会保障体系。

此后，不同的国家虽然亦有新的项目增加，如希腊建立了独特的灾害社会保险制度，德国、日本等于20世纪90年代新增了独特的社会保险项目，即护理保险。绝大多数工业化国家社会保障制度改革主要是服务范围的扩展、水平的变化上和保障方式的改革。

三、社会保障的内容

按照社会保障的保障层次和水平,社会保障的内容包括五个部分:社会保险、社会救助、社会福利、军人保障和补充保障。

(一)社会保险

社会保险是指由国家通过立法为依靠劳动收入生活的社会成员及其家庭成员保持基本生活条件、促进社会安定而举办的保险。主要包括养老、医疗(疾病和生育)、失业、工伤等保险。社会保险是一种特殊的强制性保险,它是在商业性保险的基础上产生的,是社会保障的核心内容和主要部分。

(二)社会救助

社会救助是指国家对那些因社会、自然、经济、个人生理和心理等原因而造成生活困难,以致无法正常生存的公民给予资金或物质帮助,使其克服困难、摆脱困境的一种社会保障制度。

(三)社会福利

社会福利内涵丰富,外延广泛。从广义上讲,它包括所有维持、改善、提高人民物质和文化生活水平的保障措施,如社会保险、社会救助以及教育、养老服务等,都可称为社会福利。从狭义上讲,社会福利包括面向全体社会成员的公共卫生福利、公共教育福利、公共设施福利、社区福利等公共福利,以及面向特殊群体的老年人福利、残疾人福利、妇女福利、儿童福利等内容。

(四)军人保障

军人保障是国家和社会按照相关法律、法规对军人及其家属的基本生活权利给予保障的一项特殊社会保障制度。一般包括军人保险制度、军人优抚安置、军人福利等内容。在很多国家,军人社会保障都有相对独立的管理体系,保障水平也往往高于一般社会成员的社会保障标准,这是由军人及其家庭为保卫国家安全和社会稳定所做出的牺牲与贡献决定的。军人所从事的军事劳动是一种高强度、高风险、高奉献的人类劳动。军人社会保障是社会保障制度的重要组成部分,是保障军人权益实现的有效形式，对于提高军队的吸引力、凝聚力、战斗力有较强的激励作用。

（五）补充保障

补充保障是指在国家强制推行的基本社会保障项目之外，向全体社会成员提供的发挥补充保障作用的各种保障措施和事业的统称。一般包括员工福利（如用人单位建立的企业年金与补充医疗保险，单位提供的住房、子女入托等）、商业保险、互助保障制度，慈善事业等内容。

补充保障通常不在国家法定或强制推行的范围内，形式内容灵活多样，是建立多层次社会保障体系的客观需要。但补充保障的力度、范围及稳定性都不如基本保障，只是发挥补充作用。

四、社会保障的意义

（一）社会保障突出以人为本，彰显人道主义，是人类文明发展进步的重要成果与推动力量

现代社会保障制度强调以人为本，其伦理基础是人道主义和公平价值理念。社会救助主要面向低收入人群，社会保险主要为劳动者服务、社会福利主要为全体国民提供。健全的社会保障体系能够解除人们的后顾之忧、保障人们的基本生活，而且发挥着维护社会公平、促进社会和谐等多方面的功能。因此，社会保障成为各国社会进步的标志，社会保障制度健全的国家同时也会是社会发展进步水平高的国家。所以，社会保障制度对社会文明发展进步有着重要贡献。

（二）社会保障维护并创造着公平的竞争环境，促进着经济社会的正常发展

第一，社会保障解除人们的后顾之忧，增强安全感与对未来的信心，不仅为人的全面发展提供制度保障，而且能够帮助遭遇特殊事件的社会成员恢复正常生活并重新回归社会，如：医疗保险化解人们不确定的疾病风险，工伤保险解除劳动者职业伤害的后顾之忧，各项社会福利弥补家庭保障功能的弱化等等。社会保障客观上可以消除个人因不确定事件或意外风险导致的非公平竞争，防止个人风险转化为社会风险进而转化为社会问题。第二，社会保障能够提高劳动者的素质，

促进劳动生产率的提高，实现劳动力市场一体化，实现劳动力资源的优化配置。所以，建立健全的社会保障制度，不仅能解决某些社会问题，而且能成为社会发展与市场经济的维系机制和促进机制。

（三）社会保障不断增进国民福利

健全的社会保障体系带来社会福利的普遍提升，如住房福利在不损害高收入阶层的住房条件的同时，使低收入家庭也能够有机会获得住房条件的改善；医疗保障消除了疾病导致的贫困，间接提升了人们的福利水平；养老保险与老年福利事业的发展，更是使老年人所享受到了福利。一个国家的社会保障制度的健全程度与其国民福利水平的高低通常呈现正相关的关系。

（四）社会保障能够创造就业机会，改良社会产业结构

社会保障作为一个庞大的体系，需要众多专业人士的参与，成为能够容纳众多劳动力的新兴部门。如社会保险制度的建立，需要社会保险费的征收与基金管理人员、相应的工伤鉴定工作人员、相应的基金投资人员、相应的待遇给付机构与工作人员；各种社会福利提供的服务更需要大量的劳动者参与进来。因此，社会保障事业的发展直接创造出大量的就业岗位，改良社会产业结构。

（五）社会保障能够为其他相关政策的实施提供配套

社会保障作为一项基本的社会制度既需要其他政策体系等为之配套（如医疗保险离不开医疗卫生事业的配套，基金式的养老保险制度离不开资本市场的配合），也可以为其他政策体系的实施提供配套。例如，各国的人口政策就通常需要社会保障制度的配合，凡采取鼓励生育孩子的国家，会向多子女家庭提供更为优惠的福利津贴与服务来刺激生育。另外，就业问题在相当长时期内都将是各国面临的严峻挑战，要解决或缓和就业问题就需要促进灵活就业。灵活就业若没有相应的社会保障制度配合，灵活就业方式就很难被接受，或者被接受也是以损害劳动者的权益为代价的无奈之举等等。因此，社会保障制度的功能需要重新评估，国家亦需要综合考虑各大政策体系的配合协调，尽可能实现各相关政策相得益彰。

综上所述，建立健全社会保障体系有着十分重大的意义。社会发展与市场经济对社会保障的依赖以及社会保障所具有的内在功能，决定了中国不仅需要尽快建立起新型的社会保障制度及其完整的体系，而且需要新型的、独成体系的社会保障理论的指导。

五、社会保障的发展阶段

社会保障伴随着经济社会的不断发展而发展,具体表现为:从非正式制度安排发展到正式制度安排,从为统治者服务到促进社会公平及为整个社会长期稳定、协调、和谐发展服务,从一种社会政策演变成社会政策与经济政策等交互作用并相互协调的混合政策。所以,社会保障本身就是社会文明发展进步的重要标志。

以社会保障在不同时期的具体实践内容为依据,划分为以下三大发展阶段:

一是社会救助型发展阶段。这一阶段只有救灾济贫活动,社会保障主要化解部分社会成员的生存危机,在社会保险制度建立之前均可以归入这一阶段;

二是社会保险型发展阶段。这一阶段仍然保留救灾济贫措施,为了适应工业社会的需要,社会保险制度成为整个社会保障体系的主体,社会保障主要解除社会成员的后顾之忧,实现了保障内容与目标第一次质的飞跃;

三是社会福利型发展阶段。当人们的后顾之忧获解除后,开始关注如何进一步改善和提高生活质量,即社会福利。因此,社会福利将逐渐成为社会保障体系中最重要的内容,从而进入社会福利型发展阶段。

社会保障发展的历史揭示出经济发展的目的是促进整个社会相互协调向前发展。从古代的救灾济贫措施到现代社会健全的社会保障制度,客观上都昭示着全体社会成员的健康发展是整个社会、经济发展的终极目标。

六、现代社会保障制度发展规律

尽管各国社会保障理论及其具体实践存在着较大差异,但作为一种社会稳定、公平与协调发展机制,各国社会保障制度在发展进程中都表现出一些带有共性的、客观的、不可逆转的规律。

(一)立法先行

各国社会保障发展的首要规律就是先有社会保障立法,之后才会有社会保障项目的具体实践,是通过社会保障立法来确立社会保障制度。因此,立法先行是现代社会保障制度作为一种社会政策和制度安排特征的具体体现。

法律制定需要经过一个审慎的、公开的决策过程,民主社会的立法者往往是民众选举出来并代表民意。立法先行表明国家在建立社会保障制度时审慎而负责的态度，同时也是充分汇集绝大多数国民在福利方面意愿的表现。

立法先行意味着政府可以主导社会保障制度，却不能决定社会保障制度。因为政府虽然直接掌握着公共权力、控制着公共资源并担负谋取公众福利的责任，但政府始终是现代社会保障制度中的责任主体之一，它既可能包办所有的社会保障事务，也不能单方面决定着社会保障制度。因为企业或雇主、社会团体与个人在社会保障制度中，也承担着相应的责任并享有自己的发言权甚至选择权。因此，作为广泛地代表和综合各社会阶层与利益群体的意见的立法机关，能够让社会保障制度切实符合各责任方的利益、均衡各方责任，促使社会保障制度沿着公平的、法制化的轨道正常发展。所以，立法先行是现代社会保障制度的惯例，也是现代社会保障制度的内在要求。

（二）与社会经济发展相适应

社会保障是国家和社会运用经济援助与社会服务的手段来满足社会成员的各种社会保障需求的制度，这就必然与各国的社会经济状况相适应。超越经济发展的社会保障措施将导致物极必反的结果，落后经济发展水平的社会保障措施因不能真正解决存在的各种社会问题而酿成社会危机。因此，社会保障制度的发展需要与社会经济发展相适应。

（三）协调发展

社会保障是一个由若干不同的保障项目组成的系统。尽管不同历史时期的社会保障项目有多寡之分，但就当时的背景而言，每一个项目均具有不可缺少性，子系统或项目之间必然是协调发展的关系。社会保障制度协调发展的规律体现为：社会保障各具体项目协调发展和社会保障各子系统协调发展。

（四）多样化发展

多样化是现各国社会保障发展实践中表现出来的客观规律，它既影响社会保障制度走向，也是制约社会保障制度的政治、社会、经济、历史、文化乃至伦理因素综合影响的一个结果。经济全球化会对社会保障制度的发展产生一定的影响，但无法同化各国的社会保障制度。因此，多样化发展规律是社会保障制度发展进程中应当遵循的一项基本规律。

第二节 中国的社会保障制度

一、中国社会保障制度的定位

社会保障是保障和改善民生、维护社会公平、增进人民福祉的基本制度保障，是促进经济社会发展、实现广大人民群众共享改革发展成果的重要制度安排，是治国安邦的大问题。

二、中国社会保障制度的历史

中国共产党建党 100 周年以来，社会保障作为保障民生、维护社会公平、促进社会稳定发展的一系列政治主张和社会制度安排，也经历了百年变迁，折射出中国共产党为人民谋幸福的初心和与时俱进、实事求是的思想路线。

中国社会保障制度大体经历了两大发展阶段，第一阶段是改革开放前与计划经济体制相适应的传统社会保障时期，第二阶段是改革开放以后与市场经济体制相适应的现代社会保障时期。

（一）改革开放前：社会保障起步阶段

中华人民共和国成立之初，社会保障工作开始起步。1954 年 9 月，第一届全国人民代表大会通过的《中华人民共和国宪法》明确提到劳动者的权利，中华人民共和国劳动者在年老、疾病或者丧失劳动能力的时候，有获得物质帮助的权利。

（二）改革开放后：快速发展阶段

改革开放后，中国的社会保障建设进入快速发展阶段。为建立多层次的、向城乡居民提供同中国国情相适应的社会保障，中国先后开展职工医疗保险制度"两江试点"，提出国有企业下岗职工"两个确保"，建立完善企业职工养老保险制度和工伤保险制度，全面推行新型农村社会养老保险和城镇居民养老保险制度。

2011 年 7 月 1 日《中华人民共和国社会保险法》标志着新中国社会保险制度

首次有了最高立法机构制定的专项法律。

党的十八大以来，中国坚持全覆盖、保基本、多层次、可持续的原则，推动社会保障体系建设完善。党的十八大以来是中国社会保障改革力度最大、发展速度最快、覆盖范围最广的时期，集中解决了人民最关心最直接最现实的利益问题。

党的十九大报告进一步强调"加强社会保障体系建设"，以人民为中心的发展取向构成了推进社会保障体系建设新的时代背景，社会保障不仅关乎基本民生的保障，更是满足城乡居民对美好生活的需要和维系全体人民走向共同富裕的重大制度安排。覆盖全民、城乡统筹、权责清晰、保障适度、可持续的多层次社会保障制度体系基本成型，制度覆盖率不断提高，项目不断扩展，保障水平不断提高。党的十九大报告提出"全面实施全民参保计划"的要求后，全国各级社保经办机构聚焦灵活就业人员、建档立卡贫困人员、新业态从业人员等重点群体，开展精准扩面。

党的十九届五中全会通过的《中共中央关于制定国民经济和社会发展第十四个五年规划和二〇三五年远景目标的建议》提出建立"健全覆盖全民、统筹城乡、公平统一、可持续的多层次社会保障体系"。

在以人民为中心的发展思想指引下，从长期护理保险试点到职工医疗保险、生育保险合并，从企业职工基本养老保险基金中央调剂制度到划转部分国有资本充实社保基金，从异地就医直接结算到医疗保险支付方式改革，中国社会保障体系建设呈现全面发力、多点突破、纵深推进的崭新局面。中国已成为当今世界社会保障发展速度最快、覆盖人口规模最大、保障水平持续提升幅度最大的国家。

三、中国社会保障体系

中国以社会保险为主体，包括社会救助、社会福利、社会优抚等制度在内的功能完备的社会保障体系基本建成，是世界上规模最大的社会保障体系，为人民创造美好生活奠定了坚实基础，为如期全面建成小康社会提供了有利条件。

在党中央坚强领导下，中国社会保障体系建设取得举世瞩目的成就，覆盖城乡居民的多层次、可持续的社会保障体系基本建立，走出了一条中国特色社会保障之路。中国在社会保障体系建设方面取得的辉煌成就得到国际社会的高度评价。2016年11月，国际社会保障协会第32届全球大会授予中国政府"社会保障杰出成就奖"（2014—2016），以表彰中国政府凭借强有力的政治承诺和诸多重大的管理创新，在社会保障领域特别是在扩大社会保障覆盖面、社会保障水平显著提升以及社会保障可持续发展等方面取得的举世无双的卓越成就。

四、中国社会保障的目标

随着中国社会主要矛盾发生变化，城镇化、人口老龄化、就业方式多样化加快发展，中国社会保障体系仍存在不足，必须高度重视并切实加以解决。

党的十九届五中全会提出了到2035年基本实现社会主义现代化远景目标，提出"十四五"时期多层次社会保障体系更加健全的发展目标，为完善中国特色社会保障体系提供了行动指南。"十四五"时期，牢固树立以人民为中心的发展思想，以社会保障事业高质量发展、可持续发展为主题主线，要按照兜底线、织密网、建机制的要求，把更多人纳入社会保障体系，为广大人民群众提供更可靠、更充分的保障，不断满足人民群众多层次多样化需求，建立覆盖全民、统筹城乡、公平统一、可持续的多层次、与全面建成社会主义现代化强国和全体人民共同富裕相适应的社会保障体系，织密社会保障安全网，为广大人民提供更可靠、更充分的保障，不断增强人民群众的获得感幸福感安全感。党的二十大报告指出："健全覆盖全民、统筹城乡、公平统一、安全规范、可持续的多层次社会保障体系。"

第三节　老年风险与养老保险改革

一、老年风险

老年风险是指人们在老年阶段所面临的威胁其生存、生活和发展的各种风险，包括收入减少风险、疾病风险、失能失智风险、精神空虚与孤独风险等。

年老是人生不可回避的自然规律，尤其是进入现代社会后，随着社会经济的发展和生活水平的提高，人均预期寿命不断延长，越来越多的国家进入了老年型社会，人口老龄化及其不断加快的发展趋势，对各个国家与社会均构成了日益严重的挑战。

第七次人口普查数据显示，全国人口有14.1亿，而60岁及以上人口已超2.64亿，占比18.7%[①]，中国已从轻度老龄化进入中度老龄化阶段。预计到2022年和

---

① 搜狐网. https://roll.sohu.com/a/631618686_121124546.

2035年，全国老年人口总量分别达到2.6亿和4.2亿，分别占总人口的20%、30%，逐步进入中度、高度老龄化阶段①。

中国人口老龄化呈现出"未富先老"、速度加快、规模庞大、农村老人占比高等特征，对经济社会发展带来重大而深远的影响。养老问题成为社会关注的焦点，有效解决养老保险问题可以提高居民的生活水平、促进社会平稳以及带动经济的长期发展。

二、养老保险

养老保险是指对退出劳动领域或无劳动能力的老年人，由国家立法规范，由用人单位、个人和政府筹资，为其提供生活保障的制度。凡是符合退休养老条件的社会成员，都能获得稳定的生活保障。养老社会保险是对老年风险进行社会化分担的一种机制，具有社会化筹资、养老风险共担、制度设计多层次性等特点。

由于老年风险的普遍性和日益社会化，养老成为当代社会各国面临的主要社会问题之一。养老保险成为各国社会保障制度的重要内容。

在传统农业社会中，家庭是家庭成员养老保障的提供者。进入工业社会后，由于生产方式与生活方式的社会化，原来纯粹属于个人或家庭问题的养老问题演变成社会问题，社会化的养老保险由此产生。

随着人口老龄化进程的不断加快，家庭保障功能的持续弱化，养老保险成为各国必需的一项社会制度安排，是各国社会保障体系中极为重要的项目。因为在养老保险中，受保人享受保险待遇的时期最长，待遇给付的标准相对较高，所以养老保险制度的成功与否成为一个国家或地区的社会保障制度成败的重要标志。在实践中，养老金水平不仅要适度，能够切实保障老年人的基本生活，而且要随着物价上升而不断调整，真正让退休的老年人分享社会经济发展的成果。

三、养老保险制度内容

（一）覆盖范围

养老保险的覆盖范围是指法定的适用对象和适用人群。各国因经济社会发展

---

① 中国新闻网. https://m.chinanews.com/wap/detail/chs/zw/9856302.shtml.

水平不同，制度规定存在差异，覆盖范围存在差别，有的国家只是覆盖了劳动者，有的国家覆盖了全体国民。

（二）基金来源与筹资方式

养老保险的发展愈来愈强调责任分担，各方责任主体公平、合理地分担养老保险的费用。目前，绝大多数国家养老保险实行雇主、雇员和国家三方共同负担的方式，这种方式资金来源渠道多，保险系数较大。

（三）享受资格

各国养老保险制度都对养老保险金的享受资格做出明确的规定，而且绝大多数国家规定的给付条件都是复合型的，即要享受养老保险金必须满足两个或两个以上的资格条件。

（1）年龄条件。在各国养老保险制度中，享受领取养老金权益的年龄条件通常是法定的退休年龄。由于人均预期寿命的差异，各国的退休年龄并不相同，发达国家的退休年龄大多在65岁及以上，男女退休年龄相同；发展中国家的退休年龄要低一些，男女退休年龄不一致。

（2）缴费条件。即参加养老保险的年限和缴纳养老保险费的年限。

（3）其他条件。如工龄条件、居留年限等。

（四）待遇水平

不同国家的养老保险待遇水平不同，它受一国或地区的社会经济发展水平、通货膨胀等宏观因素的限制，也受最低生活费用和工作年限等具体因素的影响。确定养老保险待遇水平的方式有两大类：第一类是收入所得基准，强调收入的作用，强调工龄或服务期限的长短、缴费工资的多少，实际上即是被保险人对社会的贡献，养老金以过去的工资水平为基础，实际上是退休者在职时工资的延长；第二类是生活费用基准，它是衡量养老金水准的主要标志。

四、中国的"三支柱"养老保险体系

计划经济时期，中国的养老保障制度按照不同的人群设置了不同的制度安排，城市主要包括城镇职工退休养老保障和机关事业单位退休养老保障。而此时广大农村的农民是无法享受养老待遇。企业职工基本养老保险经历了"全国统筹——企业统筹——地方分级统筹——全国统筹"的统筹模式，机关事业单位基本养老保险从长期坚持的双轨制走向与企业职工基本养老保险并轨，城乡居民基本养老保险则经历了从试点到全面推开，从农村到城市最后合并实施的制度变迁模式。

改革开放后，中国养老保险制度不断完善。目前，基本养老保险体系包括城镇职工和城乡居民基本养老保险两大制度。其中，机关事业单位、城镇各类企业、社会组织等各类单位就业人员应当参加城镇职工基本养老保险，单位和个人共同缴纳基本养老保险费；无雇工的个体工商户、未在用人单位参加基本养老保险的非全日制从业人员以及其他灵活就业人员可以参加企业职工基本养老保险，由个人缴纳基本养老保险费。[①] 年满16周岁（不含在校学生），非国家机关和事业单位工作人员及不属于职工基本养老保险制度覆盖范围的城乡居民，可以在户籍地参加城乡居民养老保险。[②]

1994年世界银行首次提出养老金"三个支柱"的概念。目前，中国已初步构建起以基本养老保险为基础、补充养老保险（企业年金、职业年金）为补充、与个人储蓄性养老保险和商业养老保险相衔接的"三支柱"养老保险体系。

（一）第一支柱：基本养老保险

1. 城镇职工基本养老保险制度

（1）养老保险基金的筹集。养老保险基金的筹集实行社会统筹与个人账户相结合的部分积累模式。基本养老保险基金由用人单位、个人缴费、政府补贴等组成。单位缴费20%进入统筹基金，个人缴费8%记入个人账户，个人账户规模与个人缴费完全一致。

自2019年5月1日起，降低城镇职工基本养老保险单位缴费比例。各省、自治区、直辖市及新疆生产建设兵团养老保险单位缴费比例高于16%的，可降至16%。[③]

（2）基本养老金的发放。参加基本养老保险的个人，达到法定退休年龄时累

---

① 中华人民共和国人力人力资源和社会保障部. http：//www.mohrss.gov.cn/xxgk2020/fdzdgknr/zcfg/fl/202011/t20201102_394629.html.

② 中华人民共和国人力人力资源和社会保障部. http：//www.mohrss.gov.cn/xxgk2020/fdzdgknr/zhgl/jytabl/jydf/202102/t20210209_409526.html.

③ 中华人民共和国人力人力资源和社会保障部. http：//www.mohrss.gov.cn/SYrlzyhshbzb/rdzt/jfjf/zcwj/201906/t20190617_320913.html.

计缴费满 15 年的，按月领取基本养老金。基本养老金由统筹养老金和个人账户养老金组成。根据个人累计缴费年限、缴费工资、当地职工平均工资、个人账户金额、城镇人口平均预期寿命等因素确定。①

基本养老金包含基础养老金和个人账户养老金，其中：

基础养老金计发比例与个人缴费年限挂钩，缴费每满一年增发一个百分点，上不封顶，长缴多得；基础养老金计发基数与个人实际缴费挂钩，多缴多得。

个人账户养老金根据个人退休年龄等因素确定，晚退多得。②

2015 年 1 月颁布的《国务院关于机关事业单位工作人员养老保险制度改革的决定》，提出所有机关事业单位进行养老金并轨改革，实行社会统筹与个人账户相结合的基本养老保险制度。这是中国养老保险体系建设的一项重大突破。

2. 城乡居民基本养老保险制度

（1）农村养老保险。我国 1996 年启动农村养老保险工作，初期由民政部门主管，由于农村养老保险制度不够完善，养老保险只有个人缴费，政府不补贴，养老金制度运行艰难，最终以停摆而告终，即"老农保"。

2009 年 9 月 1 日，国务院印发《国务院关于开展新型农村社会养老保险试点指导意见》，2009—2010 年在全国 10% 的县启动试点，2020 年前基本实现对农村适龄居民的全覆盖，又称"新农保"。

（2）城镇居民养老保险。2011 年 6 月 13 日，国务院办公厅发布了《国务院关于开展城镇居民社会养老保险试点的指导意见》，2011 年 7 月启动试点，到 2012 年基本实现城镇居民养老保险制度的全覆盖。

（3）城乡居民养老保险。2014 年 2 月，在统筹城乡发展的理念下，国务院印发《关于建立统一的城乡居民基本养老保险制度的意见》，提出在全国基本实现"新农保"和"城居保"制度合并实施，并与职工基本养老保险制度相衔接。城乡居民养老保险基金由个人缴费、集体补助、政府补贴构成。2020 年，全面建成了公平、统一、规范的城乡居民养老保险制度。

《2021 年度人力资源和社会保障事业发展统计公报》显示，截至 2021 年底，全国参加基本养老保险人数为 102 871 万人，年末全国参加城镇职工基本养老保险

---

① 中华人民共和国人力人力资源和社会保障部．http：//www.mohrss.gov.cn/xxgk2020/fdzdgknr/zcfg/fl/202011/t20201102_394629.html．

② 中华人民共和国人力人力资源和社会保障部．http：//www.mohrss.gov.cn/xxgk2020/fdzdgknr/zhgl/jytabl/jydf/201711/t20171108_281265.html．

人数为 48 074 万人，年末城乡居民基本养老保险参保人数 54 797 万人①。

（二）第二支柱：企业补充养老保险

企业补充养老保险是以企业为责任主体的养老保障制度，强调雇主责任、企业或行业集体的互济性，由雇主依法或集体协商举办，以雇主为主，建立职业年金制度。由于企业实体参差不齐、生存周期不稳定，以企业为责任主体的职业养老保障模式存在受众范围狭窄、保障水平不稳定、制度协调共济性差等问题，所以被定位为补充型养老保障制度。《2021 年度人力资源和社会保障事业发展统计公报》显示，2021 年末，全国有 11.75 万户企业建立企业年金，参加职工 2 875 万人②。

（三）第三支柱：以个人为责任主体的储蓄养老保障模式

此种模式是指由国家或地区政府依法强制或激励个人自愿建立的储蓄型养老保险个人账户制度。包括强制性计划、半强制性计划和完全自愿性计划。如智利的个人养老保险计划、新加坡的公积金计划，以及个人储蓄养老保险等都是以个人为主体的储蓄型养老保障计划。个人储蓄养老保障是指个人自愿或被强制办理养老储蓄账户，账户资金到法定年龄才可以领取。个人养老储蓄包括强制性个人养老储蓄、强制性个人养老储蓄和完全自愿性养老储蓄计划。以个人为主体的储蓄养老保障模式的责任主体是养老金受益人，一般不具有互济性。此外，广义上的个人储蓄型养老保障模式，还包括商业性的非制度性安排，主要是指个人自愿按照商业规则建立的个人养老储蓄保险计划，如购买商业养老保险产品或在银行自愿建立养老储蓄账户。

2018 年 5 月 1 日，个人税收递延型商业养老保险在上海市、福建省（含厦门市）和苏州工业园区进行试点，首次以税收优惠激励个人进行养老金储备，打响了第三支柱的"第一枪"。2019 年、2020 年年底的国务院常务会议多次重申发展商业养老保险，将商业养老保险纳入养老保障第三支柱加快建设③。2021 年政府工作报告中，"第三支柱养老保险"的字眼首次出现在这一指导性文件中。

（四）养老保险制度改革方向：多支柱养老保险体系

建立多层次的养老保险体系是积极应对人口老龄化、促进养老保险制度可持

---

① 中华人民共和国中央人民政府. https://www.gov.cn/xinwen/2022-06/07/content_5694419.htm.
② 中华人民共和国中央人民政府. https://www.gov.cn/xinwen/2022-06/07/content_5694419.htm.
③ 中国经济周刊. https://baijiahao.baidu.com/s?id=1694288328966345531&wfr=spider&for=pc.

续发展的一个重要举措，更具风险可控性和可持续性。目前作为第一支柱的基本养老保险制度已基本健全；作为第二支柱的企业年金、职业年金制度初步建立，并在逐步完；作为第三支柱重要组成的个人养老金制度还没有出台，在整个养老保险体系中仍是短板。2022年4月21日，《国务院办公厅关于推动个人养老金发展的意见》正式发布，提出"个人养老金实行个人账户制度，缴费完全由参加人个人承担，实行完全积累。每年个人养老金缴纳上限为12 000元。"① 个人养老金第三支柱由此将加快落地进程。党的二十大报告指出："完善基本养老保险全国统筹制度，发展多层次、多支柱养老保险体系。"

第四节 疾病风险与医疗保险

一、疾病风险

疾病风险是人类面临的重要风险，是一种致因复杂、危害严重并且直接关系到人类基本生存利益的特殊风险。因为疾病不仅直接损害着人的身体与精神健康，而且容易导致贫困以及其他不利后果。但人类又无法避免各种疾病的发生，新的疾病种类甚至随着人类社会的发展还在不断增加。正是由于疾病危害的广泛性、普遍性和不可避免性，医疗保险及其他社会化的医疗保障制度才逐渐成为许多国家社会保障体系中的重要组成部分。

二、医疗保险

（一）医疗保险的概念

医疗保险是由国家立法规定并运用强制手段，向法定范围的劳动者及其他社会成员提供必要的疾病医疗服务和经济补偿的一种社会化保险机制。它既包括医疗费用的给付，也包括各种医疗服务。医疗保险的目的是恢复劳动者的劳动能力

---

① 中华人民共和国中央人民政府. https：//www.gov.cn/zhengce/content/2022－04/21/content_ 5686402.htm?trs＝1.

和补偿劳动者病假期间的生活开销。在各国的社会保险制度中，医疗保险是仅次于养老保险的又一重要的社会保险制度。

（二）医疗保险的功能

医疗保险作为社会化大生产和人类文明的产物，是世界上立法最早的社会保险项目。医疗保险对于解除社会成员的疾病医疗后顾之忧，维护家庭与个人的正常、健康发展，进而促使整个社会经济的正常、健康发展，起着不可替代的重要作用。特别是20世纪50年代以来，越来越多的国家开始深刻认识到健全医疗保险制度、发展卫生事业、保证公民基本卫生服务不仅可以解决或缓解某些社会矛盾，而且作为一种开发人力资源不可缺少的投资，医疗具有了同教育相类似的性质，医疗保险在许多国家也走向全民化，并在整个社会保障体系中占有着与养老保险同等的重要地位。

三、中国的多层次医疗保障体系

中华人民共和国成立不久，通过劳动保险、公费医疗和农村合作医疗制度，为广大人民群众提供了初步的医疗保障服务。从1978年改革开放以来，医疗保障制度的改革探索同步展开。1994年国家体改委等颁布《关于职工医疗制度改革的试点意见》，决定在江苏镇江和江西九江两个城市开展职工医疗保险改革试点。1998年国务院颁布《关于建立城镇职工基本医疗保险制度的决定》，正式建立城镇职工医疗保险制度，由此确定中国基本医保制度社会保险的模式，传统公费医疗和劳保医疗逐步退出历史舞台。2003年国务院转发《关于建立新型农村合作医疗制度的意见》，标志着新型农村合作医疗制度的正式建立。2007年根据《国务院关于开展城镇居民基本医疗保险试点的指导意见》，各地开始了城镇居民医保试点工作，覆盖城镇非就业人口的保障制度逐步建立。至此，基本医保的三个主体制度初步成型。与此同时，国家建立了城乡医疗救助制度。[①]

中国建立较为完善的多层次医疗保障体系，正逐步形成以基本医疗保险为主体，医疗救助为托底，其他保障措施（补充医疗保险、商业健康保险、慈善捐赠、医疗互助）共同发展的多层次医疗保障体系。[②] 所谓医疗保障的"多层次"是指它

---

① 国家医疗保障局. http://www.nhsa.gov.cn/art/2019/7/26/art_14_1571.html.
② 国家医疗保障局. http://www.nhsa.gov.cn/art/2021/9/29/art_104_6545.html.

由四个层次构成：第一层次是国家举办的基本医疗保障；第二层次是雇主举办的企业补充医疗保险；第三层次是以个人购买为主的商业健康保险；第四层次是来自于社会和市场化的慈善公益和医疗互助。①

（一）第一层次：国家举办的基本医疗保障

国家举办的基本医疗保障由三个板块构成，即基本医疗保险、大病保险和医疗救助。

1. 基本医疗保险

目前，中国基本医疗保险制度包括城镇职工基本医疗保险和城乡居民基本医疗保险两项制度，分别覆盖就业人口和非就业人口。基本医疗保险是中国医疗保障制度的主体部分。

（1）城镇职工基本医疗保险。《国务院关于建立城镇职工基本医疗保险制度的决定（国发〔1998〕44号）》规定的覆盖范围：城镇所有用人单位，包括企业（国有企业、集体企业、外商投资企业、私营企业等）、机关、事业单位、社会团体、民办非企业单位及其职工，都要参加基本医疗保险。

缴费办法：基本医疗保险费由用人单位和职工共同缴纳。用人单位缴费率应控制在职工工资总额的6%左右，职工缴费率一般为本人工资收入的2%。随着经济发展，用人单位和职工缴费率可作相应调整。基本医疗保险基金由统筹基金和个人账户构成。②

（2）城乡居民基本医疗保险。覆盖范围：2003年和2007年中国政府先后试点建立新型农村合作医疗制度（简称"新农合"）和城镇居民基本医疗保险制度（简称"居民医保"），分别覆盖农村居民和城镇非从业居民（主要为没有领取养老金的老年人、儿童、在校学生等）。

2016年部署整合城镇居民基本医疗保险和新型农村合作医疗制度。

截至2019年底，全国32个省、区、市（含兵团）已按要求全面建立了统一的城乡居民基本医保制度，实现了城乡居民在覆盖范围、筹资政策、保障范围、医保目录、定点管理、基金管理上的"六统一"。③

缴费办法：城乡居民医保（包括整合前的城镇居民医保和新农合）在制度建

---

① 国家医疗保障局. https://www.sohu.com/a/386411322_439958.
② 国际医疗保障局. http://www.nhsa.gov.cn/art/1998/12/14/art_44_1122.html.
③ 国家医疗保障局. http://www.nhsa.gov.cn/art/2021/10/25/art_110_7250.html.

立之初就确定了财政补助和个人缴费相结合的筹资方式,坚持自愿参加原则,并实行定额筹资、按年动态调整的筹资机制。

2011年至2021年,财政补助标准从每人每年200元提高到580元,个人缴费标准从每人每年50元提高到320元。总的看,财政补助占年度筹资的67%,是居民医保主要筹资来源①。

2. 大病保险

大病保险由三个制度构成:对城乡居民而言,这个制度称之为城乡居民大病保险;对城镇企业职工称之为职工大额医疗费用补助,对机关事业单位称之为公务员医疗补助。

大病保险的功能对年度医疗费用超过封顶线以上的部分进行二次报销,由于城乡居民大病保险没有单独的筹资方式,职工大额医疗费用补助和公务员医疗补助的筹资方式是与基本医疗保险绑定的。所以,大病保险是基本医疗保险的延伸部分。

3. 医疗救助

医疗救助由政府主导,旨在帮助特殊困难群体解决无力支付疾病医疗费用的问题。医疗救助不强调权利和义务的对等,无需个人缴费,其资金来源于政府财政拨款和社会捐助,享受条件不是基于求助者是否参与或者缴纳过相关费用,而是贫困程度及疾病医疗的需要。

中国2003年开始农村医疗救助制度,2005年开始城市医疗救助制度,2015年底前合并实施。最低生活保障家庭成员和特困供养人员是医疗救助的重点救助对象。低保对象、特困人员等重点救助对象之外的农村建档立卡贫困人口、低收入家庭重度残疾人、老年人、未成年人和重病患者纳入救助范围,一些地方还探索开展因病致贫重病患者医疗救助。医疗救助机构可以通过以下三种形式给救助对象以经济补偿:一是提供社会医疗救济金;二是给医疗服务机构一定的经济补偿,使其直接减免救助对象的医疗费用;三是举办专门医疗机构为救助对象免费提供服务。

(二) 第二层次:雇主举办的制度即企业补充医疗保险

雇主举办的制度即企业补充医疗保险,它由两个制度构成:一是在国家给予

---

① 国家医疗保障局. http://www.nhsa.gov.cn/art/2021/10/25/art_ 110_ 7250. html.

税收优惠政策支持下由雇主自愿举办或参加的补充性医疗保险制度，体现的是企业的福利性质；二是由企业为职工购买的商业健康保险，一般是以团险的形式，属于市场化的福利。

与基本医疗保险不同的是，补充医疗保险是在政府的鼓励下，由各单位自愿建立并以帮助减轻本单位员工疾病医疗后顾之忧为目的的一种保险措施，它由各单位依法独立承办，举办者自负经营风险，但可以享受国家财税优惠政策。

补充医疗保险机制的建立，可以在更大程度上满足被保险人对健康保障的不同需求，并在一定程度上有助于完善医疗保障体系和职业福利机制。

在具体实践中，补充医疗保险实际上是企业人力资源管理的一种手段，是职业或机构福利的一个组成部分。补充医疗保险的经营方式、管理方式通常具有商业医疗保险的一般特征，并且大多数补充医疗保险会按照商业医疗保险的模式经营或直接交由保险公司负责承办。目前，企业为职工缴纳补充医疗保险费时，在工资总额4%以内的部分可以从职工福利费中列支，计入成本，超出部分由企业税后利润负担。

企业补充医疗保险基金主要用于解决企业职工基本医疗保险待遇以外的医疗费用负担，具体地说，就是低于起付标准和高于最高限额应当由职工个人承担的医疗费用部分。

（三）第三层次：商业医疗保险

商业医疗保险是建立在保险合同基础上的一种以疾病医疗费用为保险标的的商业保险业务，它由商业保险公司经办，团体或职工自愿参加，完全按照市场规则经营。商业医疗保险可以是以企业或组织为投保单位的团体保险，也可以是个人保险。

商业医疗保险与社会医疗保险无论在性质、实施方式、经营主体和目的、保障水平和医疗服务范围都存在着较大的区别。作为社会医疗保险的有益补充，亦对完善国民医疗保障体系和更好地满足社会成员疾病治疗的需求起着重要作用。

随着世界各国对社会医疗保险制度的改革，个人医疗费用负担比例的提高，商业医疗保险也拥有了更大的发展空间。中国平安保险公司等商业保险公司开展了相应的商业医疗保险或健康保险业务，专门经营医疗保险或健康保险业务的保险公司亦始出现。因此，商业医疗保险将会随着中国商业保险业的发展而不断发展。

(四) 第四层次：慈善公益和医疗互助

慈善公益在发达国家有完备的立法，对医疗健康的捐赠非常可观。

医疗互助近些年发展十分迅速，正在成为继社会医疗保险、商业健康保险之外覆盖人数最多的一种新型的医疗保障形式。医疗互助主要有两个部分，一是传统的由中华全国总工会主管、中国职工保险互助会运营的职工互助保障活动；二是指近年来异军突起的"网络医疗互助"，即通常媒体报道的"网络互助"[①]。

党的二十大报告指出："促进多层次医疗保障有序衔接，完善大病保险和医疗救助制度，落实异地就医结算，建立长期护理保险制度，积极发展商业医疗保险。"

第五节　职业风险与职业保障制度

工业化带来各种与劳动者所从事职业相关的风险，即劳动者在从业过程中面临具有一定发生频率并由该职业者承受的风险。包括经济损失风险、人身伤害风险、失业风险等。

各国政府根据实际情况采取了相应的制度安排，预防和化解主要职业风险。工伤风险和失业风险涉及的群体广、影响大，是职业风险中的两项重要内容。

一、工伤风险

(一) 工伤的界定

狭义的工伤是指工作过程中遭受意外事故而造成劳动者身体上的伤害；广义的工伤不仅包括在工作或与工作相关的活动中因意外事故导致的身体伤害，还包括由于工作原因长期接触职业危害因素而造成的职业性疾病，即工伤事故和职业病两个方面。

工伤风险并不是工业化之后才出现的，在工业化之前就存在工伤事故，也存

---

① 中国社会保障学会. http://www.caoss.org.cn/mtnr.asp?id=1869.

在雇主对于工伤的赔偿，只是在工业革命和机械化大生产之后，由于机器的广泛使用，设备和技术的日益复杂，工业伤害的发生率一度呈现出上升的趋势。一旦发生工伤事故或职业病，工人要么丧生，要么造成暂时或永久残疾，给受害者本人及家庭带来巨大的不幸和损失，企业也面临重大损失和赔偿。因此，在大多数国家的立法实践中，都明确规定劳动者应享受工伤保险的权利。现代意义上的工伤保险最早产生于德国。1884年7月6日，德国颁布了世界上第一部工伤保险法——《事故保险法》。目前在世界范围内，无论发达国家还是发展中国家，无论社会背景如何，都在不同程度上实行了工伤保险制度。

（二）工伤保险制度

1. 工伤保险的概念

工伤保险又称工业伤害保险、因工伤害保险、职业伤害赔偿保险，是指劳动者在生产经营活动中或在规定的某些特殊情况下所遭受的意外伤害、职业病，以及因这两种情况造成死亡、劳动者暂时或永久丧失劳动能力时，劳动者及其家属能够从国家、社会得到必要的物质补偿。

2. 工伤保险的特征

工伤保险是世界上实施时间较早、实施范围最广的社会保险制度。工伤保险的特征包括：

（1）最具有强制性。工伤责任必须由企业（或雇主）承担，其待遇的给付不受企业（或雇主）破产和停业的影响。

（2）实行"无过失赔偿"和"无责任赔偿"原则。工伤无论是因为雇主的疏忽，还是由于受害人的同事及本人的粗心大意，甚至根本不存在过失，雇主都应承担赔偿责任。

（3）不受年龄的限制。享受工伤待遇的劳动者不受年龄、工伤条件的限制，凡是因工伤残的，均给予相应待遇。

（4）劳动者个人不缴纳工伤保险费，经费全部由雇主承担。

（5）保障项目完备，待遇优厚。除了保障伤残人员的生活外，还要根据其伤残情况补偿因工受伤的经济损失。

3. 工伤保险的功能

（1）保障职工获得及时的医疗救治和合理的经济补偿。职工在遭受工伤事故伤害或患职业病后，最需要的是获得及时、有效的抢救。首先，需要足额保障在救治过程中所发生的运输、检查诊断、住院和治疗等费用，使劳动者的伤害程度降到最低；其次，对劳动者的伤残程度进行评定，确定伤残等级，从而确定并相应支付一次性和长期性的经济补偿，保护劳动者及其家庭的生活不至于因工伤而无法持续。

（2）注重工伤预防和康复。工伤保险制度建立之初只侧重对工伤劳动者的经济赔偿，但是经过100多年的发展，工伤保险理念越来越成熟，制度目标越来越清晰，逐步形成了预防、治疗和康复相结合的结构模式。在工伤预防方面，通过行业差别费率、浮动费率等费率机制，促进用人单位的工伤预防工作，降低生产成本。对于受伤害的劳动者，不仅关注医疗救治，而且更多地注重其心理的职业康复，这体现了社会的人文关怀，也有利于减少人力资源的浪费。

（3）免除职工工作的后顾之忧。工伤保险遵循无过失补偿和个人不缴费原则，在工伤事故发生后，无论当事人是否有过错，都应当依法获得相应补偿。

（4）分散用人单位的工伤风险。工伤保险基金是分散单个雇主风险的有效工具，通过成员间的互助共济，增强每个雇主抵御工伤风险的能力。随着工伤保险技术手段的提高，其分散风险的机制必将越来越科学合理。

（5）维护社会稳定。工伤保险通过建立工伤保险基金以及制定科学合理的工作流程，在工伤事故（特别是重大伤亡事故）发生后，保障职工的医疗救治和经济补偿权，承担全部或大部分的赔偿责任，有利于妥善处理工伤赔偿问题和恢复正常的生产经营活动，协调劳资关系，维护社会稳定。

（三）中国工伤保险制度的内容

1. 工伤范围

工伤范围包括工伤事故和职业病。在工伤保险建立初期，工伤的范围只包括工伤事故，后来才把由于工作原因造成的职业病也纳入工伤范围。

（1）工伤事故的范围。工伤事故的范围最初只限于因工作原因直接造成的伤害。随着职业风险的增多，工伤事故的范围也在不断扩大。除了因工作原因直接造成的伤害算作工伤外，某些因工作原因间接造成的伤害，如上下班途中发生的事故等，也列入了工伤的范围。《中华人民共和国社会保险法》第三十三条规定："职工应当参加工伤保险，由用人单位缴纳工伤保险费，职工不缴纳工伤保险费"。

（2）职业病的范围。职业病是指劳动者在劳动过程中接触职业性有害因素所导致的疾病。它同劳动者所从事的特定职业密切联系，与劳动卫生相对应，属于职业性有害因素对劳动者健康的慢性伤害。因此，世界上实行工伤保险的国家通常把职业病列入工伤的范围，对因工作原因接触职业性有害因素所导致的职业病患者，提供医疗救治、经济补偿、职业康复等物质帮助，以帮助他们尽快恢复健康。随着经济的发展、科技的进步和劳动卫生工作的加强，职业病的范围也将扩展。

2. 工伤保险待遇

与其他社会保险项目相比，工伤保险待遇在给付项目、给付标准、给付期限上都更为优厚。工伤保险待遇包括如下三项内容：

（1）医疗待遇。医疗待遇是指劳动者因工伤所发生的合理的医疗费用，主要包括挂号费、住院费、医疗费、药费、就医路费等。一般由国家或雇主支付，不由劳动者本人负担。多数国家对于工伤保险的医疗待遇优于普通医疗保险待遇，包括康复及交通费用。

（2）伤残待遇。伤残待遇是指劳动者因工伤丧失劳动能力时，由工伤保险经办机构所给予的现金津贴。伤残待遇一般包括暂时伤残待遇、永久伤残待遇两种类型。暂时伤残待遇，又称工伤津贴，是对因工伤暂时丧失劳动能力的劳动者失去工资收入所给予的一种经济补偿。永久伤残待遇，大多数国家对于永久伤残待遇都是定期支付的，故亦称年金。

（3）死亡待遇。死亡待遇是指劳动者因工伤死亡后，支付给劳动者遗属的经济补偿，一般包括以下两种类型：丧葬补助、遗属抚恤金。

3. 工伤保险费率的确定

绝大多数国家的工伤保险费都是以企业上一年职工工资总额为基数，按照一定的比例缴纳。《中华人民共和国社会保险法》第三十四条规定："国家根据不同行业的工伤风险程度确定行业的差别费率，并根据使用工伤保险基金、工伤发生率等情况在每个行业内确定费率档次。行业差别费率和行业内费率档次由国务院社会保险行政部门制定，报国务院批准后公布施行。"

4. 工伤预防和工伤康复

工伤保险发展成为工伤预防、工伤补偿和工伤康复相结合的工伤保障模式。

（1）工伤预防。工伤预防是指采取积极的措施事先防范职业伤亡事故以及职业病的发生，减少事故及职业病的隐患，创造有利于健康的、安全的生产环境和工作条件，保护劳动者在生产、工作环境中的安全和健康。

工伤预防是工伤保险的重要目标，搞好工伤保险的治本之策。工伤预防的工作做得越好，工伤发生的概率就越低，康复和补偿的任务就越小，工伤的支出也随之越少。

(2) 工伤康复。世界卫生组织对康复的定义：是指综合运用医学的、教育的、职业的、社会的和其他一切措施，对工伤者进行治疗、训练、教育，并以运用一切辅助手段，尽可能地补偿、提高或者恢复工伤者丧失或削弱的功能，使之恢复正常人具备的工作能力，能够从事适合其身体状况的劳动，并最终无障碍地融入社会。

《2021年度人力资源和社会保障事业发展统计公报》显示，2021年末全国参加工伤保险人数为28 287万人，全国新开工工程建设项目工伤保险参保率为99%。全年认定（视同）工伤129.9万人，评定伤残等级77.1万人。全年有206万人享受工伤保险待遇[①]。

二、失业保险

（一）失业的界定

国际劳工组织将失业定义为凡在特定的年龄以上，具有劳动能力和劳动意愿，但在考察期内没有工作，并在积极寻找工作的状态。

失业的实质是劳动者与生产资料相分离，劳动者不能与生产资料相结合进行社会财富的创造，从而失去了获得劳动报酬的机会。并不是所有无工作的状态都属于失业的范畴，那些未达到或者超过劳动年龄的未就业者、由于患有严重疾病而丧失劳动能力者、没有劳动意愿者等，都不属于失业。

（二）失业保险的概念

失业保险是指国家通过立法强制建立失业保险基金，对非因本人原因失去工作、中断收入的劳动者，提供限定时期的物质帮助以及再就业服务的一项社会保险制度。失业保险具有保障失业者基本生活、促进再就业、弱化失业负效应、稳定社会秩序等作用。

---

① 中华人民共和国中央人民政府．https：//www.gov.cn/xinwen/2022－06/07/content_ 5694419.htm.

(三) 失业保险的特征

失业保险起源于欧洲。1911年英国颁布《失业保险法》，率先建立起强制性失业保险制度。与其他社会保险项目相比，失业保险具有如下特征：

1. 针对的社会经济风险不同

失业保险针对失业风险，实施前提是劳动者失去工作机会，而不是失去劳动能力，保障对象为工资劳动者。

2. 间接目的不同

失业保险的保障内容和形式具有多样性，既有保障劳动力再生产的功能，又有劳动力开发利用和促进再就业的功能。

3. 享受条件不同

失业保险的享受条件不仅仅在于是否缴纳保险费，而且还取决于劳动者的就业意愿。

4. 属于短期保险

失业保险的保险金不能无限期支付，超过一定期限，如果还没有找到工作，就将纳入社会救助体系，而不再属于失业保险的享受范围。

(四) 失业保险的功能

1. 保障基本生活

失业保险的基本功能是向非自愿性失业者提供失业保险金以保障其基本生活。

2. 促进就业

失业保险制度的一系列规定十分重视失业者的再就业，如通过职业培训、职业咨询和指导等引导失业者尽快实现再就业。

3. 预防失业

失业保险制度可以通过实施工资性补贴和培训补贴等相关政策来预防失业。

4. 优化劳动力配置，提高经济效率

失业保险消除失业者寻找新的工作岗位期间的后顾之忧，失业者可以尽可能地寻找合适的工作，从而有助于劳动者充分发挥能力和潜能，促进劳动力的合理配置。

5. 维护稳定

维护稳定的功能体现为社会稳定和经济稳定两方面。一方面，失业保险为失业者提供了必要的生活保障，避免失业者因为完全丧失经济来源，心理严重失衡而做出危害社会的行为；另一方面，失业保险能够在经济衰退时期，维护经济的稳定。在经济衰退时期，申请失业保险金的人数会迅速增加，失业保险金的发放维持了一定的消费需求，在其他条件不变的情况下，需求扩大必然拉动生产，从而维护经济的稳定和发展。

（五）中国失业保险制度的内容

1. 失业保险覆盖范围

失业保险覆盖范围，即失业保险应保障人群。从理论上讲，失业保险的覆盖范围是所有参加社会经济活动的劳动者。但是从具体实践来看，失业保险在产生之初，只考虑一些失业风险较大的行业。随着失业保险制度的发展，失业保险对象扩大到大部分工商业的被雇佣者。

2. 失业保险的缴费

失业保险基金来源有三个渠道：雇主供款、雇员供款和政府补贴。政府在失业保险中承担责任最常见的方式是负担行政管理费和弥补失业保险基金赤字。用人单位（雇主）和劳动者共同支付失业保险费是比较普遍的情况。

3. 失业保险待遇

（1）失业保险待遇的支付条件。失业人员可以向社会保险经办机构提出申请，请求支付相应的失业保险待遇。《中华人民共和国社会保险法》第四十五条规定："失业人员符合下列条件的，从失业保险基金中领取失业保险金：（一）失业前用人单位和本人已经缴纳失业保险费满一年的；（二）非因本人意愿中断就业的；（三）已经进行失业登记，并有求职要求的。"

（2）失业保险待遇的标准。失业保险待遇应当满足失业人员及平均赡养人口的基本生活需要。失业保险待遇的支付标准应当低于失业人员失业前的工资水平，以抑制其依赖性并激发其求职意愿。确定失业保险金给付金额的方法：一是工资比例法，即与失业者失业前的工资水平相联系；二是均等法，对所有符合条件的失业者支付同等水平的失业保险金；三是混合法，是工资比例法与均等法的结合。目前，中国的失业保险金的支付标准是高于最低生活保障标准低于最低工资标准。

（3）失业保险待遇的内容：失业保险金、医疗待遇、丧葬补助金和抚恤金、接受职业培训、职业介绍补贴、其他费用。

（4）失业保险待遇的支付期限和终止。基于失业保险促进就业的功能，各国都限制了失业保险待遇的最长支付期限。各国确定支付期限的方法主要有两种，一是均一期限制，即不考虑失业人员工龄、缴费年限等因素，对所有失业人员提供相同期限的待遇支付；二是差别期限制，即考虑不同因素，对不同情况的失业人员提供不同期限的待遇支付。

《中华人民共和国社会保险法》第四十六条规定："失业人员失业前用人单位和本人累计缴费满一年不足五年的，领取失业保险金的期限最长为十二个月；累计缴费满五年不足十年的，领取失业保险金的期限最长为十八个月；累计缴费十年以上的，领取失业保险金的期限最长为二十四个月。重新就业后，再次失业的，缴费时间重新计算，领取失业保险金的期限与前次失业应当领取而尚未领取的失业保险金的期限合并计算，最长不超过二十四个月。"

《2021年度人力资源和社会保障事业发展统计公报》显示，2021年末，全国参加失业保险人数为22 958万人，年末全国领取失业保险金人数为259万人。全年共为608万名失业人员发放了不同期限的失业保险金。失业保险金月人均水平达到1 585元[①]。

第六节　生存风险与社会救助制度

一、生存风险

生存风险的含义十分广泛，广义来讲，一切可能威胁人类生命安全的风险都可以称之为生存风险，例如重大流行病、极端气候变化和核战争等等，但社会保障中所指的生存风险，主要是从生活陷入贫困的角度来定义的。

二、贫困的测量

贫困是一个多维度的概念，它既属于社会学的范畴，又属于经济学的范畴，

---

① 中华人民共和国中央人民政府. https://www.gov.cn/xinwen/2022-06/07/content_5694419.htm.

甚至还涉及心理学领域。因此，可以从不同的角度对之进行界定和描述。衡量贫困的重要指标是贫困线。贫困线测算的方法包括：基本生活费用支出法、恩格尔系数法和消费支出比例法。

（一）基本生活费用支出法

低保标准根据当地居民基本生活费用支出确定，包括必需食品消费支出和非食品类生活必需品支出两部分。用公式表示为：

低保标准 = 必需食品消费支出 + 非食品类生活必需品支出

式中：必需食品消费支出的确定方法通过市场调查确定当地食品必需品消费清单（即标准食物清单），根据中国营养学会推荐的能量摄入量、相应食物摄入量以及食物的市场价格计算得出；非食品类生活必需品支出根据调查数据确定维持基本生活所必需的衣物、水电、燃煤（燃气）、公共交通、日用品等消费清单测算支出数额。

（二）恩格尔系数法

城乡低保标准根据当地居民必需食品消费支出和上年度最低收入家庭恩格尔系数确定。用公式表示为：

低保标准 = 必需食品消费支出 ÷ 上年度最低收入家庭恩格尔系数

式中：必需食品消费支出的确定方法同基本生活费用支出法，即通过市场调查确定当地食品必需品消费清单（即标准食物清单），根据中国营养学会推荐的能量摄入量、相应食物摄入量以及食物的市场价格计算得出。

（三）消费支出比例法

已按基本生活费用支出法或恩格尔系数法测算出城乡低保标准的地区，可将此数据与当地上年度城乡居民人均消费支出进行比较，得出低保标准占上年度城乡居民人均消费支出的比例。在今后一定的时期内再次计算低保标准时，可直接用当地上年度城乡居民人均消费支出乘以此比例。用公式表示为：

低保标准 = 当地上年度城乡居民人均消费支出
× 低保标准占上年度城乡居民人均消费支出的比例

为确保低保标准的制定和调整符合当地实际，各地可以参考当地上年度城乡居民人均消费支出、城镇居民人均可支配收入、农民人均纯收入、城乡低收入居民基本生活费用,以及经济发展水平、财政状况等因素对测算得出的低保标准予以适当调整。低保制度是一个综合性的社会救助体制,低保对象除了按标准领取低保补助金外,还享有其他一系列附加保障。例如,在子女就学、从事经营活动、房租、就医等方面享有优惠。

三、社会救助

(一) 社会救助的概念

社会救助是指国家对那些因社会、自然、经济、个人生理和心理等原因而造成生活困难,以致无法正常生存的公民给予资金或物质帮助,使其克服困难、摆脱困境的一种社会保障制度。社会救助具有保障基本民生、促进社会公平、维护社会稳定的重要作用,是国家治理体系的基础性制度安排。

(二) 社会救助的特征

1. 按需分配

社会救助是有别于按劳分配与按资分配的国民收入再分配渠道。一方面,社会救助虽然面向全体社会成员,不像其他社会保障子系统有特定的年龄、职业或性别等身份限制,也不存在事先参加的问题,但它以确定的贫困线或救助起点为依据,只有生活陷入困境或者遇到特殊困难的社会成员才有资格申请社会救助,并通过这一途径获得国家或社会的援助。另一方面,国家或社会提供的社会救助包括现金援助、实物援助、服务援助等,一般根据不同社会救助对象的具体需要来提供。因此,社会救助具有在确定的标准范围内向救助对象按需分配的特征。

2. 最低保障性

社会救助面对的是陷入生存困境并迫切需要国家或社会援助的社会成员,其救助(待遇)水平通常以维持社会成员的最低生活需要为标准,从而是整个社会保障体系中待遇最低的制度安排。这一特征使社会救助成为整个社会保障制度或社会稳定系统的第一道防线,被称为最低保障制度。

3. 权利义务单向性

与其他社会保障子系统相比,社会救助体现了权利义务单向性特征,即享受社会救助的社会成员只要符合救助的条件就有权利申请得到救助,对受益者而言,其享受的是单纯的法定权利；而提供社会救助则成了国家与社会的职责和法定义务，当需要社会救助而不能提供或提供救助不足时，社会便会出现严重的问题，这便可以视为政府与社会的失职。

4. 全民性

社会救助虽然设定了申请救助的门槛，但任何人只要达到了这一门槛均有权申请社会救助；同时，对于某些特定事件中的不幸者亦提供救助，而任何人均有可能遭遇自然灾害并成为灾害救助的对象。

（三）社会救助的功能

从历史上的慈善活动到早期的社会救助，扮演的均是临时应急措施，功能也较单一。但现代社会救助制度，在对付贫困问题、维护社会稳定等方面具有多方面的功能。

1. 缓解贫困问题

这是社会救助最基本和最直接的功能。社会救助通过及时对处于贫困线之下或者最低生活标准之下的贫困群体实施救助，帮助他们解决基本的生活问题，使他们不致因此而危及生存，直接保障了贫困群体的生存条件。这种直接功能既体现在对遭遇灾害、急难而难以维持生活的群体实施救助，以帮助他们应对突发的急难事件，也体现在改善贫困人口的生存状况上，即社会救助可以让每一个贫困人口都能维持其最低生活水准，或使他们接受医疗救助以恢复健康，或使他们有条件接受教育和学习劳动技能，或者扶助贫困群体自力更生，成为社会的建设力量。

2. 推动社会公平和社会文明进步

在人类社会，无论是发达国家还是发展中国家，无论是历史上还是现代社会，对弱势群体的关注与援助均是人道主义与人文关怀精神的体现，是社会文明进步的象征。现代社会救助在面对社会发展进程中的社会分化和贫富冲突时，通过运用政府的公共权力与公共资源对收入分配进行适度调整，依法对低收入阶层（贫困人口与不幸者）生存权利的维护，恰恰体现了社会公平与正义的价值追求，它能够在一定程度上消除市场经济条件下效率对公平的排斥，减轻低收入和无收入的社会成员的生活困难，从而起到协调社会关系、稳定社会和促进社会文明进步的作用。同时，社会救助还为劳动力再生产提供着相应的条件，在现代经济生活中，社会再生产呈现周期性的运行特征，这种周期性运行特征要求暂时处于失业状态的劳动者作为劳动力后备军进行正常的再生产，社会救助在劳动者在失业保险期后仍处于失业状态、没有收入的情况下，为其提供最低生活保障，为劳动力的正常再生产创造了必要的条件。

3. 国家宏观调控的工具

作为一种收入调节制度，社会救助的水平高低会对社会需求的总量和结构产生影响，成为国家调节社会需要进而调节经济运行的重要手段。因此在现代社会，社会救助保障社会成员最低生活需求的实现，同时也会部分实现国家对生产、分配、交换与消费等的有效调节，进而对经济运行起到"自动稳定器"的作用。在这一方面的具体表现为：当社会需求不足、经济衰退时，就业岗位减少，失业人口增加，低收入阶层人口会扩大，享受社会救助的人口也会自动增加、政府的社会救助金支出亦会增加，进而使社会需求通过社会救助支出的增加而保持一定规模，缓解社会供求之间的矛盾，推动经济增长；反之，在社会需求膨胀，供给相对不足，经济发展过热的情况下，就业岗位会增加，失业人口会减少，低收入阶层人口规模会收缩，享受社会救助的人口亦会自动减少，从而客观上起到了收缩社会需求、稳定经济发展速度的作用。

《社会救助暂行办法》第二条规定："社会救助制度坚持托底线、救急难、可持续，与其他社会保障制度相衔接，社会救助水平与经济社会发展水平相适应。社会救助工作应当遵循公开、公平、公正、及时的原则。"①

（四）社会救助的方式

1. 现金救助

现金救助是指以发放现金的形式为救助对象提供帮助的社会救助形式，费用的减免或核销其实也是现金救助，它是现代社会救助的主要形式。现金救助的优点是受助者可以根据自己的需要来将其转换为各种物质或服务，从而更有利于据需保障。在社会救助中，现金救助采用得最为经常。

2. 实物救助

实物救助是指以发放物资的形式为救助对象提供帮助的社会救助形式，它是

---

① 中华人民共和国中央人民政府. https：//www.gov.cn/gongbao/content/2019/content_5468952.htm.

一种传统的救助形式。实物救助的优点是所发的物资可以直接消费,救助的效果比较快捷,因此,在现代社会主要在灾害救助中被经常采用。不过,实物救助需要讲究针对性,从而并非任何救助项目均可以采用的。

3. 服务救助

服务救助是指针对特殊的救助对象提供生活照顾和护理等服务。主要包括了对高龄老人的护理服务、对孤儿的关爱和照顾等。

4. 以工代赈

以工代赈是指通过提供相应的工作或就业机会并发放劳动报酬的方式实现对救助对象的救助。在灾害救助与扶贫开发中,以工代赈就是一种被国内外较为广泛采用的救助手段。

(五) 中国社会救助体系

社会救助体系是指一个国家或地区对于低收入群体及不幸者所进行各种救助项目所形成的一整套制度框架体系。在实践中,社会救助一方面依然保留并将继续保留救灾、济贫等传统项目,另一方面根据社会经济发展的需要,不断增加新的救助项目,其内容在不断丰富和完善。目前,中国的社会救助体系包括:基本生活救专项救助和临时应急救助三部分。其中,基本生活救助包括最低生活保障、特困人员供养。专项救助包括:医疗救助、教育救助、住房救助和就业救助。临时应急救助包括:临时救助、受灾人员救助。

在中国,公民依照本法享有申请和获得社会救助的权利。国家建立和完善社会救助制度,保障公民在依靠自身努力难以维持基本生活的情况下,依法从国家和社会获得物质帮助和服务。社会救助工作坚持中国共产党的领导和以人民为中心,坚持保基本、兜底线、救急难、可持续,坚持与其他社会保障制度相衔接,坚持城乡统筹发展,坚持社会救助水平与经济社会发展水平相适应。新冠疫情期间,采取一系列社会救助措施和兜底保障政策,确保相关群体的基本生活。在疫情防控中,低保户、低收入群体以及因封城和隔离无法返回工作岗位的劳动者面临诸多生活困难。对此,相关部门要求通过价格补贴、开展临时救助等措施,确保人民群众基本生活不受影响。

全面小康社会建成之后,中国将进入后扶贫时期,社会救助成为反贫困的主战场。2020年8月《关于改革完善社会救助制度的意见》提出了今后中国社会救助改革发展的方向和目标,即用2年左右时间,健全分层分类、城乡统筹的中国特色社会救助体系，在制度更加成熟更加定型上取得明显成效，使社会救助法制健全完备、体制机制高效顺畅、服务管理便民惠民、兜底保障功能有效发挥、城乡困难群众都能得到及时救助。

1. 最低生活保障

中国居民最低生活保障制度分为城市居民最低生活保障制度和农村居民最低生活保障制度，目前绝大部分地区没有实施城乡制度并轨。城市居民最低生活保障制度，是国家为解决下岗职工和城市居民的生活困难而建立的一种社会救助制度，是中国社会救助体系中的一项重要内容。农村居民最低生活保障制度，是指由地方政府对家庭人均纯收入低于当地最低生活保障标准的农村贫困群众，按最低生活保障标准，提供维持其基本生活的物质帮助，该制度是在农村特困群众定期定量生活救济制度的基础上逐步发展和完善的一项规范化的社会救助制度

1993年6月，上海率先建立了城市最低生活保障制度。

1997年9月，国务院颁发了《国务院关于在全国建立城市居民最低生活保障制度的通知》。

1999年9月，《城市居民最低生活保障条例》经国务院常务会议审议通过，并于同年10月1日起在全国实行。

2007年，国务院决定在全国建立农村最低生活保障制度，将符合条件的农村贫困人口全部纳入保障范围，稳定、持久、有效地解决全国农村贫困人口的温饱问题。

（1）最低生活保障资格条件。《社会救助暂行办法》第九条规定："国家对共同生活的家庭成员人均收入低于当地最低生活保障标准，且符合当地最低生活保障家庭财产状况规定的家庭，给予最低生活保障。"

（2）最低生活保障待遇。对批准获得最低生活保障的家庭，县级人民政府民政部门按照共同生活的家庭成员人均收入低于当地最低生活保障标准的差额，按月发给最低生活保障金。

2. 特困人员供养

特困人员是指无劳动能力、无生活来源且无法定赡养、抚养、扶养义务人，或者其法定赡养、抚养、扶养义务人无赡养、抚养、扶养能力的老年人、残疾人以及未满16周岁的未成年人。

《社会救助暂行办法》第十四条规定："国家对无劳动能力、无生活来源且无法定赡养、抚养、扶养义务人，或者其法定赡养、抚养、扶养义务人无赡养、抚

养、扶养能力的老年人、残疾人以及未满 16 周岁的未成年人，给予特困人员供养。"

2016 年 2 月国务院发布《关于进一步健全特困人员救助供养制度的意见》，明确将城乡老年人、残疾人以及未满 16 周岁的未成年人，同时具备以下条件的，应当依法纳入特困人员救助供养范围：无劳动能力、无生活来源、无法定赡养抚养扶养义务人或者其法定义务人无履行义务能力。

（1）供养的方式。特困供养人员可以在当地的供养服务机构集中供养，也可以在家分散供养。特困供养人员可以自行选择供养形式。

（2）供养的内容。国家给予特困人员生活条件、生活照料、医疗和丧葬等救助。

提供基本生活条件。对享受低保人员提供半价的生活必需品，包括学杂费、水电费、粮油等；对街头生活无着的流浪、乞讨人员提供临时食宿、急病救治、协助返回等救助。

对生活不能自理的给予照料。通过社区和志愿者服务等途径对老弱病残者提供生活照料等服务。

提供疾病治疗。即建立疾病应急救助制度，对需要急救但身份不明或者无力支付急救费用的急、重、危、伤、病患者给予救助，符合规定的急救费用由疾病应急救助基金支付。

办理丧葬事宜。为特困死亡人员办理火化手续，提供基本的丧葬服务。

截至 2021 年底，全国共有 4 212 万人获得最低生活保障，471 万人获得特困人员救助供养[①]。

3. 灾害救助

自然灾害救助简称救灾，是指国家和社会因自然灾害造成生存危机的社会成员进行抢救与援助，以维持其基本生活，并使其脱离灾难和危险，恢复生产生活的一项社会保障措施。

中国坚持"以防为主、防抗救相结合"的原则，建立了国家救灾体系。

防灾是指人们对易发生灾害地区在灾害发生前积极地采取预防措施，尽可能避免或减少灾害的发生。

救灾是指为抵御、控制和消除灾害的影响，灾情一旦出现，一方面，不惜一

---

① 中华人民共和国民政部. http://www.mca.gov.cn/article/xw/mtbd/202205/20220500041708.shtml.

切代价动员各方面的力量，采取各种措施，抵抗灾害，防止其泛滥，尽最大努力把灾害造成的损失降到最低限度；另一方面，在灾害发生过程中和灾后，政府迅速组织力量抢救人民生命财产，安排灾民生活，动员人民群众支援灾区，恢复灾后人民生活和生产。

4. 专项救助

党的十九大报告指出："城乡区域发展和收入分配差距依然较大，群众在就业、教育、医疗、居住、养老等方面面临不少难题"。专项救助制度是社会救助制度的重要组成部分，是解决困难群体在住房、教育等方面特殊困难的重要举措。

（1）医疗救助。目前，中国医疗救助的对象主要包括：最低生活保障家庭成员；特困供养人员；县级以上人民政府规定的其他特殊困难人员。

医疗救助的方式：对救助对象参加城镇居民基本医疗保险或者新型农村合作医疗的个人缴费部分，给予补贴；对救助对象经基本医疗保险、大病保险和其他补充医疗保险支付后，个人及其家庭难以承担的符合规定的基本医疗自负费用，给予补助。

（2）教育救助。国家对在义务教育阶段就学的最低生活保障家庭成员、特困供养人员，给予教育救助。对在高中教育（含中等职业教育）、普通高等教育阶段就学的最低生活保障家庭成员、特困供养人员，以及不能入学接受义务教育的残疾儿童，根据实际情况给予适当教育救助。

教育救助根据不同教育阶段需求，采取减免相关费用、发放助学金、给予生活补助、安排勤工助学等方式实施，保障教育救助对象基本学习、生活需求。

中国教育救助制度的发展先后经历了三个历史阶段：实行免费教育政策阶段、普及义务教育阶段、探索建立教育救助制度阶段。经过多年的探索，我国已初步建立了以"两免一补"、经常性助学政策和高等学校在校困难学生资助政策为主要内容的教育救助制度。

（3）住房救助。国家对符合规定标准的住房困难的最低生活保障家庭、分散供养的特困人员，给予住房救助。住房救助通过配租公共租赁住房、发放住房租赁补贴、农村危房改造等方式实施。属于城镇住房救助对象的，配租公租房或者发放住房补贴；属于农村住房救助对象的，通过农村危房改造等方式实施救助。

（4）就业救助。国家对最低生活保障家庭中有劳动能力并处于失业状态的成员，通过贷款贴息、社会保险补贴、岗位补贴、培训补贴、费用减免、公益性岗位安置等办法，给予就业救助。

最低生活保障家庭有劳动能力的成员均处于失业状态的，县级以上地方人民政府应当采取有针对性的措施，确保该家庭至少有一人就业。

申请就业救助的，应当向住所地街道、社区公共就业服务机构提出，公共就业服务机构核实后予以登记，并免费提供就业岗位信息、职业介绍、职业指导等就业服务。

《社会救助暂行办法》第四十五条规定："最低生活保障家庭中有劳动能力但未就业的成员，应当接受人力资源社会保障等有关部门介绍的工作；无正当理由，连续3次拒绝接受介绍的与其健康状况、劳动能力等相适应的工作的，县级人民政府民政部门应当决定减发或者停发其本人的最低生活保障金。第四十六条 吸纳就业救助对象的用人单位，按照国家有关规定享受社会保险补贴、税收优惠、小额担保贷款等就业扶持政策。"

5. 临时救助

（1）国家对因火灾、交通事故等意外事件，家庭成员突发重大疾病等原因，导致基本生活暂时出现严重困难的家庭，或者因生活必需支出突然增加超出家庭承受能力，导致基本生活暂时出现严重困难的最低生活保障家庭，以及遭遇其他特殊困难的家庭，给予临时救助。

申请临时救助的，应当向乡镇人民政府、街道办事处提出，经审核、公示后，由县级人民政府民政部门审批；救助金额较小的，县级人民政府民政部门可以委托乡镇人民政府、街道办事处审批。情况紧急的，可以按照规定简化审批手续。

6. 社会力量参与

国家鼓励单位和个人等社会力量通过捐赠、设立帮扶项目、创办服务机构、提供志愿服务等方式，参与社会救助。社会力量参与社会救助，按照国家有关规定享受财政补贴、税收优惠、费用减免等政策。

近年来，中国对慈善事业的发展给予了高度关注。2016年3月，第十二届人大审议通过了《中华人民共和国慈善法》，这是我国慈善事业发展的里程碑，使这一领域"有法可依"，为慈善事业未来的发展提供了重要的法律依据。

| 思考题

1. 现代社会保障制度的功能有哪些？
2. 中国多层次社会保障体系如何构建？

3. 我国养老保险改革措施包括哪些?
4. 如果构建全方位的就业保障制度?
5. 社会救助制度与社会保险制度的区别有哪些?

参考文献

1. 安巧珍．从"教育与生产劳动相结合"到"劳动教育"的逻辑进路［J］．广西社会科学，2022（03）：97-104．

2. 常凯．劳动关系学［M］．北京：中国劳动社会保障出版社，2005：4-6．

3. 常艳．加强大学生劳动观教育探究［D］．天津师范大学，2013．

4. 陈刚．大力弘扬劳模精神劳动精神工匠精神（深入学习贯彻习近平新时代中国特色社会主义思想）［N］．人民日报，2022-04-27．

5. 陈国维．大学生劳动教育［M］．北京：高等教育出版社，2020：47-52．

6. 陈捷．组织中的工作压力来源及其管理［J］．北京工商大学学报（社会科学版），2005（03）：34-38．

7. 陈美华．新中国成立70年来马克思主义劳动观中国化探索［J］．毛泽东邓小平理论研究，2019（11）：58-67．

8. 陈雅倩．逻辑、价值与路径：新时代高校劳动教育与"双创"活动的互促共进［J］．哈尔滨学院学报．2022，43（03）：131-134．

9. 陈亚丽．古典马克思主义劳动范畴研究［D］．南京航空航天大学，2017．

10. 程多生．雇主在劳动法律关系中的权利和义务［N］．中国企报，2005-12-8（03）．

11. 程延园，王莆希．劳动关系（第五版）［M］．北京：中国人民大学出版社，2021：8-10．

12. 赤常春．企业员工不安全行为研究及防范对策［D］．南华大学，2012．

13. 崔艳龙，邹红军．习近平新时代劳动观的逻辑论析［J］．新疆社科论坛，2022（02）：9-15．

14. 邓大松．社会保障概论［M］．北京：高等教育出版社，2019：19，219-220．

15. 邓力群．文化巨人毛泽东（3）［M］．北京：中央民族大学出版社，

2003：1016.

16. 丁晓昌，顾建军. 新时代大学生劳动教育［M］. 上海：上海交通大学出版社，2022年.

17. 杜先伟. 习近平新时代劳动观及其实现路径［J］. 教育评论，2022（07）：29-35.

18. 方政，刘英. 马克思主义劳动价值观的双重维度及当代意义［J］. 重庆工商大学学报（社会科学版），2021（02）：18-24.

19. 高春亮，李善同. 人力资本流动、公共服务需求与公共服务均等化［J］. 南开管理评论，2021，24（02）：162-172.

20. 巩倩倩. 习近平劳动观研究［D］. 济南：山东大学，2019.

21. 黑启明. 政府规制的劳动关系理论与策略研究［D］. 天津师范大学学位论文，2005：51-54.

22. 洪霞. 当代大学生劳动教育研究［D］. 南京财经大学，2016.

23. 胡君进，檀传宝. 马克思主义的劳动价值观与劳动教育观——经典文献的研析［J］. 教育研究. 2018，39（05）：9-15，26.

24. 黄潇，黄守军. 流动人口自雇的决定机制及收入差异［J］. 管理科学学报，2021，24（06）：57-75.

25. 鞠鹏. 竭诚服务职工群众维护职工群众权益 为实现中国梦再创新业绩再建新功勋［N］. 人民日报，2013-10-24.

26. 李海峥，贾娜，张晓蓓等. 中国人力资本的区域分布及发展动态［J］. 经济研究，2013，48（07）：49-62.

27. 李建楠. 新中国成立以来中国共产党劳动教育思想演变与发展研究［D］. 吉林大学，2021.

28. 李静，刘霞辉，楠玉. 提高企业技术应用效率 加强人力资本建设［J］. 中国社会科学，2019（06）：63-84，205.

29. 李珂. 习近平新时代中国特色社会主义劳动思想的时代光芒［J］. 工会博览，2018（13）：21-24.

30. 李珂. 习近平新时代中国特色社会主义劳动思想探析［J］. 思想教育研究，2018（01）：12-16.

31. 李太淼. 刍论劳动范畴［J］. 江汉论坛，2003（01）：41-45.

32. 李万全. 重视积极心理在组织中的开发应用——美国管理学会前任主席路

桑斯教授谈积极心理[J].企业文明,2014(03):34-36.

33. 李文俊.新时代大学生劳动观培养研究[D].辽宁大学,2021.

34. 李一博.内涵·逻辑·价值:习近平新时代劳动观探析[J].实事求是,2021(01):14-20.

35. 李智.心理资本视域下小微型企业战略人力资源管理探讨[J].商业时代,2013(23):86-87.

36. 梁艺濒,贺小丽.浅析新时代高职劳动教育的时代内涵与价值意蕴[J].科学咨询(科技·管理),2021(06):1-3.

37. 林转怡.马克思主义劳动观中国化研究[D].广州:广东外语外贸大学,2014.

38. 刘明定,何剑柯,姚思齐.习近平新时代劳动教育观的形成逻辑、现实意蕴及其价值向度[J].喀什大学学报,2023,44(01):16-22.

39. 刘卫兵,鞠鹏.习近平看望慰问坚守岗位的一线劳动者[N].人民日报,2013-02-10.

40. 刘向兵.和谐劳动关系理论的有益探索[J].中国劳动关系学院学报,2021(01):28-30.

41. 刘向兵.劳动通论[M].北京:高等教育出版社,2020,118-122.

42. 刘向兵.新时代高校劳动教育的新内涵与新要求——基于习近平关于劳动的重要论述的探析[J].中国高教研究,2018(11):17-21.

43. 刘向兵.新时代高校劳动教育论纲[M].北京:社会科学文献出版社,2019:30-44.

44. 罗强强.新时代中国知识分子的使命与担当[N].民族时报,2021-07-20.

45. 马国平.应对措施培训对专科护生职业倦怠感的影响[D].山东大学,2010.

46. 马克思主义基本原理概论编写组.《马克思主义基本原理概论》[M].北京:高等教育出版社,2013.8.

47. 庞廷云,罗福凯,王京.人力资源投资影响企业研发效率吗——基于职工教育投资的视角[J].南开管理评论,2020,23(03):155-164,199.

48. 逄锦聚.马克思劳动价值论的继承与发展[M].北京:经济科学出版社,2005:40.

49. 裴文波,岳海洋,潘聪聪.高校大学生劳动教育的多维透视[J].学校党建与思想教育，2019（04）：87-89.

50. 茹丽燕．习近平新时代劳动观的三重逻辑［J］．山西高等学校社会科学学报，2020，32（12）：1-5.

51. 邵长威．从习近平的劳动观看时代新人如何养成［J］．中共青岛市委党校．青岛行政学院学报，2019（03）：11-15.

52. 邵珠平，耿艳丽，孙家学．新时代高校劳动教育通论［M］．北京：高等教育出版社，2021：48-62.

53. 苏映宇．建国以来中国共产党人对马克思主义劳动观的丰富和发展［J］．福建师范大学学报（哲学社会科学版），2017（01）：10-16.

54. 孙家学，耿艳丽，邵珠平．新时代高校劳动教育通论［M］．北京：高等教育出版社，2021：48-62.

55. 孙小宁，钱容德．新时代高校共青团劳动教育培育逻辑与路径探析［J］．和田师范专科学校学报，2022，41（06）：45-50.

56. 孙鑫．理解习近平劳动观的四个维度［J］．品位·经典，2022（06）：16-18+58.

57. 汤素娥．习近平新时代劳动观研究［D］．湖南大学，2019.

58. 汤素娥．习近平新时代劳动观研究［D］．湖南大学，2019.

59. 王彩燕．基于劳动内涵理解的区域推进劳动教育策略研究［J］．教学与管理，2023（18）：97-101.

60. 王春超，叶蓓．城市如何吸引高技能人才？——基于教育制度改革的视角［J］．经济研究，2021，56（06）：191-208.

61. 王道俊，郭文安．教育学（第七版）［M］．北京：人民教育出版社，2016：91-102.

62. 王鉴忠，宋君卿．心理资本对大学生职业生涯发展的作用机理［J］．辽宁大学学报（哲学社会科学版），2011，39（02）：116-121.

63. 王鉴忠．培训：重视员工心理资本开发［J］．人力资源，2010（09）：36-39.

64. 王江松．西方劳动哲学的古、近代资源和现代谱系［J］．中国劳动关系学院学报，2011，25（01）：12-20.

65. 王金福．对马克思关于实现人的自由全面发展理论的再思考［J］．南京政治学院学报，2010，26（05）：4-8.

66. 王晓燕，杨颖东，孟梦．全面加强新时代大中小学劳动教育——习近平总书记关于教育的重要论述学习研究之十三［J］．教育研究，2023，44（01）：4-15.

67. 吴国芳．和谐劳动关系构建中政府作用研究［D］．复旦大学学位论文，2010：31-35.

68. 吴向东．论价值观的形成与选择［J］．哲学研究，2008（05）：22-28+57.

69. 谢环驰．习近平在乌鲁木齐接见劳动模范和先进工作者、先进人物代表向全国广大劳动者致以"五一"节问候［N］．人民日报，2014-05-01.

70. 杨成湘．关于构建中国特色和谐劳动关系的理论思考［J］．理论视野，2019（11）：43-45.

71. 杨耕．杨耕：哲学如何看待"人的问题"［C］．中国社会科学网，https://m.thepaper.cn/baijiahao_20128488.

72. 杨爽．我国工会的维权职能研究［D］．吉林大学学位论文，2010：56-60.

73. 杨欣．马克思主义劳动观视域下我国青少年劳动教育研究［D］．成都：四川师范大学，2021.

74. 姚先国，陈凌．试论劳动力市场的供给管理［J］．管理世界，1997（06）：174-182.

75. 宜冰．在共建共享中发展和谐劳动关系［J］．中国工运，2018（09）：22.

76. 尹彤瑶．浅析马克思主义的劳动概念［J］．法制博览，2017（34）：243-244.

77. 尹学华．新时代高校劳动教育研究［D］．山西师范大学，2020.

78. 余建华，于振海．心理资本——人的潜能根源［J］．现代企业文化，2010（12）：66-67.

79. 禹洋．创新是实现经济转型升级的强大动力［N］．经济日报，2015-09-10.

80. 张博．中国特色和谐劳动关系构建研究［D］，湖南师范大学学位论文，2017，38-40.

81. 张川川．"中等教育陷阱"？——出口扩张、就业增长与个体教育决策［J］．经济研究，2015，50（12）：115-127，157.

82. 张晶，秦在东．当代青年的劳动价值观危机及破解理路［J］．社会思潮研究，2022（01）：98-103.

83. 张平,刘霞辉,张晓晶等. 劳动力供给效应与中国经济增长路径转换 [J]. 经济研究,2007,42 (10): 4-16.

84. 张雪峰,王洁. 高学历知识型员工的工作疲劳结构研究 [J]. 辽宁工程技术大学学报(社会科学版),2013,15 (01): 46-50.

85. 张由菊. 习近平劳动思想:基于中国梦视域中的考察 [J]. 学术论坛,2016,39 (03): 9-12.

86. 赵伟,隋月红. 集聚类型、劳动力市场特征与工资—生产率差异 [J]. 经济研究,2015,50 (06): 33-45+58.

87. 郑秉文. "多层次"医疗保障体系 三大亮点与三大挑战——抗击疫情中学习解读《中共中央国务院关于深化医疗保障制度改革的意见》[J]. 中国医疗保险,2020 (04): 6-9.

88. 郑功成. 社会保障概论 [M]. 上海:复旦大学出版社,2007: 250-253

89. 郑银凤,林伯海. "90后"大学生劳动观教育目标确立的三个维度 [J]. 学校党建与思想教育,2015 (05): 21-23.

90. 郑银凤. "90后"大学生劳动观教育研究 [D]. 成都:西南交通大学,2016.

91. 中华人民共和国人力资源和社会保障部. http://www.mohrss.gov.cn/xxgk2020/fdzdgknr/zcfg/fl/202011/t20201102_394629.html.《中华人民共和国社会保险法》(2010年).

92. 中华人民共和国中央人民政府. https://www.gov.cn/zhengce/2014-02/28/content_2625652.htm.《社会救助暂行办法》(2014年).

93. 周为民,陆宁. 按劳分配与按要素分配——从马克思的逻辑来看 [J]. 中国社会科学,2002 (04): 4-12,203.

94. 诸建芳,王伯庆,恩斯特·使君多福. 中国人力资本投资的个人收益率研究 [J]. 经济研究,1995 (12): 55-63.

95. 邹连方,彭军林. 新形势下"工匠精神"与高校价值观教育的思考 [J]. 南方论坛,2018 (07): 110-112.

后　记

　　劳动教育是使学生树立正确的劳动观点和劳动态度，热爱劳动，养成劳动习惯的教育。同时，劳动教育有利于培养学生的劳动观念，养成良好的道德素质，有利于学生人文知识的内化；劳动教育具有落实德智体美和培养学生创新意识的功能。

　　在教材编写过程中，得到内蒙古财经大学教务处、财政税务学院领导的指导。同时，教材编写过程引用参考了诸多专家学者的成果，在这深表谢意。

　　劳动教育课已成为内蒙古财经大学的公共必修课。本教材由娜仁图雅老师、乌仁格日乐老师主编。本教材由六章内容组成：第一章劳动概述，由鲍震宇老师撰写；第二章劳动价值，由魏瑞清撰写；第三章劳动经济，由乌仁格日乐老师、宝迪老师撰写；第四章劳动法，由娜仁图雅老师、王耀老师撰写；第五章劳动关系，由段美枝撰写；第六章劳动社会保障，由任海霞撰写。

　　限于编者水平，书中难免存在疏漏，恳请广大师生在使用后提出宝贵的意见和建议，以便我们及时做出修订。